**Conoscere l'Italia in lungo e in largo**

Italien in- und auswendig kennen, das ist der Traum von vielen, aber nur für wenige wird er wahr. Denn die Barriere der Sprache erschwert den meisten den Zugang zum Land.

«Italiano Uno» hilft den Weg bereiten. Durch alltagsnahe Dialoge in der Umgangssprache, kommunikationsorientierte Übungen, Kontrolltests und Lösungsschlüssel ist es für alle geeignet, die Italienisch alleine oder auch in Gruppen lernen wollen.

Als tönenden Begleiter zu «Italiano Uno» (rororo sprachen 9145) gibt es unter dem gleichen Titel eine Kassette mit hörspielhaften Dialogen, Aussprache- und Hörverständnisübungen.

Jutta Josefine Eckes ist Komparatistin und Romanistin, arbeitet als Übersetzerin und unterrichtet Italienisch an Einrichtungen der Erwachsenenbildung und an der Opernschule.

Franco Antonio Belgiorno aus Sizilien ist freier Journalist und Schriftsteller, lebt seit über zwanzig Jahren in Deutschland.

**rororo sprachen**
**Herausgegeben von Ludwig Moos**

**Originalausgabe**
Veröffentlicht im
Rowohlt Taschenbuch Verlag GmbH,
Reinbek bei Hamburg, November 1992

Umschlagillustration
**Gerd Huss**
Umschlagtypographie
**Büro Hamburg/Peter Wippermann**
Layout und Grafik
**Iris Christmann**
**Alexander Urban**
Zeichnungen
**Christian Bauer**
Satz
**Times und Futura**
Gesamtherstellung
**Clausen & Bosse, Leck**
Printed in Germany
**1890-ISBN 3 499 19144 X**

*Jutta J. Eckes*

*Franco A. M. Belgiorno*

ITALIANO

# *ITALIANO UNO*

*Italienisch reden und verstehen*

*Ein Grundkurs*

rororo

*Rowohlt*

# CONTENUTO

# *INHALT*

# PREFAZIONE

# *VORWORT*

*Nix capito!* sagt der verzweifelte Italienurlauber, der sich einmal über die Hotelskyline von Rimini oder Riccione hinausgewagt hat, um ins eigentliche Italien vorzudringen. Dort gibt es eben keinen sprachkundigen Kellner mehr, der sich mit freundlich gesäuseltem «Obss, Käse oderrr Eiss?» nach den Dessertwünschen seiner deutschen Gäste erkundigt.
«Ich schlag mich überall durch», wird vielleicht manch beherzter Reisende einwenden, doch das Kennenlernen eines fremden Landes sollte ja keinem Überlebenskampf gleichen, sondern eben ein Kennenlernen sein. Dazu aber reichen weder ein wildes Gesten-Esperanto noch die drei bis fünf Vokabeln aus, die man in hiesigen Pizzerien, Eisdielen oder aus italienischen Kochbüchern gelernt hat.
Sich auf die Fremdsprachenkenntnisse von Italienern zu verlassen, ist meist und leider ebenfalls ein wenig erfolgversprechendes Unterfangen: Die Bewohner des Stiefels wissen um die Schönheiten ihres Landes, sind nicht so reisefreudig wie andere Nationen und vielleicht deshalb auch weniger sprachgewandt. So läßt sich erklären, daß die Weltsprache Englisch trotz fortschreitender Amerikanisierung in Italien keineswegs geläufig ist und daß man Deutsch allenfalls aus dem Munde eines Sizilianers hört, der zwanzig Jahre in Wolfsburg bei Volkswagen gearbeitet hat.

Es führt also kein Weg am Erlernen der Sprache vorbei. Fragt sich nur, wie? Der Buchmarkt bietet eine Fülle an Lehrwerken: Da gibt es Lehr- und Arbeitsbücher, dazugehörige Lösungsschlüssel, Extra-Vokabelhefte, gesondert erscheinende Grammatikanhängsel, das Buch zum Buch und vieles mehr.

Die Lernwilligen sind verschieden: Da gibt es die große Sprachbegabung, die mit den Grundzügen des Tibetischen, Äthiopischen und Tamilischen vertraut ist, daneben noch recht gut Neuhebräisch spricht und die paar europäischen «Dialekte» ohnehin beherrscht – ein Mensch also, dem nur noch das winzige Steinchen Italienisch im bunten Sprachenmosaik fehlt und der allein mit Grammatik und Wörterbuch glücklich wird. Dann die systematikliebenden Altsprachler, die sich gern mit Regeln und Merksätzen anfreunden. Dann der Typus, der einmal Gehörtes schnell aufschnappt und auch umsetzen kann. Dann den, der noch nie eine Sprache gelernt hat ...

Angesichts dieser bunten Palette an Lernern ist es mit Sicherheit gut, aus einem reichhaltigen Bücherangebot auswählen zu können.

### *Was bietet Italiano Uno?*

1. ***Italiano Uno*** vereint ***Lehrbuch, Arbeitsbuch*** und ***Schlüssel*** zu den ***Übungen*** in einem Band. Um genau zu sein, in einem Taschenbuch, das leicht und handlich ist und sich mühelos überall mit hinnehmen läßt.

2. Die Dialoge in ***Italiano Uno*** sind am heute geläufigen Umgangsitalienisch orientiert. Erwarten Sie deshalb keine sprachlichen Altertümer vom Stile: «Bevorzugen Sie ein Schnitzel oder äßen Sie eher das Saftrippchen?»
3. ***Italiano Uno*** führt nicht ausschließlich an das geschriebene Wort heran. Schließlich bekommt man in Italien nicht gleich Dantes *Divina commedia* (göttliche Komödie) zur gefälligen Lektüre vorgelegt, sondern will mit Menschen sprechen und sie verstehen. Deshalb gibt es zu ***Italiano Uno*** einen tönenden Begleiter, der die Dialoge jeder Lektion mit Hörspielcharakter wiedergibt, der ***Hörverständnis***- *und* ***Ausspracheübungen*** enthält. Praktischerweise findet sich all das auf einer 90-Minuten-Kassette, auf der alles so angeordnet ist, wie der Lerner es braucht.
4. In ***Italiano Uno*** stehen Grammatik ***(Teoria)*** und Übungen ***(Pratica)*** auf einer Doppelseite einander gegenüber, was langes Blättern und Suchen erspart. Man kann das frisch Erlernte gleich anwenden und im Zweifelsfalle auch noch einmal zum Theorieteil hinüberschielen. Zur Selbstkontrolle gibt es nach je zwei Lektionen einen ***Test***, mit dessen Hilfe sich die erworbenen Fähigkeiten überprüfen und vertiefen lassen: «Kann ich mir mein Essen schon fließend selbst bestellen oder bin ich immer noch auf die holprige Übersetzung der Speisekarte des ‹Menù turistico› angewiesen?»

**5.** In ***Italiano Uno*** bildet das Ende jeder Lektion ein Lektüretext (***Lettura***), der die wichtigsten neuen Wörter noch einmal aufgreift und sie in Form einer kleinen Geschichte präsentiert.

Wenn Sie ***Italiano Uno*** durchgearbeitet haben, können Sie vermutlich noch keine italienische Tageszeitung lesen, aber Sie kommen sicherlich in den meisten Alltagssituationen zurecht. Wenn Sie das nötige Durchhaltevermögen aufbringen und sich im Anschluß daran noch ***Italiano Due*** vorknöpfen, sieht das bestimmt schon anders aus.
Sprachenlernen, selbst mit dem besten Buch, bedeutet Arbeit. Für den einen mehr, für den anderen weniger. Und da Sprache ständiger Wandlung unterliegt, muß sie immer wieder gehört und immer wieder gesprochen werden. Am besten sucht man den Kontakt zu Muttersprachlern, am allerbesten in Italien selbst.
Ganz wichtig: Haben Sie keine Angst davor, Fehler zu machen, denn «sbagliando s'impara» (durch Fehler lernt man). Seien Sie auch nicht enttäuscht, wenn Sie in irgendeiner entlegenen Provinz kein Wort mehr verstehen. Das liegt daran, daß sich viele Italiener untereinander in ihrem Heimatdialekt unterhalten. Aber keine Sorge: Einem Ausländer gegenüber wird jeder Italiener bemüht sein, seine besten hochsprachlichen Kenntnisse auszupacken.

# *GEBRAUCHS-ANWEISUNG*

## *ISTRUZIONE D'USO*

***Italiano Uno*** ist so aufgebaut: Das Buch umfaßt acht Lektionen (***Tema 1-8***) und eine «Nulllektion» (***Tema 0***), die die allerersten und allereinfachsten Kommunikationsmuster vermittelt. Sie ist im Vergleich zu den anderen Lektionen nicht vollständig, sondern wirklich nur eine «Erste Hilfe». Die übrigen Lektionen bestehen aus Dialogen (***Dialoghi***), Hörverständnisübungen (***Ascolta, Senti***), den dazugehörigen Vokabeln (***Vocaboli***), Grammatik (***Teoria***), Übungen (***Pratica***), Spielen (***Gioco, Parla***) und einem Lektüretext (***Lettura***). In jeder Lektion finden sich noch zwei oder drei landeskundliche Notizen (***Note culturali***), die Sie mit italienischen Gepflogenheiten vetraut machen sollen und die auch praktische Hinweise bieten. Sie sind als informative Pausenfüller, Atemholen zwischen dem Lernstoff zu verstehen und deshalb auch in Deutsch formuliert. Nach je zwei Lektionen gibt es einen ***Test***, mit dem die erworbenen Kenntnisse wiederholt und überprüft werden sollen. Die Lösungen (***Soluzioni***) zu allen Übungen und den ***Tests*** finden sich im Lösungsschlüssel im Anhang. Sollte die eine oder andere Vokabel in Vergessenheit geraten sein, so kann man das alphabetisch geordnete Vokabelverzeichnis (***Glossario***) am Ende des Buchs zu Rate ziehen. Außerdem gibt es noch eine Liste (***Grammatica***), die alle lateinischen Grammatikbegriffe mit Beispielen erklärt.

***Italiano Uno*** eignet sich sowohl für Selbstlerner als auch für den Gruppenunterricht mit Lehrer. Für beide Lernsituationen empfehlen wir folgende Arbeitsweise:

***Tema 0***

Hören Sie sich zunächst alle Dialoge von ***Tema 0*** an. Vielleicht verstehen Sie ja schon das eine oder andere. Hören Sie dann jeden Dialog einzeln und lesen Sie mit. Erschließen Sie sich den Dialog mit Hilfe des Vokabulars ***(Vocaboli)*** und der Theoriekästchen. Machen Sie im Anschluß daran gleich die dazugehörigen Übungen und überprüfen Sie mit Hilfe des Lösungsschlüssels ***(Soluzioni),*** ob Sie alles richtig gemacht haben. Wenn ***Tema 0*** vollständig durchgearbeitet ist, hören Sie sich noch einmal alle Dialoge an.

***Tema 1 – 8***

**1.** Sie hören sich die Dialoge (***Dialoghi***) auf der Kassette an und versuchen, grob zu erfassen, worum es geht. Dann beantworten Sie die Fragen der ersten Hörverständnisübung (***Ascolta A***). Ein Kassettensymbol im Text zeigt an, wann der tönende Begleiter gebraucht wird.

**2.** Sie hören sich die Dialoge ein zweites Mal an und beantworten die Fragen der zweiten Hörverständnisübung (***Ascolta B***).

**3.** Sie bearbeiten die Dialoge mit Hilfe des Vokabulars und lernen die Vokabeln. Die Vokabeln sind so angeordnet, daß das deutsche Wort immer unter dem italienischen steht; so können Sie mit Hilfe eines Zettelchens die zu lernenden Wörter abdecken und auf der Seite hoch- und runter«fahren». Lesen Sie die Dialoge auch laut!

4. Sie hören sich die Dialoge ein drittes Mal an, um sicherzugehen, daß Sie jetzt wirklich alles verstehen.
5. Nehmen Sie sich dann den Grammatikteil (***Teoria***) vor und suchen Sie auch in den Dialogen nach den neuen grammatikalischen Strukturen. Machen Sie die dazugehörigen Übungen im praktischen Teil (***Pratica***) und kontrollieren Sie die Übungen mit Hilfe des Lösungsschlüssels.
6. Hören Sie sich die Ausspracheübung (***Pronuncia***) von der Kassette an, lesen Sie die Wörter und Sätze mit und sprechen Sie sie laut nach.
7. Wenn Sie in einer Gruppe lernen, können Sie jetzt mit einem Partner die ***Minidialoge*** führen, die geläufige Redemuster einschleifen, und im Anschluß daran die ***Maxidialoge*** praktizieren, die schon etwas größere Redefreiheit erfordern. Auch Selbstlerner sollten sich dabei ruhig in die Situationen einfühlen und ihrer Phantasie freien Lauf lassen.
8. Lesen Sie den Lektüretext (***Lettura***), der zum größten Teil aus bekanntem Vokabular besteht (neue Vokabeln sind am Rand übersetzt), und machen Sie die Leseverständnisübung ***Sì o no?***. Auch hier können Sie wieder mit dem Lösungsschlüssel überprüfen, ob Sie alles richtig gemacht haben.
9. Machen Sie nach jeweils zwei Lektionen den ***Test***, um zu überprüfen, wie es um Ihre Kenntnisse bestellt ist.

**Tips**

Nehmen Sie die Angebote der italienischen Kulturinstitute, Vereine, Zentren, Gemeinden wahr.
Radiosendungen: Radio Colonia (Mittelwelle).
Fernsehsendungen: Nachbarn in Europa (ZDF); Filme in Originalsprache mit deutschen Untertiteln in den Regionalprogrammen der ARD; italienisches Fernsehen (RAI) über Satellit.

## Die Piktogramme im Übungsteil

Diese Symbole helfen Ihnen bei der Orientierung

Sie hören den Text oder die Übung von der Kassette.

Diese Übung muß nicht unbedingt schriftlich fixiert werden. Sprechen Sie drauflos, am besten laut.

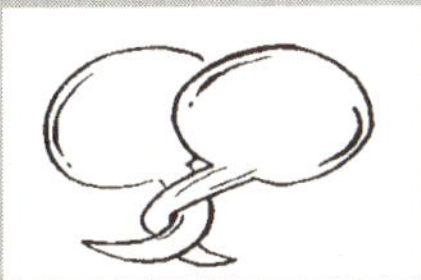

Sie sprechen mit einem Partner.

Schreib! Schreiben Sie diese Übung in ein Extra-Heft

Aufgepaßt, das muß ich mir merken!

Hier stehen die Übungen zur Theorie.

Hier erfahren Sie etwas über Land und Leute.

# TEMA 0

# TEMA 0

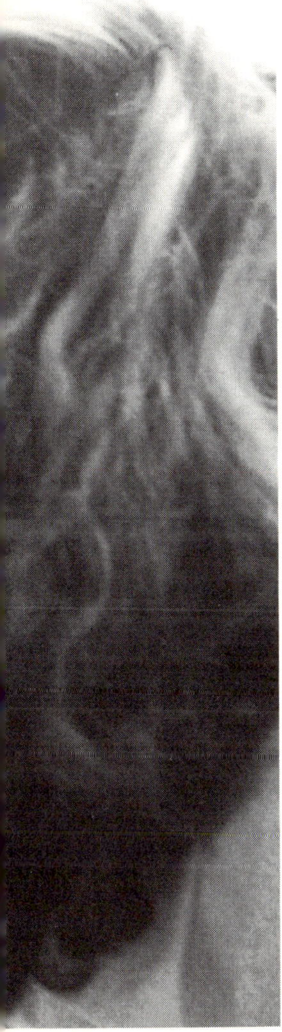

## *BUON GIORNO*

***La primissima comunicazione***

Buon giorno, signora Loren.
*Buon giorno, signor Celentano.*

Ciao, Sofia.
*Ciao, Adriano.*

# TEMA 0

## Buon giorno

| | |
|---|---|
| **Buon giorno** | Guten Tag |
| **Buona sera** | Guten Abend |
| **Buona notte** | Gute Nacht |
| **Ciao** | Hallo, Tschüs |
| **Arrivederci** | Auf Wiedersehen |

## Anrede

| | |
|---|---|
| **signore** | Herr |
| **signora** | Frau |
| **signorina** | Fräulein |

signor**e** → signo**r** Celentano

Folgt auf **signore** ein Name, entfällt das End-**e**: signo**r**

## Sie und Er

**lei**

Sofia Loren, Claudia Cardinale, Oriana Fallaci ...

**lui**

Adriano Celentano, Umberto Eco, Giulio Andreotti ...

**sì** = ja – **no** = nein

**essere – sein**

| | |
|---|---|
| **sono** | ich bin |
| **sei** | du bist |
| **è** | er ist |
| **è** | sie ist |
| **è** | Sie sind |

(höfliche Anrede für eine Person)

**lui** è tedesc**o**
**lei** è tedesc**a**

### *In treno*

Sei italiano?
*No, sono tedesco.*

La tua amica è italiana?
*No, anche lei è tedesca.*

E Lei, signore, è italiano?
*No, io sono spagnolo.*

Ma Lei, signora, è italiana?
*Sì, sono italiana.*

## 1.Gruß und Abschied

Verwenden Sie dabei «buon giorno», «buona sera», «buona notte», «ciao» und «arrivederci».

**1.** Herr Mayer/Frau Krause

Buon giorno, signor Mayer. –
Buon giorno, signora Krause.

**2.** Stefano/Antonia

Ciao, Stefano.
Ciao, Antonia.

**3.** Herr Rossi/Frau Müller **4.** Angela/Giuseppe **5.** Herr Ramazzotti/Frau Averna **6.** Herr Winckelmann/Herr Goethe **7.** Fräulein Schulze/Frau Beimer **8.** Fräulein Pirelli/Herr Agnelli **9.** Matthias/Elena **10.** Herr Fabrizi/Herr Verdi

### 2. Fragen Sie die folgenden Personen nach ihrer Nationalität:

**1.** Klaus/Deutscher Sei tedesco, Klaus? – Sì, sono tedesco.

**2.** Frau Fallaci/Italienerin E' italiana, signora Fallaci?
Sì, sono italiana.

**3.** Lieselotte/Deutsche **4.** Angelo/Italiener **5.** Anna/Spanierin **6.** Rafael/Spanier **7.** Herr De Mita/Italiener **8.** Frau Hervás/Spanierin **9.** Herr Schwarz/Deutscher **10.** Frau Galli/Italienerin

# TEMA 0

***Sempre in treno***

Come si chiama, signore?
*Mi chiamo Rafael Hidalgo de la Torre.*

E tu, come ti chiami?
*Io sono Klaus-Dieter.*

Parli italiano?
*Sì, parlo un po'.*

E tu, come ti chiami?
*Scusi, non capisco.*
Co-me ti chi-a-mi?
*Non capisco, non parlo italiano.*

**scusi**
Entschuldigen Sie!
**scusa**
Entschuldige!

Scusi, signora, la mia amica non parla italiano, ma lei si chiama Veronika.
*Che bel nome!*

| **parlare** | |
|---|---|
| **parlo** | ich spreche |
| **parli** | du sprichst |
| **parla** | er spricht |
| **parla** | sie spricht |
| **parla** | Sie sprechen |

| **chiamarsi** | |
|---|---|
| **mi chiamo** | ich heiße |
| **ti chiami** | du heißt |
| **si chiama** | er heißt |
| **si chiama** | sie heißt |
| **si chiama** | Sie heißen |

| | |
|---|---|
| **capisco** | ich verstehe |
| **parlo** | ich spreche |
| **non capisco** | ich verstehe nicht |
| **non parlo** | ich spreche nicht |

### 3. Führen Sie Dialoge nach folgendem Muster:

**1.** Stefano/parla italiano: ..........

Come ti chiami? – Mi chiamo Stefano.

Parli italiano? – Sì, parlo italiano.

**2.** Signora Rossi/non parla italiano: ..........

Come si chiama? – Mi chiamo Rossi.

Parla italiano? – No, non parlo italiano.

**3.** Claudia/non parla italiano **4.** Jürgen/parla un po' **5.** signor Krüger/parla italiano **6.** Christopher/non parla italiano **7.** signora Scheibe/parla un po' **8.** Astrid/parla italiano **9.** Sven/parla un po' **10.** signor Kohl/non parla italiano

# TEMA 0

**grazie**
danke
**per favore**
bitte (wenn man um etwas bittet)
**prego**
bitte (im Sinne von «bitte, gern geschehen»)
**Lei**
höfliche Anrede für Damen und Herren

***Aeroporto – Check-in***

Quante borse sono?
*Sono tre borse.*

E quante borse ha Lei?
*Ho una borsa e una valigia.*

I passaporti, per favore!
*Ecco il mio passaporto.*
Grazie.
*Prego.*

E il Suo passaporto, signorina?
*Un momento ... ecco anche il mio.*

Ecco i biglietti: un biglietto per la signora e un biglietto per Lei, signore.
*Grazie.*

**I numeri**

| | |
|---|---|
| uno | 1 |
| due | 2 |
| tre | 3 |
| quattro | 4 |
| cinque | 5 |
| sei | 6 |
| sette | 7 |
| otto | 8 |
| nove | 9 |
| dieci | 10 |

**avere**

| | |
|---|---|
| **ho** | ich habe |
| **hai** | du hast |
| **ha** | er hat |
| **ha** | sie hat |
| **ha** | Sie haben |

**Eins oder mehr?**

| | |
|---|---|
| una bors**a** | tre bors**e** |
| un passaport**o** | due passaport**i** |
| un bigliett**o** | due bigliett**i** |
| una valigi**a** | quattro valigi**e** |
| **Einzahl** | **Mehrzahl** |
| o | i |
| a | e |

## 4. Eins oder viele?

Vervollständigen Sie:

**1.** Angela, ....hai........ una borsa? – No, ........ho................ 3 bors e....

**2.** Signore, ............ un passaporto? – No, .................... 2 passaport ......

**3.** Claudio, .................. una borsa? – No, ............................ 4 bors ......

**4.** Signora, ............ un passaporto? – Sì, ...................... 1 passaport ......

**5.** Franco, .................. un biglietto? – No, ......................... 3 bigliett ......

**6.** Signore, ................ una valigia? – Sì, ............................ 1 valigi ......

**7.** Signorina, ............... una pizza? – No, ............................ 2 pizz ......

**8.** Domenico, ................. un treno? – Sì, ............................... un tren ......

# TEMA 0

*Un modulo*

| | |
|---|---|
| **Nome:** | Claudia |
| **Cognome:** | Rastagno |
| **Luogo di nascita:** | Torino |
| **Data di nascita:** | 3 giugno 1965 |
| **Residenza:** | Milano |

*L'alfabeto*

| | | |
|---|---|---|
| **A** (a) | come | **Ancona** |
| **B** (bi) | come | **Bologna** |
| **C** (tschi) | come | **Catania** |
| **D** (di) | come | **Domodossola** |
| **E** (e) | come | **Empoli** |
| **F** (effe) | come | **Firenze** |
| **G** (dschi) | come | **Genova** |
| **H** (akka) | | |
| **I** (i) | come | **Imola** |
| **J** (i lunga) | | |
| **K** (kappa) | | |
| **L** (elle) | come | **Livorno** |
| **M** (emme) | come | **Milano** |
| **N** (enne) | come | **Napoli** |
| **O** (offenes o) | come | **Otranto** |
| **P** (pi) | come | **Palermo** |
| **Q** (ku) | come | **Quarto** |
| **R** (erre) | come | **Roma** |
| **S** (esse) | come | **Savona** |
| **T** (ti) | come | **Torino** |
| **U** (u) | come | **Udine** |
| **V** (wu) | come | **Verona** |
| **W** (wu doppia) | | |
| **X** (iks) | | |
| **Y** (ipsilon) | | |
| **Z** (tseta) | come | **Zara** |

Im Italienischen gibt es keine Umlaute (ä, ö, ü). Lösen Sie diese Buchstaben auf in: ae, oe, ue. J, k, w, x, y tauchen nur in Fremdwörtern auf. H wird nicht gesprochen.

## 5. Füllen Sie das Formular mit Ihren Angaben aus:

**Nome:** ........................................................................................

**Cognome:** ...................................................................................

**Luogo di nascita:** .........................................................................

**Data di nascita:** ..........................................................................

**Residenza:** .................................................................................

**Nazionalità:** ...............................................................................

**CORSI DI LINGUA ITALIANA**
**COURSES OF ITALIAN**
**ITALIENISCHKURSE**

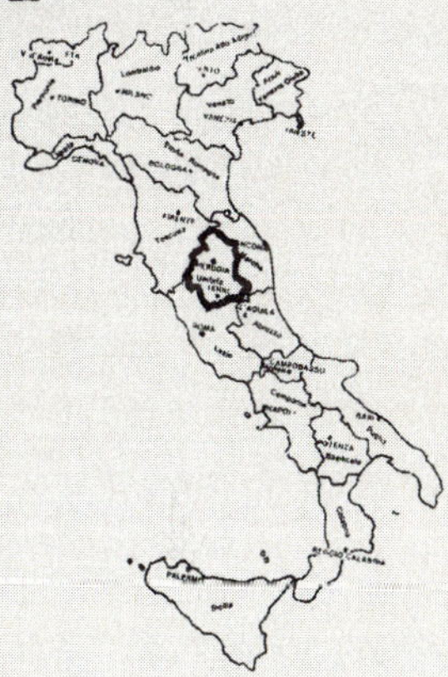

COMITATO LINGUISTICO A.I.C.S.
Via del Conventuccio, 13
I-06121 Perugia - Italia
Fax 075/25351
Tel.: Segreteria 075/25351

## 6. Buchstabieren Sie:

**1.** Francoforte **2.** Amburgo **3.** Monaco **4.** Otto Kleinschmidt **5.** Rosemarie Schulze **6.** Christian Stadelhuber **7.** Magonza **8.** Xaver Schiethering **9.** Marianne Rosenberger **10.** Eberhard Bonds. **11.** Filippo Lippi **12.** Gianluca Galli **13.** Bernardo Bertolucci. **14.** Franca Rame **15.** Giacinto Esposito.

# VOCABOLI

***Buon giorno***
*Guten Tag*
**buona sera**
Guten Abend
**buona notte**
Gute Nacht
**ciao**
Hallo + Tschüs
**arrivederci**
Auf Wiedersehen
**signore**
Herr
**signora**
Dame
**signorina**
Fräulein
**lei**
sie
**lui**
er

***In treno***
*Im Zug*
**sei**
du bist/bist du?
**essere**
sein
**italiano**
Italiener, italienisch
**no**
nein
**sono**
ich bin
**tedesco**
Deutscher, deutsch
**la tua amica**
deine Freundin
**è**
er/sie ist/Sie sind
**italiana**
Italienerin, italienisch
**anche**
auch
**tedesca**
Deutsche, deutsch
**e**
und
**Lei**
Sie (höfliche Anrede)
**io**
ich
**spagnolo**
Spanier, spanisch
**ma**
aber
**sì**
ja

***Sempre in treno***
*Immer noch im Zug*
**come?**
wie?
**si chiama**
er/sie heißt/Sie heißen
**mi chiamo**
ich heiße
**chiamarsi**
heißen
**tu**
du
**ti chiami**
du heißt
**parli**
du sprichst
**parlo**
ich spreche
**parlare**
sprechen
**un po'**
ein bißchen
**scusi**
entschuldigen Sie
**non capisco**
ich verstehe nicht
**capire**
verstehen
**non parlo**
ich spreche nicht
**la mia amica**
meine Freundin
**non parla**
er/sie spricht nicht/ Sie sprechen nicht
**che**
was für ein
**bel**
schön
**nome**
(Vor-)Name

*Aeroporto – Check-in*
*Flughafen – Check-in*

**quante?**
wie viele?

**borse**
Taschen

**la borsa**
die Tasche

**sono**
es sind

**tre**
drei

**ha**
er/sie hat/Sie haben

**ho**
ich habe

**avere**
haben

**una valigia**
ein Koffer

**i passaporti**
die Ausweise, Pässe

**per favore**
bitte

**ecco**
hier ist, da ist

**il mio passaporto**
mein Paß

**grazie**
danke

**prego**
bitte (gern geschehen)

**il Suo passaporto**
Ihr Ausweis (Ihren Ausweis)

**un momento**
ein(en) Moment

**il mio**
mein ...

**i biglietti**
die Fahrkarten

**un biglietto**
eine Fahrkarte

**per**
für

*Un modulo*
*Ein Formular*

**nome**
(Vor-)Name

**cognome**
Nachname

**luogo di nascita**
Geburtsort

**data di nascita**
Geburtsdatum

**residenza**
Wohnort

**nazionalità**
Nationalität

**l'alfabeto**
das Alphabet

**HOTEL FIRENZE**
19100 La Spezia – Via Paleocapa, 7
Tel. (0187) 33062 - 31248

Signor ..........

PERS. .......... Camera ..........

| | | |
|---|---|---|
| CAMERA SOLA<br>Room only<br>Chambre seule<br>Zimmerpreis | | |
| Cam. e prima col.<br>Room & Breakfast<br>Chambre e P. Déj.<br>Zimmer u. Frühst. | | |
| Pensione compl.<br>Full Pension<br>Pension complète<br>Volle Pension | | |
| MEZZA PENSIONE<br>Half Pension<br>Demi - pension<br>Halbe Pension | | |
| | | |

# TEMA 1

UFFICIO VIAGGI - EXCHANGE
GOLFOTUR
BIGLIETTERIA - FERROVIARIA - AEREA
GALLERIA
MENHIR
VIA CHIODO, 32
TEL. 31287

# *DOMANDARE*

***Alla stazione***

Scusi, sa dov'è l'ufficio informazioni?

*L'ente per il turismo è qui vicino, la prima strada a destra.*

Ente? Quale ente? Non capisco ...

*Ente ... ufficio ... TOURIST OFFICE ...*

Ah, sì, capisco ... grazie.

*Prego.*

*Scusi, sa dov'è un hotel?*

Sì, subito a destra c'è l'hotel «Europa».

***All'hotel***

*Quanto costa una camera doppia?*

Quarantamila lire, signori, ma siamo al completo.

*C'è un ristorante qui vicino?*

Sì, ci sono molti ristoranti, dunque: subito a destra c'è il ristorante «Da Mario», un altro è in piazza, e un altro ancora in via Garibaldi, la prima strada a sinistra.

*Grazie per l'informazione.*

*Dov'è il prossimo telefono pubblico?*

Non è lontano, signora: Lei va sempre diritto e al prossimo angolo a destra c'è una cabina telefonica.

*Quale autobus va all'aeroporto?*

Il cinque, signore.

**_Per strada_**

*Quanti chilometri sono da qui a Macerata?*
Non lo so. Non ho la minima idea.

*Ha moneta?*
No, purtroppo no, ma perché non andate in banca?
*Perché non sappiamo dov'è. Non siamo pratici.*
E' in via Dante, vicino alla stazione.
*Grazie, ciao.*

*Scusa, sai dov'è una banca?*
Perché?
*Per cambiare soldi ...*
Ah, un cambio! No, non è qui, è in centro. Sono quattro fermate con l'autobus.

*Andiamo in una pizzeria? Hai fame anche tu?*
Sì, ho fame anch'io. Andiamo a mangiare una pizza.

***Alla pizzeria***

*Che cosa prendi?*

Prendo una birra. Ho sete.

*Ho sete anch'io ... Cameriere, due birre per favore.*

*Perché non andiamo a casa, mamma? Sono stanca!*

Sei stanca? Ma sì, andiamo subito. Cameriere, il conto per favore.

*Prendiamo un taxi?*

Ma no! Costa molto. Andiamo a piedi.

*A piedi?*

Sì, dai!

***A casa***

*Quando vai a Firenze?*
Domani mattina.

*Vai in treno o in macchina?*
Vado in treno perché non costa molto.

*Come vai in centro? Con l'autobus?*
No, prendo la macchina.

# ASCOLTA

## A

**Wo finden die Dialoge statt?**

**1.**
- **a** Autobahn
- **b** Bahnhof

**2.**
- **a** Hotel
- **b** Diskothek

**3.**
- **a** Straße
- **b** Theater

**4.**
- **a** Pizzeria
- **b** Markt

**5.**
- **a** Flughafen
- **b** Wohnung

## B

**Kreuzen Sie an, wonach gefragt und wovon gesprochen wird!**

Mehrere Lösungen sind möglich.

**1. Alla stazione**
- **a** ristorante
- **b** ufficio informazioni
- **c** telefono
- **d** hotel

**2. All'hotel**
- **a** pizzeria
- **b** ristorante
- **c** telefono
- **d** autobus

**3. Per strada**
- **a** discoteca
- **b** chilometri a Macerata
- **c** banca
- **d** aeroporto

**4. Alla pizzeria**
- **a** vino
- **b** birra
- **c** treno
- **d** conto

**5. A casa**
- **a** treno
- **b** taxi
- **c** cabina telefonica
- **d** autobus

# *DOMANDARE*
## *FRAGEN*

### *Alla stazione*
*Am Bahnhof*

**scusi**
Entschuldigen Sie
**sa dov'è ...?**
wissen Sie, wo ... ist?
**sapere**
wissen
**dove**
wo, wohin
**l'ufficio informazioni**
das Informationsbüro
**l'ente per il turismo**
das Fremdenverkehrsamt
**qui**
hier
**vicino (a)**
nah, in der Nähe
**la prima strada**
die erste Straße
**a destra**
rechts
**quale?**
welche/r/s
**un hotel**
ein Hotel
**subito**
gleich, sofort
**c'è**
da ist, da gibt es, es gibt

### *All'hotel*
*Im Hotel*

**quanto costa?**
wieviel kostet (es)?
**costare**
kosten
**una camera doppia**
ein Doppelzimmer
**quarantamila lire**
vierzigtausend Lire
**i signori**
die Herren, die Herrschaften
**siamo**
wir sind
**al completo**
ausgebucht
**un ristorante**
ein Restaurant
**ci sono**
da sind, da gibt es
**molto**
viel/e
**dunque**
also
**un altro**
ein anderes, ein weiteres
**in piazza**
auf dem Platz
**ancora**
noch
**in via ...**
in der ... Straße
**a sinistra**
links
**per**
für
**l'informazione**
die Information
**il prossimo**
der/die/das nächste
**il telefono**
das Telefon
**pubblico**
öffentlich
**non**
nicht, kein
**lontano**
weit (weg)
**Lei va**
Sie gehen
**andare**
gehen
**sempre**
immer
**diritto**
geradeaus
**al prossimo angolo**
an der nächsten Ecke
**una cabina telefonica**
eine Telefonzelle
**l'autobus**
der Bus
**va**
er/sie fährt, Sie fahren
**il cinque**
die (Buslinie) Fünf

*Per strada*
*Auf der Straße*
**quanti chilometri?**
wie viele Kilometer?
**sono**
es sind
**da qui a**
von hier bis
**Macerata**
Ortsname (Region Marken)
**non lo so**
ich weiß es nicht
**lo**
es
**la minima idea**
die geringste Ahnung
**la moneta**
Kleingeld
**purtroppo**
leider
**perché**
warum
**andate**
ihr geht
**in banca**
auf die Bank
**la banca**
die Bank
**perché**
weil
**sappiamo**
wir wissen
**non siamo pratici**
wir kennen uns nicht aus (wir sind nicht praktisch)
**la stazione**
Der Bahnhof
**sai**
du weißt
**per cambiare soldi**
um Geld zu wechseln
**un cambio**
eine Wechselstube
**in centro**
im Zentrum
**la fermata**
die Haltestelle
**con**
mit
**andiamo**
wir gehen
**una pizzeria**
eine Pizzeria
**hai fame?**
hast du Hunger?
**anche tu**
du auch
**ho fame**
ich habe Hunger
**anch'io**
ich auch
**mangiare**
essen
**una pizza**
eine Pizza

*Alla pizzeria*
*In der Pizzeria*
**che cosa prendi**
was nimmst du
**prendo**
ich nehme
**una birra**
ein Bier
**prendere**
nehmen
**ho sete**
ich habe Durst
**il cameriere**
der Kellner
**a casa**
nach/zu Hause
**mamma**
Mama
**stanco/a**
müde
**il conto**
die Rechnung
**prendiamo**
wir nehmen
**un taxi**
ein Taxi
**costa molto**
es kostet viel
**a piedi**
zu Fuß
**dai!**
los, auf!

*A casa*
*Zu Hause*
**quando**
wann
**vai**
du fährst
**a Firenze**
nach/in Florenz
**domani mattina**
morgen früh
**in treno**
mit dem Zug
**o**
oder
**in macchina**
mit dem Auto
**vado**
ich fahre
**la macchina**
das Auto

### Telefonare

*Münztelefone gibt es nicht nur im Telefonhäuschen. Sie hängen (zum Teil nur spärlich überdacht und wenig lärmgeschützt) an Straßenekken, neben der Juke-Box einer Bar oder im zeitungsüberladenen Kiosk an der Ecke. Ein Ortsgespräch kostet 200 Lire, und die meisten Münzfernsprecher funktionieren mit 100-, 200-Lirestücken oder mit* **gettoni**. *Das sind Telefonmünzen, die auch als Zahlungsmittel überall entgegengenommen werden. Ein uraltes italienisches Problem ist der Mangel an* **spiccioli**, *das sind Kleinmünzen jeder Art, die immer dann fehlen, wenn man sie am dringendsten braucht. Wenn man keine Münzen mehr hat und kein Kleingeld gewechselt bekommt, kann man mit etwas Charme und Augenzwinkern in einer* **bar** *Münzen aus dem Trinkgeldteller an der Theke gegen einen entsprechenden Schein eintauschen.*

TEORIA

## Domandare – Fragen

Fragen kostet nichts und ist für jeden unentbehrlich. Fragen lassen sich mit Hilfe folgender Wörter stellen:

| | |
|---|---|
| **dove?** | wo, wohin? |
| **quale?** | welcher, welche, welches? |
| **quanto** | wieviel? |
| **quanti?** | wie viele? |
| **perché?** | warum? |
| **quando?** | wann? |
| **come?** | wie? |
| **che cosa?** | was? |

**Dov'è** il prossimo telefono pubblico?
**Wo ist** das nächste öffentliche Telefon?

| | |
|---|---|
| **dove + è = dov'è?** | wo ist? |
| **dove sono?** | wo sind? |

**Perché** non andate in banca?
**Warum** geht ihr nicht in die Bank?
**Perché** non sappiamo dov'è.
**Weil** wir nicht wissen, wo sie ist.

| | | | |
|---|---|---|---|
| **perché?** | → | warum? | (im Fragesatz) |
| **perché** | → | weil | (im Antwortsatz) |

## Satzfragen

| | |
|---|---|
| Prendiamo un taxi? | Nehmen wir ein Taxi? |
| C'è un telefono? | Gibt es/ist da ein Telefon? |

Satzfragen ganz einfach: Wörter müssen nicht umgestellt werden, nur die Satzmelodie geht am Ende hoch.

PRATICA

## 1. Che cosa? Dove? Come? Quando? Quale? Quanto?
## Was? Wo? Wie? Wann? Welcher?

Welches Fragewort fehlt?

1. Quanto .............. costa una camera doppia?
2. ...................................... prendi? Una pizza?
3. .................................. vai a Roma? Domani?
4. ............................................ è la stazione?
5. ........................ andate a casa? Con l'autobus?
6. ...................................... treno va a Firenze?

## 2. Welche Fragen lassen sich zu folgenden Antworten stellen?

(Die Dialoge der Lektion helfen Ihnen!)

1. Dov'è il prossimo telefono? ..... C'è una cabina telefonica in piazza.
2. ............................................................? Costa quarantamila lire.
3. ............................................................? Il cinque va all'aeroporto.
4. ............................................................? Domani mattina.
5. ............................................................? L'ente per il turismo è in via Dante.
6. ............................................................? Ma no! Andiamo a piedi.
7. ............................................................? Prendo la macchina.
8. ............................................................? Prendo una birra.
9. ............................................................? Sì, ho fame anch'io.

## 3. Non capisco! – Haken Sie noch einmal nach, weil Sie nicht genau verstehen

1. La cabina telefonica è **al prossimo angolo**.
........................ Dov'è la cabina telefonica? ........................
2. **L'autobus cinque** va alla stazione. ...........................................
............................................ 3. L'ente per il turismo è **in via Garibaldi**. ...........................................
.............. 4. Io prendo **una pizza e una birra** ..............................
............................................................ 5. Prendo il treno **perché non costa molto** ..............................................

# TEORIA

## Wo ist ...?

Die ersten Fragen im fremden Land gelten häufig der Orientierung.
Folgende Orts- und Richtungsangaben können bei der Beantwortung der Fragen «dove?» (wo/wohin) helfen:

| | |
|---|---|
| **qui/qua** | hier |
| **a destra** | rechts/nach rechts |
| **a sinistra** | links/ nach links |
| **vicino (a)** | nah/ in der Nähe (von) |
| **qui vicino** | hier in der Nähe |
| **lontano da** | entfernt (von)/weit weg (von) |
| **la prima strada** | die erste Straße |
| **in piazza** | auf dem Platz |
| **in via ...** | in der ...Straße |
| **al prossimo angolo** | an der nächsten Ecke |
| **in centro** | im/ins Zentrum |
| **diritto** | geradeaus |

### 4. Dove? ... Dov'è?
### Sagen Sie dem Touristen, wo es lang geht.

1. Dov'è il ristorante? Il ristorante è ........a destra........ (rechts)
2. Dove va la signora? La signora va .................................. (geradeaus)
3. Dov'è la macchina? La macchina è ................................................................................................(auf dem Platz)
4. Dov'è l'aeroporto? L'aeroporto è ........................ (weit weg von hier)
5. Dove va il signore? Il signore va .................................. (ins Zentrum)
6. Dov'è la banca? La banca è ................................................................................................(an der nächsten Ecke)
7. Dov'è la via Cavour? La via Cavour è ................................................................................................(die erste Straße links)
8. Dov'è la stazione? La stazione è .......................... (hier in der Nähe)

### 5. In centro
**Siamo pratici**
**Wir kennen uns aus**

1. La **piazza** è vicino alla stazione o vicino alla via Brera?
2. Il **ristorante** è a destra o a sinistra?
3. **L'hotel** è in piazza o al prossimo angolo?
4. L'**ente per il turismo** è vicino alla stazione o vicino al ristorante?
5. La prima strada a destra è la **via Brera** o la via Dante?
6. **L'aeroporto** è vicino o lontano?

## TEORIA

### Negare – Verneinen

| | |
|---|---|
| **Non** capisco. | Ich verstehe **nicht**. |
| **Non** è lontano. | Es ist **nicht** weit. |
| **Non** costa molto. | Es kostet **nicht** viel. |
| **No**, prendo la macchina. | **Nein**, ich nehme das Auto. |
| Ma **no**! Costa molto. | Aber **nein**! Das kostet viel. |
| **No = Nein** | **Non = nicht** |

**Non** bedeutet auch **kein**, z.B.:

| | |
|---|---|
| **Non** ho fame. | Ich habe **keinen** Hunger. |
| **Non** abbiamo moneta. | Wir haben **kein** Kleingeld. |

**Non** steht immer **vor** dem Verb!

### L'articolo – der Artikel

| | | | |
|---|---|---|---|
| | **m** | | |
| **il** telefono | **das** Telefon | **un** telefono | **ein** Telefon |
| **il** conto | **die** Rechnung | **un** conto | **eine** Rechnung |
| **il** treno | **der** Zug | **un** treno | **ein** Zug |
| | **f** | | |
| **la** casa | **das** Haus | **una** casa | **ein** Haus |
| **la** mattina | **der** Vormittag | **una** mattina | **ein** Vormittag |
| **la** banca | **die** Bank | **una** banca | **eine** Bank |

**m** Bestimmter Artikel: **il** — Unbestimmter Artikel: **un**
**f** Bestimmter Artikel: **la** — Unbestimmter Artikel: **una**

### 6. No oder non?

1. ...Non... siamo pratici.
2. Vai a Roma? – .............., vado a Firenze.
3. Il telefono .............. è lontano da qui.
4. Prendiamo un taxi? – Ma ..............! Andiamo a piedi.
5. Sai dov'è la banca? – .............., purtroppo .............. .
6. .............. ho la minima idea.
7. L'hotel è al prossimo angolo? – .............., è in piazza.
8. Andiamo in una pizzeria? – .............., andiamo al ristorante.
9. Perché .............. andiamo a casa?
10. Un hotel? Purtroppo .............. sappiamo dov'è.

### Auskunft – wo?

*Fragen kann man überall und jeden, denn die Italiener sind meist freundlich und hilfsbereit. Für offizielle Auskünfte in Sachen Unterkunft, Wegbeschreibung, Öffnungszeiten etc. ist entweder die* ***Azienda Autonoma di Soggiorno e Turismo*** *oder der* ***Ente Provinciale per il Turismo*** *zuständig. Diese Fremdenverkehrsbüros, die in jeder Stadt und in jeder größeren Ortschaft zu finden sind, erteilen nicht nur mündliche Auskünfte, sondern halten auch Stadtpläne und Informationsbroschüren für Reisende bereit. Sie übernehmen außerdem auch gerne die Zimmervermittlung – wenn nicht gerade Hochsaison ist und Sie bereits der tausendunderste Tourist sind, dem man das Verslein «al completo» vorbeten muß.*

# TEORIA

**Il** ist nicht immer gleich **der**. Und **la** ist nicht immer gleich **die**.
Prägen Sie sich deshalb beim Vokabellernen den Artikel mit ein, damit Sie das Geschlecht der italienischen Substantive aus dem Effeff bestimmen können. Große Lernhilfe dabei sind die Endungen, denn in der Regel enden:

Maskuline Haupt- oder Eigenschaftswörter auf **-o**
Feminine Haupt- oder Eigenschaftswörter auf **-a**.

Schwieriger wird das mit den Substantiven auf **-e**. Sie können **m** oder **f** sein:

| | | | | |
|---|---|---|---|---|
| **m** | **il** ristorant**e** | das Restaurant | **un** ristorant**e** | ein Restaurant |
| | **il** camerier**e** | der Kellner | **un** camerier**e** | ein Kellner |
| **f** | **la** stazion**e** | der Bahnhof | **una** stazion**e** | ein Bahnhof |
| | **la** fam**e** | der Hunger | **una** fam**e** | ein Hunger |

Hier heißt es also lernen! ... Kleine Hilfe: Substantive auf **-ione** sind fast immer f: la staz**ione**, l'informaz**ione**, la naz**ione** ...

**Attenzione!**
hotel = [otel]. Das **h** am Wortanfang wird nicht gesprochen, deshalb zählt «hotel» auch zu Substantiven mit Vokalanfang: l'hotel.

## A E I O U – Substantive mit Vokalanfang

l'**u**fficio, l'**i**dea, l'**a**eroporto, l'**e**nte, l'**i**nformazione
Bei Substantiven, die mit **a, e, i, o, u** beginnen, lautet der bestimmte Artikel **l'** (nicht il oder la).
**L'** gilt für m und f.

Die unbestimmten Artikel vor Vokalen heißen:

| | |
|---|---|
| **un u**fficio | **un'i**dea |
| **un a**eroporto | **un'i**nformazione |

| | |
|---|---|
| Unbestimmter Artikel | **m**: **un** |
| Unbestimmter Artikel | **f**: **un'** |

## 7. Il o la?

1. ....il....... telefono
2. ................. pizza
3. ................. strada
4. ................. cambio
5. .............. ristorante
6. ................. conto
7. ..................... lira
8. ................. centro
9. .............. camera
10. .............. turismo
11. ............. stazione
12.. .......... cameriere

## 8. Un o una?

1. .......un.......turismo
2. ................ signora
3. ...............macchina
4. .................... fame
5. .................. treno
6. .............. telefono
7. ............... mattina
8. .............. ristorante
9. ............ chilometro
10. ................ strada
11. .............. cambio
12. .............. pizzeria

## 9. Il? – La? – L'?

1. .................. cabina
2. ...................... hotel
3. ....................l'...idea
4. .............. macchina
5. .................. angolo
6. .................... fame
7. .................... conto
8. .............. fermata
9. ..................... ente
10. ............ chilometro

## 10. Un? – Una? – Un'?

1. .....un.......cambio
2. ................. signora
3. .............. aeroporto
4. ...................... treno
5. .......... informazione
6. ...................ufficio
7. ............ cameriere
8. ................. strada
9. .................... idea
10. ............. ristorante

# TEORIA

## Der Plural von Substantiven mit Konsonant

... ci sono molti ristoranti.
*... es gibt viele Restaurants.*

... due birre per favore.
*... zwei Bier bitte.*

| | Singular | Plural |
|---|---|---|
| m | **il** chilometr**o** | **i** chilometr**i** |
| | **il** ristorant**e** | **i** ristorant**i** |
| f | **la** birr**a** | **le** birr**e** |
| | **la** stazion**e** | **le** stazion**i** |

| | Artikel | | | Endungen | |
|---|---|---|---|---|---|
| | Sing. | Pl. | | Sing. | Pl. |
| **m** | **il** | **i** | **m** | **o** | **i** |
| **f** | **la** | **le** | **f** | **a** | **e** |
| | | | **m+f** | **e** | **i** |

**Attenzione!**

1. il cambi**o** – i cambi: Bei unbetontem **-io** nur ein **-i** im Plural.
2. i soldi: steht nur im Plural.
3. la fame, la sete: nur im Singular gebraucht, also keine Hünger und Dürste.
4. la ban**ca** – le ban**che**: Im Plural muß ein **h** eingefügt werden. Sonst müßte man [bantsche] sprechen.

## 11. Mettete al plurale
### Setzen Sie in den Plural

1. C'è un signore? – No, ci sono due ..signori..........................
2. C'è una pizzeria? – No, ci sono tre ..........................................
3. Prendi una birra? – No, prendo due ..........................................
4. C'è una macchina? – No, ci sono tre ..........................................
5. C'è un telefono? – No, ci sono sei ..........................................
6. C'è un treno? – No, ci sono sette ..........................................
7. C'è un cambio? – No, ci sono quattro ..........................................
8. C'è una cabina? – No, ci sono nove ..........................................
9. Prendiamo una pizza? – No, prendiamo cinque ..........................
10. C'è una banca? – No, ci sono otto ..........................................

## 12. Eins oder viele?
### Ergänzen Sie Artikel und Endungen

1. Dove andiamo? ..Il.. ristorante è molto lontano.
2. Ma ci sono anche due ristorant.i.... qui in centro e io ho fame e sete: prendo tre birr...... e due pizz......
3. Prendi molto. Non ho sold......per ......conto.
4. Perché non vai in banc......?
5. ...... banche non sono qui vicino.
6. Ma ...... stazione è al prossimo angol...... e c'è un cambi......
7. E ...... soldi per ......camere all'hotel?
8. Non lo so. Non ho ...... minima idea.
9. ...... hotel costa quarantamila lir.......! Andiamo a casa domani: tu vai a pied...... e io prendo ...... macchina!
10. No, io vado in tren......

# TEORIA

## Essere (sein)

| | |
|---|---|
| **Sei** stanca? | **Bist du** müde? |
| **Siamo** al completo. | **Wir sind** ausgebucht. |
| Non **è** lontano. | **Es ist** nicht weit. |
| (io) sono | ich bin |
| (tu) sei | du bist |
| (lui) è | er ist |
| (lei) è | sie ist |
| (Lei) è | Sie sind (Singular) |
| (noi) siamo | wir sind |
| (voi) siete | ihr seid/Sie sind (Plural) |
| (loro)sono | sie sind |

Die Personalpronomen (io, tu ...) stehen in Klammern, da man sie normalerweise nicht braucht. Wenn ich ausdrücken will «Ich bin Maria.», so reicht es völlig zu sagen «Sono Maria.». Die Personalpronomen dienen nur der besonderen Hervorhebung, z.B.:«Nein, **sie** ist Angela, **ich** bin Maria.» heißt entsprechend im Italienischen: «No, **lei** è Angela, **io** sono Maria.»

AMEGLIA FIUMARETTA (SEGUE

| ALBERGHI HOTELS HOTELES | SERVIZI SERVICES DIENSTE SERVICIOS | CAMERA SINGOLA | | CAMERA DOPPIA | | PENSIONE | |
|---|---|---|---|---|---|---|---|
| PILOTA DIP. * Tel 64446 (8-16-2) (*) | | | | 27.000 27.000 | | 53.000 58.000 | |
| ROMA * Loc. Cafaggio (10-19-4) Tel. 65968 | | 17.500 17.500 | | 29.000 29.000 | | 40.000 55.000 | |
| **AMEGLIA - MONTEMARCELLO** (m. 266) 19030 0187 | | | | | | | |
| IL GABBIANO * Tel 600066 (12-24-9) | | | | 35.000 35.000 | 43.000 43.000 | 60.000 68.000 | 65.000 73.000 |

### 13. Konjugieren Sie in allen Personen:

| **1. essere a casa** | **2. avere sete** |
|---|---|
| (io) sono a casa | (io) ............ |
| (tu) ............ | (tu) ............ |
| (lui) ............ | (lui) ............ |
| (lei) ............ | (lei) ............ |
| (Lei) ............ | (Lei) ............ |
| (noi) ............ | (noi) ............ |
| (voi) ............ | (voi) ............ |
| (loro). ............ | (loro) ............ |

**genauso:**

**3.** essere in piazza «Cola di Rienzo» **4.** non avere la minima idea **5.** essere a Roma con Gina Lollobrigida **6.** non avere il fax a casa

### 14. Wer hat, der hat!

Bilden Sie mit Hilfe des folgenden Schemas Sätze mit den Formen von «avere»!

Abbiamo fame.

| | io | tu | lui | lei | Lei | noi | voi | loro |
|---|---|---|---|---|---|---|---|---|
| fame | | | | | | ● | | |
| una macchina | ● | ● | | | | | | |
| un telefono | | | | ● | | | | |
| una casa a Roma | | | | ● | | | ● | ● |
| un ufficio in centro | ● | | | | | ● | | |
| una pizzeria | | | ● | | | | | ● |
| moneta | | | | | ● | | ● | |
| una camera | | ● | | ● | | | | |

## TEORIA

### C'è + ci sono

| | |
|---|---|
| **C'è** un ristorante ...? | **Gibt es** ein Restaurant? |
| Sì, **ci sono** molti ristoranti. | Ja, **es gibt** viele Restaurants. |

ci + è = **c'è**
da ist, da gibt es, es gibt (Singular.)
ci + sono = **ci sono**
da sind, da gibt es, es gibt (Plural.)

### Avere (haben)

| | |
|---|---|
| **Ha** moneta? | **Haben Sie** Kleingeld? |
| **Hai** fame? | **Hast du** Hunger?» |
| **Ho** fame. | **Ich habe** Hunger. |

| | |
|---|---|
| ho | ich habe |
| hai | du hast |
| ha | er/sie hat |
| ha | Sie haben (Singular) |
| abbiamo | wir haben |
| avete | ihr habt/Sie haben (Plural) |
| hanno | sie haben |

## 15. Was fehlt? c'è/ci sono oder è/sono?

1. Da qui a Roma ....sono.......... 10 chilometri.
2. La casa .......................... al prossimo angolo.
3. .............................. un ristorante qui vicino?
4. Carlo e Anna non ............................ pratici.
5. L'ente per il turismo ....................... in centro.
6. un telefono all'aeroporto ............................ .
7. Il cameriere .................................... a casa.
8. ............................ molti ristoranti in piazza.
9. La banca ................................ in via Dante.
10. ..................un altro hotel vicino alla stazione.

## 16. Essere o avere?

**1.** Dov'.e.... l'ente per il turismo? – .........qui vicino. **2.** Maria, ........stanca? (tu) – No, non ........ stanca. (io) **3.** ..Avete.. moneta? (voi) – No, non .......... moneta. (noi) **4.** ......... fame? (tu) – Sì, ......... fame. (io) **5.** ......... pratici? (voi) – No, non ......... pratici. (noi) **6.** Quanti chilometri ......... da qui a Macerata? – ......... quaranta chilometri. **7.** ......... sete, signora? (Lei) – Sì, ......... sete. (io) **8.** Maria e Angela ......... soldi? (loro) – Sì, .............. soldi. (loro) **9.** ......... a casa? (voi) – No, ......... al ristorante. (noi) **10.** La banca ........ vicina? Sì, ......... una fermata con l'autobus. **11.** I signori ......... una macchina? (loro) – No, i signori ................. due macchine. (loro) **12.** La signora ..................... una casa a Firenze? (lei) – No, la signora .............. una casa a Roma. (lei)

# TEORIA

## Andare (gehen, fahren)

Quale autobus **va** all'aeroporto?
Welcher Bus **fährt** zum Flughafen?
Perché non **andate** in banca?
Warum **geht ihr** nicht zur Bank?

**Andare** heißt sowohl **gehen** als auch **fahren**!

| | |
|---|---|
| vado | ich gehe |
| vai | du gehst |
| va | er/sie geht |
| va | Sie gehen |
| andiamo | wir gehen |
| andate | ihr geht/Sie gehen |
| vanno | sie gehen |

## Die Anrede

| **du** | **Sie** |
|---|---|
| **Sei** a casa, Eros? | **E'** a casa, signora Ramazzotti? |
| **Bist du** zu Hause, Eros? | **Sind Sie** zu Hause, Herr Ramazzotti? |
| **Hai** fame, Gianna? | **Ha fame**, signora Nannini? |
| **Hast du** Hunger, Gianna? | **Haben Sie** Hunger, Frau Nannini? |
| **Andate** a casa, **Eros e Gianna**? | **Andate** a casa, **signor Ramazzotti e signora Nannini**? |
| **Geht ihr** nach Hause, **Eros und Gianna**? | **Gehen Sie** nach Hause, **Herr Ramazzotti und Frau Nannini**? |

**Attenzione!**
Das **voi** gilt sowohl für die Du-Anrede (Eros und Gianna) als auch für die Sie-Anrede (Herr Ramazzotti und Frau Nannini).

| **Singular** | | **Plural** |
|---|---|---|
| **du** tu | **Sie** Lei | voi |

## 17. Dove andiamo?
## Wer fährt oder geht wohin?

Achten Sie auf die korrekte Form von «andare»

1. Mamma/al ristorante. Mamma va al ristorante
2. I signori/all'aeroporto. ......
3. L'autobus/a Firenze. ......
4. Noi due/all'hotel. ......
5. Tu/a casa. ......
6. Il cameriere/al telefono. ......
7. Io/a Roma. ......
8. Maria e Angela/alla pizzeria. ......
9. Voi/all'ente per il turismo. ......
10. Il treno/a Milano ......
11. E tu? Dove vai? ......
12. E Lei? Dove va? ......
13. E voi? Dove andate? ......

## 18. Hier quatscht einer zu schnell.
## Trennen Sie den Wortschwall in Wörter!

1. La/cabina/telefonicaèalprossimoangolo.
2. Ilcinquevaallastazione
3. L'enteperilturismoèinviaGaribaldi
4. Ioprendounapizzaeunabirra.
5. Prendoiltrenoperchénoncostamolto.

TEORIA

## Pronuncia – Aussprache

| Schreibung | Beispiel | Zu beachten |
| --- | --- | --- |
| *tsch (Tscheche)* | | |
| **c + e, i** | **ce**ntro, vi**ci**no | |
| **cia** | **cia**o | Das **i** wird nicht gesprochen |
| **cio** | **cio**ccolata | |
| **ciu** | | |
| *dsch (Dschingiskhan)* | | |
| **g + e, i** | **Ge**rmania, **Gi**na | |
| **gia** | man**gia**re | Das **i** wird nicht gesprochen |
| **gi** | **gio**rno | |
| giu | | |
| *k (Karl)* | | |
| **ca** | **ca**sa | |
| **co** | **co**me | |
| **cu** | cuc**cù** | |
| **c + Konsonant** | **Cr**emona | |
| **ch** | an**che**, **chi**amo | Wenn **i** oder **e** folgt |
| *g (Gans)* | | |
| **go** | La**go** di Garda | |
| **gu** | **Gu**stavo | |
| **g + Konsonant** | **gr**azie | |
| **gh** | spa**ghe**tti | Wenn **i** oder **e** folgt |
| *qu (Quecksilber)* | | |
| **qu** | **qu**ale | |
| *nj (Wanja)* | | |
| **gn** | si**gn**ore | |
| *lji (Ljubliana)* | | |
| **gli** | bi**gli**etto | |
| **a, e, i, o, u** | **Eu**ropa | Werden einzeln gesprochen |
| **z** (**Z**ucker) | | |
| **z** | stazione | |

## PRATICA

### Pronuncia – Aussprache

Hören Sie die folgenden Wörter von der Kassette und sprechen Sie nach:

**tsch**: uffi**cio**, **cia**o, vi**ci**no, **c'è**, **ci**, **ci**nque, Ma**ce**rata, prati**ci**, **ce**ntro
**dsch**: man**gia**re, **gio**rno, **Ge**rmania
**g**: **gr**azie, spa**ghe**tti
**k**: per**ché**, an**che**, **che**, mac**chi**na, **ca**sa, **cu**ltura
**qu**: **qu**ale, **qu**anto, **qu**arantamila, **qui**, **qu**attro, **qu**ando
**nj**: si**gn**ore, si**gn**ora, spa**gn**olo
**lji**: bi**gli**etto
**aeiou**: **Eu**ropa, **io**, **sei**, **pie**di, **ae**roporto, **die**ci

### 19. Wie heißt's auf Italienisch?

1. Wann fährst du nach Florenz? – Morgen früh.
2. Gibt es ein Restaurant hier in der Nähe? – Ja, es gibt ein Restaurant auf dem Platz.
3. Wieviel kostet ein Doppelzimmer? – Vierzigtausend Lire.
4. Wann gehen wir nach Hause? – Wir gehen sofort.
5. Wo ist eine Bank? – An der nächsten Ecke.
6. Was nimmst du? – Ich nehme ein Bier.
7. Haben Sie Kleingeld? – Nein, ich habe kein Kleingeld.
8. Gehen wir in ein Restaurant? – Ja, ich habe auch Hunger.
9. Welcher Bus fährt zum Flughafen? – Die Fünf.
10. Wo ist das Hotel «Europa»? – Es ist nicht weit von hier, immer geradeaus.

## SENTI

Hören Sie den Dialog von der Kassette. Lesen Sie dann die Fragen durch und hören Sie dann den Dialog noch einmal. Beantworten Sie beim zweiten oder dritten Hören die Fragen.

### Per strada

**1.** La signorina non sa dov'è

**a** l'aeroporto.
**b** un hotel.
**c** il ristorante «Quattro Valigie».

**2.** In via Rigatoni c'è

**a** una cabina telefonica.
**b** la stazione.
**c** l'ente per il turismo.

**3.** La signorina ha

**a** quattro valigie.
**b** due valigie.
**c** fame.

**4.** L'ente per il turismo è

**a** a cinque minuti da qui.
**b** a tre minuti da qui.
**c** a dieci minuti da qui.

**5.** L'ente per il turismo è vicino alla pizzeria

**a** subito a destra.
**b** sempre diritto.
**c** in piazza «Quattro Stagioni.»

**6.** Con due valigie la signorina va

**a** a piedi.
**b** con l'autobus.
**c** in treno.

**7.** Quale autobus va in via Rigatoni?

**a** Il sette.
**b** Il nove.
**c** Il cinque.

PARLA

### Gioco

Ein Kursteilnehmer verläßt den Raum. Die anderen Teilnehmer bereiten mit Hilfe von Tischen, Stühlen und anderen Gegenständen einen Parcours vor. Der Kursteilnehmer wird mit verbundenen Augen wieder hereingeführt und muß nun mit den Angaben der übrigen Teilnehmer den Parcours durchlaufen (a destra, a sinistra ...). Hat er das Ziel erreicht, wird ein anderer Teilnehmer hinausgeschickt.

### Minidialog

**A:** Dov'è **la stazione?**
**B:** E' **in via Cavour.**

**1.** la stazione – in via Cavour **2.** l'hotel «Diana» – qui vicino **3.** l'ufficio informazioni – in centro **4.** l'aeroporto – lontano da qui **5.** un ristorante – in piazza **6.** un telefono – al prossimo angolo **7.** una banca – a destra **8.** la pizzeria «Vesuvio» – vicino all'hotel «Diana».

**A:** Come vado **in centro**, signore?
**B:** Lei va in centro **con l'autobus.**

**1.** in centro – con l'autobus **2.** all'aeroporto – in macchina **3.** a Firenze – in treno **4.** alla stazione – a piedi **5.** all'hotel -in taxi **6.** a Milano – in treno **7.** al ristorante – con l'autobus **8.** a casa – in macchina.

**A:** Dove **vai, Angela?**
**B: Vado a Firenze.**

**1.** andare/Angela – a Firenze **2.** essere/signora Mazzini – in centro **3.** andare/Giuseppe e Claudia – alla stazione **4.** essere/signora Loren e signor Mastroianni – a Roma **5.** andare/signora Bellomo – a casa **6.** essere/Gino e Maria – all'aeroporto.

### Maxidialog

Herr Gschaftlhuber (A) kommt in Italien am Bahnhof an und kennt sich nicht aus. Er erkundigt sich nach dem Fremdenverkehrsamt/Hotel/Straße, will wissen, wo was ist, und wie er am besten dahinkommt. Ein freundlicher Italiener/eine freundliche Italienerin (Giuseppe/Rosanna) hilft ihm bei seiner Suche und ist sogar um sein leibliches Wohl besorgt (Hunger/Durst).

LETTURA

# *AL RISTORANTE*

Andiamo in un ristorante in centro. Ma non andiamo a piedi, prendiamo l'autobus perché il ristorante è lontano. E'l'autobus numero due. Abbiamo moneta per i biglietti? Sì, ecco!
E quanti chilometri sono da qui al ristorante?
Sono tre chilometri.

**ecco!** da sind sie!
**più** mehr
**Mamma mia!**
Meine Güte! Du liebe Zeit!
**Buon appetito!**
Guten Appetit

Il ristorante è vicino alla stazione, in piazza Cavour è la prossima fermata.
«Buona sera.»
«Buona sera, signori.»
Abbiamo fame e sete. Prendiamo due pizze e due birre.
«Ecco le pizze! Buon appetito!»
«Grazie.»
...
«Cameriere, il conto per favore!»
Ma quanto costa? Non ho la minima idea. Costa molto! Quarantamila lire! Non prendiamo l'autobus per andare a casa, ma andiamo a piedi perché non abbiamo più soldi. Sono tre chilometri da qui! Mamma mia!
Domani mattina vado subito in banca per cambiare soldi.

| Sì o no? | sì | no |
|---|---|---|
| 1. Il ristorante è in centro. | ■ | ■ |
| 2. Vanno a piedi. | ■ | ■ |
| 3. Hanno moneta per i biglietti. | ■ | ■ |
| 4. Il ristorante è vicino alla stazione. | ■ | ■ |
| 5. Hanno fame e sete. | ■ | ■ |
| 6. Costa molto. | ■ | ■ |
| 7. Vanno a casa con l'autobus. | ■ | ■ |
| 8. Il signore va all'aeroporto domani. | ■ | ■ |

# TEMA 2

# *FARE LA SPESA*

***A casa***

Fai la spesa per me, Donatella?

*Perché no? ... tanto vado in centro. Di che cosa hai bisogno, mamma?*

Dunque, ho bisogno di un chilo di pomodori, due melanzane, un chilo di pasta, un po'di formaggio, un pane, un litro di acqua minerale gassata, un litro di vino rosso e ... magari un po'di frutta.

*Compro anche biscotti?*

E la tua dieta?

Mamma, ti prego!

*Mmh ... va bene allora, anche una scatola di biscotti.*

### *Al mercato*

Dica, signorina!

*Un chilo di pomodori e ...*

Vanno bene questi? Sono molto maturi.

*Sì, sì, benissimo.*

Altro, signorina?

*Due melanzane, per favore.*

Così?

*Sono un po' grandi ...*

Queste?

*Sì ... e un po' di frutta: mezzo chilo di mele, alcune banane e ... mmh... non so ...*

L'uva è molto dolce.

*Sì, va bene, prendo l'uva.*

Altro?

*No grazie, basta così.*

*Quanto costa la cassetta di Gianna Nannini?*

Quindicimila.

*Quindicimila? Ma sei pazzo! Dai, fammi uno sconto!*

Mi dispiace, i prezzi sono fissi.

### *Al negozio di alimentari*

Quanto costa il pecorino?

*Dolce o piccante?*

Dolce, per favore.

*Costa millecinquecento l'etto.*

E il «Bel Paese»?

*Mille.*

Allora prendo due etti di «Bel Paese».

*Altro?*

Un momento ... dunque: il formaggio, la pasta, l'acqua, biscotti ... manca solo il vino.

*Rosso o bianco?*

Un litro di rosso sfuso ... è tutto ... quant'è?

*Novemilanovecentocinquanta.*

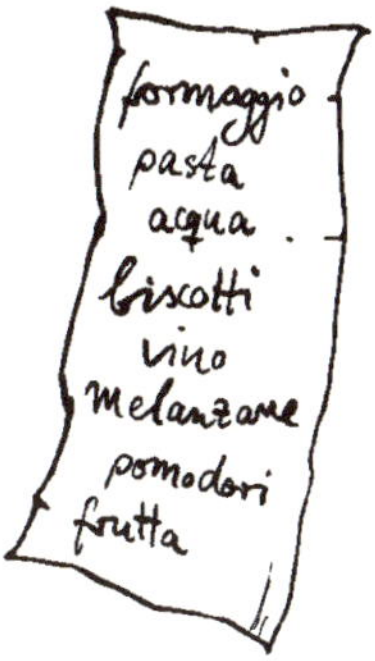


### *Per strada*

Ciao Angela ... che fai di bello?

*Niente di particolare ... un po'di acquisti, e tu Donatella?*

Faccio la spesa per mia madre. Senti, prendiamo un caffè e poi andiamo insieme ai grandi magazzini, va bene?

*Sì, volentieri.*

C'è un bar qui vicino in via Dante.

### *Al bar*

Che cosa prendi?

*Un cappuccino.*

Due cappuccini e una pasta per favore!

*Una pasta, Donatella? E la tua dieta?*

Dieta! Dieta! La mamma mi rompe le scatole con la dieta, tu mi rompi le scatole con la dieta ... ho fame!

Lo scontrino, signorina!

*Come?*

Bisogna ritirare lo scontrino alla cassa.

*Ah già! Un momento ...*

*Due cappuccini e una pasta ... tremilacinque, signorina.*

Ho solo un biglietto da dieci.

*Non fa niente. Ecco il resto e lo scontrino.*

Grazie, signora.

**_Ai grandi magazzini: al pianterreno_**

Quant'è?

*Duecentotrentacinquemila lire.*

Come? Per un paio di calze, due quaderni e uno scialle di cotone?

*Maledizione! Il computer non funziona ... è già la seconda volta oggi. Un momento, per favore, chiamo il capo.*

*Scusi, signorina, naturalmente paga solo ventiduemilaquattrocento lire. Sa, la tecnologia moderna ... mi dispiace ...*
Sì, lo so ... non fa niente. Pago il prezzo giusto e basta.

*Sa dove trovo l'abbigliamento per signora?*
Al secondo piano.

### *Al secondo piano: con l'amica e la commessa*

*Perché non provi questa gonna gialla?*
Quale? Questa? ... sì, è carina ...

*Scusi, vorrei provare questa gonna ... c'è la taglia quarantasei?*
Un momento, signorina, adesso vedo ... sì, ecco la gonna in quarantasei!

*Oh Dio, come sono ingrassata!*
Che dici, Donatella?
Sono ingrassata almeno di tre chili! La gonna è troppo stretta!
*Ma io ti rompo le scatole con la dieta.*

Vorrebbe provare la quarantotto?
*Per carità! Ma ho un'idea: Lei prende questi biscotti e io faccio la dieta!*

# ASCOLTA

## A

### Was hören Sie?

1.

a

b

2.

a

b

3.

a

b

## B

### Welche der folgenden Begriffe hören Sie?

**1. A casa**

**a** un chilo di pomodori ☐
**b** una pizza ☐
**c** un litro di acqua minerale ☐
**d** un litro di vino rosso ☐
**e** un po'di frutta ☐
**f** un litro di vino bianco ☐

**2. Al mercato**

**a** quattro melanzane ☐
**b** un po'di frutta ☐
**c** alcune banane ☐
**d** altro? ☐
**e** la cassetta ☐
**f** Adriano Celentano ☐

### 3. Al negozio di alimentari

- **a** il pecorino ☐
- **b** il parmigiano ☐
- **c** la birra ☐
- **d** due etti di «Bel Paese» ☐
- **e** rosso ☐
- **f** quarantamila ☐

### 4. Per strada

- **a** prendiamo un tè? ☐
- **b** il mercato ☐
- **c** grandi magazzini ☐
- **d** via Dante ☐

### 5. Al bar

- **a** cappuccino ☐
- **b** biscotti ☐
- **c** lo scontrino ☐
- **d** un biglietto da cinque ☐

### 6. Ai grandi magazzini: al pianterreno

- **a** quanto costa? ☐
- **b** quant'è? ☐
- **c** due quaderni ☐
- **d** la tecnologia moderna ☐
- **e** l'abbigliamento per bambini ☐
- **f** al primo piano ☐

### 7. Al secondo piano: con l'amica e la commessa

- **a** questa gonna rossa ☐
- **b** la taglia quarantasei ☐
- **c** sono ingrassata ☐
- **d** la gonna è troppo gialla ☐
- **e** per carità ☐
- **f** faccio la dieta ☐

# VOCABOLI

## *FARE LA SPESA*
*EINKAUFEN*

*A casa*
*Zu Hause*

**fai la spesa?**
gehst du einkaufen?
**fare**
machen
**la spesa**
der Einkauf
**per me**
für mich
**perché no?**
warum nicht?
**tanto**
hier: sowieso
**di che cosa hai bisogno?**
was brauchst du?
**avere bisogno di**
brauchen
**ho bisogno di**
ich brauche
**un chilo di**
ein Kilo (von)
**il pomodoro**
die Tomate
**la melanzana**
die Aubergine
**la pasta**
die Nudeln
**un po'di**
ein bißchen (von)
**il formaggio**
der Käse
**il pane**
das Brot
**un litro di**
ein Liter (von)
**l'acqua minerale**
das Mineralwasser
**gassato/a**
mit Kohlensäure
**il vino**
der Wein
**rosso/a**
rot
**magari**
hier: eventuell
**la frutta**
das Obst
**compro?**
soll ich kaufen?
**comprare**
kaufen
**il biscotto**
der Keks
**la tua dieta**
deine Diät
**ti prego**
ich bitte dich
**pregare**
bitten, beten
**va bene**
in Ordnung
**allora**
also
**una scatola di**
eine Schachtel (von)

*Al mercato*
*Auf dem Markt*

**dica!**
bitte! (sagen Sie!)
**dire**
sagen
**la signorina**
das Fräulein
**vanno bene?**
gehen die?, sind die recht?
**questo/a**
diese/r/s
**maturo/a**
reif
**benissimo**
sehr gut
**altro?**
sonst noch was (anderes)?
**così**
so
**grande**
groß
**mezzo/a**
halb
**la mela**
der Apfel
**alcuni/e**
einige
**la banana**
die Banane
**l'uva**
die Trauben

**dolce**
süß
**basta**
es genügt, ...und fertig
**bastare**
genügen, ausreichen
**la cassetta**
die Kassette
**di**
von
**quindicimila**
fünfzehntausend
**pazzo/a**
verrückt
**fammi!**
mach mir
**lo sconto**
der Preisnachlaß
**mi dispiace**
es tut mir leid
**il prezzo**
der Preis
**fisso/a**
fest

*Al negozio di alimentari*
*Im Lebensmittelgeschäft*

**il pecorino**
der Pecorino (Schafskäse)
**dolce**
mild, süß, sanft
**piccante**
herzhaft, scharf
**millecinque(cento)**
eintausendfünfhundert
**l'etto**
100 g
**il «Bel Paese»**
der «Bel Paese» (ein milder Käse)
**mille**
tausend
**un momento**
ein Moment
**manca**
es fehlt
**mancare**
fehlen
**solo**
nur
**bianco**
weiß
**il rosso sfuso**
der offene Rotwein
**ecco tutto**
das ist alles
**quant'è?**
wieviel macht's?
**novemilanovecentocinquanta**
neuntausendneunhundertfünfzig

*Per strada*
*Auf der Straße*

**che fai di bello?**
was machst du Schönes?
**niente di particolare**
nichts Besonderes
**l'acquisto**
der Einkauf
**mia madre**
meine Mutter
**senti!**
hör mal! paß mal auf!
**sentire**
hören, riechen, fühlen
**il caffè**
der Kaffee
**poi**
dann
**insieme**
zusammen
**i grandi magazzini**
das Kaufhaus
**volentieri**
gern

*Al bar*
*In der Bar*

**il cappuccino**
der Cappuccino
**la pasta**
hier: das Kaffeestückchen
**mi rompe le scatole (!)**
er/sie geht mir auf die Nerven
**rompere le scatole(!)**
auf die Nerven gehen
**lo scontrino**
der Kassenzettel, der Bon
**bisogna**
man muß

**ritirare**
holen, abholen
**alla cassa**
an der Kasse
**già!**
hier: klar!
**tremilaecinque(cento)**
dreitausendfünfhundert
**un biglietto da dieci**
ein Zehntausendlireschein
**non fa niente**
es macht nichts
**il resto**
der Rest

*Ai grandi magazzini*
*Im Kaufhaus*
**al pianterreno**
im Erdgeschoß
**duecentotrentacinquemila**
zweihundertfünfunddreißigtausend
**un paio di calze**
ein Paar Strümpfe
**il quaderno**
das Heft
**lo scialle**
der Schal
**il cotone**
die Baumwolle
**maledizione!**
verflucht noch mal!
**il computer**
der Computer
**funzionare**
funktionieren
**già**
schon
**la seconda volta**
das zweite Mal
**oggi**
heute
**chiamo**
ich rufe
**chiamare**
rufen, nennen
**il capo**
der Chef
**naturalmente**
natürlich
**paga**
Sie bezahlen
**pagare**
bezahlen
**ventiduemilaquattrocento**
zweiundzwanzigtausendvierhundert
**la tecnologia**
die Technologie
**moderno/a**
modern
**trovo**
ich finde
**trovare**
finden
**l'abbigliamento**
die Bekleidung
**per signora**
für Damen

*Al secondo piano*
*Im zweiten Stock*
**con l'amica e la commessa**
mit der Freundin und der Verkäuferin
**provi**
du probierst
**provare**
probieren
**la gonna**
der Rock
**giallo/a**
gelb
**carino/a**
hübsch
**vorrei**
ich möchte
**la taglia**
die Größe
**quarantasei**
sechsundvierzig
**adesso**
jetzt
**vedo**
ich sehe
**vedere**
sehen
**oh Dio!**
o Gott!
**essere ingrassato/a**
zugenommen haben
**che dici?**
was sagst du?

**almeno**
mindestens, wenigstens
**di tre chili**
(um) drei Kilo
**troppo**
zu (sehr)
**stretto/a**
eng
**vorrebbe**
Sie möchten, er, sie möchte
**la quarantotto**
die achtundvierzig
**per carità!**
um Himmelswillen!

# TEORIA

## Nach dem Preis fragen

| | |
|---|---|
| Quanto costa il cappuccino? | Wieviel kostet der Cappuccino? |
| Quant'è? | Wieviel macht's? (bei der Gesamtrechnung) |

Quanto **costa un** cappuccino?
Quanto **costano due** cappuccini?

**Attenzione!**
Wird nach dem Preis von mehreren Dingen gefragt, so steht das Verb in der Mehrzahl.
**Aber:** «Quant'è?» wird nicht in den Plural gesetzt, da es sich nur auf eine Gesamtrechnung bezieht (z.B. im Restaurant).

## I numeri – Die Zahlen

| | | | | | |
|---|---|---|---|---|---|
| 1 | uno | 21 | ventuno | 50 | cinquanta |
| 2 | due | 22 | ventidue | 60 | sessanta |
| 3 | tre | 23 | ventitré | 70 | settanta |
| 4 | quattro | 24 | ventiquattro | 80 | ottanta |
| 5 | cinque | 25 | venticinque | 90 | novanta |
| 6 | sei | 26 | ventisei | 100 | cento |
| 7 | sette | 27 | ventisette | 200 | duecento |
| 8 | otto | 28 | ventotto | 300 | trecento |
| 9 | nove | 29 | ventinove | 400 | quattrocento |
| 10 | dieci | 30 | trenta | 500 | cinquecento |
| 11 | undici | 31 | trentuno | 600 | seicento |
| 12 | dodici | 32 | trentadue | 700 | settecento |
| 13 | tredici | 33 | trentatré | 800 | ottocento |
| 14 | quattordici | 34 | trentaquattro | 900 | novecento |
| 15 | quindici | 35 | trentacinque | 1000 | mille |
| 16 | sedici | 36 | trentasei | 2000 | duemila |
| 17 | diciassette | 37 | trentasette | 5000 | cinquemila |
| 18 | diciotto | 38 | trentotto | 10000 | diecimila |
| 19 | diciannove | 39 | trentanove | 100000 | centomila |
| 20 | venti | 40 | quaranta | 1000000 | un milione |

## PRATICA

### 1. I numeri pari – Die geraden Zahlen

Schreiben Sie die geraden Zahlen von zwei bis zwanzig in Buchstaben auf!

1. ............................................ 6. ............................................
2. ............................................ 7. ............................................
3. ............................................ 8. ............................................
4. ............................................ 9. ............................................
5. ............................................ 10. ............................................

### 2. I numeri dispari – Die ungeraden Zahlen

Schreiben Sie die ungeraden Zahlen von 21 – 39 auf!

1. ............................................ 6. ............................................
2. ............................................ 7. ............................................
3. ............................................ 8. ............................................
4. ............................................ 9. ............................................
5. ............................................ 10. ............................................

### 3. Quali numeri sentite? – Welche Zahlen hören Sie?

Sie hören 12 Zahlen von 1–100 von der Kassette. Schreiben Sie sie auf!

1. ............................................ 7. ............................................
2. ............................................ 8. ............................................
3. ............................................ 9. ............................................
4. ............................................ 10. ............................................
5. ............................................ 11. ............................................
6. ............................................ 12. ............................................

### 4. Ditelo ad alta voce! – Sagen Sie's laut!

Reihenfolge: Tausender, Hunderter, Zehner, Einer.

..................Millenovecentonovantadue..................

1992, 367, 51, 888, 3425, 189, 17, 10, 683, 190, 926, 319505, 6557, 514, 179, 231, 76, 99, 14, 313, 8365, 1, 62, 999, 40, 1000, 606, 1789, 19, 1984, 2007, 1314, 1066, 87, 11.

# TEORIA

**Attenzione!**

venti aber: vent**u**no, vent**o**tto
trent**a** aber: trent**u**no, trent**o**tto
quarant**a** ...
cinquant**a** ...
u.s.w.

Die «Zehner» verlieren ihren Endvokal (i/a) vor **uno** und **otto**.

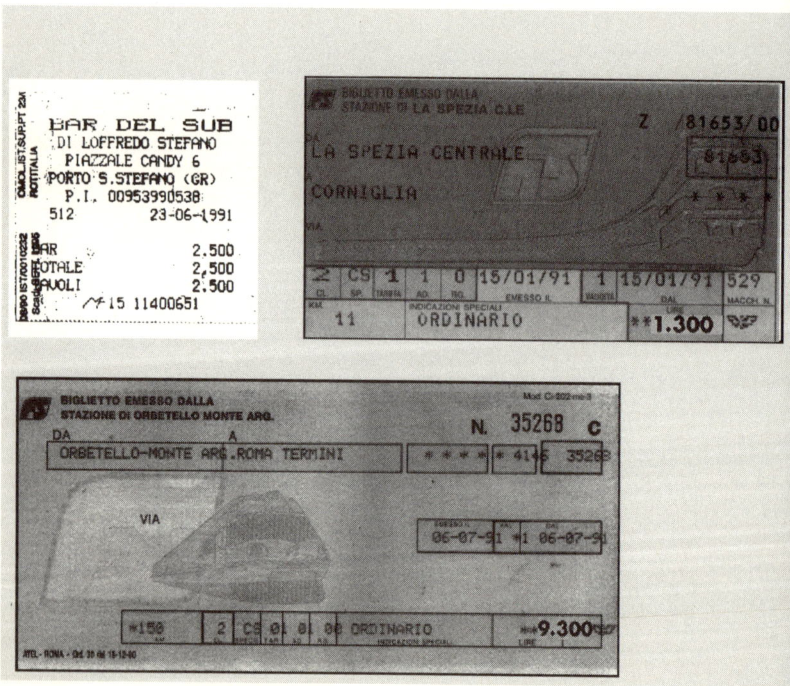

### 5. Wie einfach können Zahlen in Ziffern sein!

1. Trecentotrentaquattro ..............................
2. Duemilasettecentoventuno ........................
3. Millesettecentosettanta ............................
4. Quindicimila .........................................
5. Ottocentosessantotto ..............................
6. Novecentonovantacinque ........................
7. Cinquemiladuecento ...............................
8. Seicentocinquantadue ............................
9. Quarantatré .........................................
10. Settemilaottocentoventi ...........................
11. Duemilasedici .......................................
12. Millesessantasei ...................................

### 6. Quanto costa ...

**1.** il cappuccino al **Bar del Sub 2.** il vino al **Grancafé 3.** il biglietto da **La Spezia Centrale a Corniglia 4.** il biglietto da **Roma Ostiense a Fiumicino Aero porto 5.** il biglietto da **Porto S. Stefano a Giglio**. **6.** il biglietto da **Orbetello a Roma Termini**

## Regelmäßige Verben auf -are

| | |
|---|---|
| Il computer non funzion**a.** | Der Computer funktionier**t** nicht. |
| Pag**o** il prezzo giusto. | Ich bezahl**e** den richtigen Preis. |
| Perché non prov**i** questa gonna gialla? | Warum probier**st** du nicht diesen gelben Rock? |

## Verben auf -are

| | |
|---|---|
| bast**are** | mangi**are** |
| chiam**are** | pag**are** |
| compr**are** | preg**are** |
| domand**are** | prov**are** |
| funzion**are** | ritir**are** |
| manc**are** | trov**are** |

Hängen Sie bei all diesen Verben die Endung -**are** ab und die folgenden fettgedruckten Endungen an, und Sie haben die Konjugation in allen Personen:

| | |
|---|---|
| chiam-**o** | ich rufe |
| chiam-**i** | du rufst |
| chiam-**a** | er/sie ruft, Sie rufen |
| chiam-**iamo** | wir rufen |
| chiam-**ate** | ihr ruft/Sie rufen |
| chiam-**ano** | sie rufen |
| compr-**o** | ich kaufe |
| compr-**i** | du kaufst |
| compr-**a** | er/sie kauft, Sie kaufen |
| compr-**iamo** | wir kaufen |
| compr-**ate** | ihr kauft/Sie kaufen |
| compr-**ano** | sie kaufen |

### 7a. Quanto costa?

**1.** la cassetta/15000 lire ........ Quanta costa la cassetta?
........ La cassetta costa quindicimila lire.

**2.** l'etto/1000 lire **3.** un litro di vino/5000 lire **4.** una scatola di biscotti/2500 lire **5.** la gonna gialla/50000 lire **6.** il cappuccino/1500 lire **7.** uno scialle di cotone/20000 lire.

### 7b. Quanto costano?

**1.** due cassette/30000 lire ........ Quanto costano due cassette?
Due cassette costano trentamila lire.
........................................

**2.** tre etti/3000 lire **3.** quattro litri di vino/20000 lire **4.** due scatole di biscotti/5000 lire **5.** due gonne gialle/100000 lire **6.** tre cappuccini/4500 lire **7.** due scialli di cotone/40000 lire

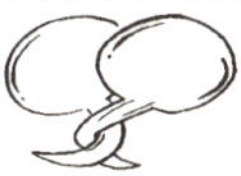

### 8. Konjugieren Sie in allen Personen

**1.** comprare una casa
(io) ........................
(tu) ........................
(lui) ........................
(noi) ........................
(voi) ........................
(loro) ........................

**Ebenso**: **2.** provare il vino **3.** trovare soldi per strada **4.** domandare dov'è l'hotel «Europa» **5.** ritirare la gonna ai grandi magazzini **6.** mangiare una pizza «Quattro stagioni» **7.** pagare il conto all'hotel.

### 9. Formate delle frasi
### Bilden Sie Sätze!

| | | |
|---|---|---|
| **1.** Eros | compriamo | il vino. |
| **2.** Io | provi | una gonna. |
| **3.** Noi | costa | la commessa. |
| **4.** Tu | chiama | la pizza. |
| **5.** Il computer | pago | molto. |
| **6.** Loro | mangiate | oggi. |
| **7.** Voi | funziona | il capo. |
| **8.** Il formaggio | chiamano | il conto. |

# TEORIA

**Attenzione!**
Bei Verben auf -**care** oder -**gare** (man**care**, pa**gare**) muß in der zweiten Person Singular und in der ersten Person Plural ein **h** eingefügt werden, damit die Aussprache erhalten bleibt.
Bei Verben auf -**iare** (mang**iare**) wird nur ein **i** geschrieben.

**Unregelmäßige Schreibung**

| | | |
|---|---|---|
| pag-o | manc-o | mangi-o |
| pag-**hi** | manc-**hi** | mang-**i** |
| pag-a | manc-a | mangi-a |
| pag-**hiamo** | manc-**hiamo** | mang-**iamo** |
| pag-ate | manc-ate | mangi-ate |
| pag-ano | manc-ano | mangi-ano |

**Avere bisogno di ...**

| | |
|---|---|
| **Di** che cosa **hai bisogno**? | Was brauchst du? |
| **Ho bisogno di** ... | Ich brauche ... |

«**avere bisogno di**» heißt **brauchen**, **benötigen** (eigentlich: Bedarf haben an ...)

Man konjugiert **avere** und hängt **bisogno di** an:

| | |
|---|---|
| ho bisogno di | ich brauche |
| hai bisogno di | du brauchst |
| ha bisogno di | er/sie braucht, Sie brauchen |
| abbiamo bisogno di | wir brauchen |
| avete bisogno di | ihr braucht/ Sie brauchen |
| hanno bisogno di | sie brauchen |

**Aber**: **Bisogna** ritirare lo scontrino alla cassa.
**Man muß** den Bon an der Kasse holen.

**avere bisogno di + Substantiv**
**bisogna + Verb**

## 10. Qual è la forma del verbo?
## Wie heißt die Verbform?

chiamare, comprare, costare, domandare, funzionare, mangiare, pagare, ritirare, trovare

1. Andiamo in centro e .................................. dov'è un ristorante. 2. Donatella ...................... lo scontrino alla cassa. 3. I biscotti ................. 2.500 lire. 4. Alla pizzeria ...................... ..................... il conto. (noi) 5. Franco e Donatella ........................ il cameriere. 6. Il telefono non ............................... 7. Hai fame, Carlo? Che cosa ...................................? 8. ........... ........................ l'abbigliamento per signora al secondo piano.(voi) 9. Vado ai grandi magazzini e ............................................. una gonna.

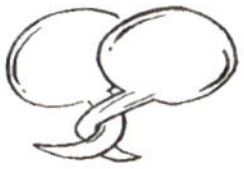

## 11. Avere bisogno di ...

1. tu/io-2 chili di pomodori

...Di che cosa hai bisogno?.....

.....Ho bisogno di due chili di pomodori.....

.............................................

2. voi/noi-3 melanzane 3. loro/loro-4 litri di vino 4. lui/lui-un po' di frutta 5. voi/noi-un chilo di pane 6. Lei/io-alcune banane 7. lei/lei-un quaderno 8. loro/loro-2 etti di formaggio 9. tu/io-un paio di calze

# TEORIA

## Lo, uno, gli

Bisogna ritirare **lo sc**ontrino alla cassa.
Man muß den Bon an der Kasse holen.
Dai, fammi **uno sc**onto!
Komm, gib mir einen Rabatt!

Männliche Substantive, die mit **s + Konsonant** oder mit **z** anfangen, haben den Artikel **lo** bzw. **uno**:

**Ebenso:**

| | |
|---|---|
| **lo sc**ialle/**uno sc**ialle | **lo z**io/**uno z**io (der/ ein Onkel) |
| **lo sc**onto/**uno sc**onto | **lo z**ucchero/ **uno z**ucchero (der Zucker/ ein Zucker) |
| **lo sc**ontrino/ **uno sc**ontrino | |

**Der Plural vor** lo **und** uno**:**

| | |
|---|---|
| **lo sc**ialle | **gli sc**ialli |
| **lo sc**onto | **gli sc**onti |
| **lo z**io | **gli z**ii |
| **uno sc**ialle | due/alcuni **sc**ialli |
| **uno sc**onto | due/alcuni **sc**onti |
| **uno z**io | due/alcuni **z**ii |

### Note culturali

**Taglie – Größen**

*Vorsicht bei den Größen der Damenoberbekleidung, die sich von unseren unterscheiden. Wer einen Schreck bekommt und glaubt, sich an der* ***Pasta*** *allzu gütlich getan zu haben, irrt.*

| | | | | | | | |
|---|---|---|---|---|---|---|---|
| ***Germania:*** | *34* | *36* | *38* | *40* | *42* | *44* | *46* |
| ***Italia:*** | *40* | *42* | *44* | *46* | *48* | *50* | *52* |

## 12. Wie lauten die Artikel und Endungen?

| a. il/lo/la - i/le/gli | | b. un/uno/una - due | |
|---|---|---|---|
| **1a.** ... chilo | ... chil... | **1b.** ... chilo | ... chil... |
| **2a.** ... scatola | ... scatol... | **2b.** ... scatola | ... scatol... |
| **3a.** ... stazione | ... stazion... | **3b.** ... stazione | ... stazion... |
| **4a.** ... quaderno | ... quadern... | **4b.** ... quaderno | ... quadern... |
| **5a.** ... scialle | ... sciall... | **5b.** ... scialle | ... sciall... |
| **6a.** ... mela | ... mel... | **6b.** ... mela | ... mel... |
| **7a.** ... biglietto | ... bigliett... | **7b.** ... biglietto | ... bigliett... |
| **8a.** ... formaggio | ... formagg... | **8b.** ... formaggio | ... formagg... |
| **9a.** ... cameriere | ... camerier... | **9b.** ... cameriere | ... camerier... |
| **10a.** ... zio | ... zi... | **10b.** ... zio | ... zi... |
| **11a.** ... commessa | ... commess... | **11b.** ... commessa | ... commess... |
| **12a.** ... scontrino | ... scontrin... | **12b.** ... scontrino | ... scontrin... |
| **13a.** ... calza | ... calz... | **13b.** ... calza | ... calz... |
| **14a.** ... cappuccino | ... cappuccin... | **14b.** ... cappuccino | ... cappuccin... |
| **15a.** ... sconto | ... scont... | **15b.** ... sconto | ... scont... |

# TEORIA

**Attenzione!**

bian**co** bian**ca**
bian**chi** bian**che**

Bei Adjektiven auf -**co/-go, -ca/-ga** muß im Plural ein **h** eingefügt werden.

quest**o** vin**o**
quest**a** gonn**a**
quest**i** vin**i**
quest**e** gonn**e**

**questo** (diese/r/s) wird behandelt wie ein Adjektiv auf **-o** und steht vor dem Substantiv. Das gilt auch für Ordnungszahlen (il second**o** pian**o**; la prim**a** strad**a**).

## Andiamo d'accordo – Wir verstehen uns

Übereinstimmung von Adjektiv und Substantiv

| | |
|---|---|
| il pomodor**o** ross**o** | la gonn**a** ross**a** |
| i pomodor**i** ross**i** | le gonn**e** ross**e** |
| il formaggi**o** dolc**e** | la mel**a** dolc**e** |
| i formagg**i** dolc**i** | le mel**e** dolc**i** |

Adjektive und Substantive müssen übereinstimmen, d.h., sie müssen das gleiche Geschlecht haben (entweder haben beide männliche oder beide weibliche Endungen), und sie müssen beide entweder im Singular oder im Plural stehen.
Es gibt zwei Sorten von Adjektiven:

**1. Adjektive auf -o:** z.B. gial**lo**, ross**o**, pazz**o**
Sie unterscheiden Maskulinum/Femininum und

| Singular | | Plural: | |
|---|---|---|---|
| **m** pazz**o** | **f** pazz**a** | **m** pazz**i** | **f** pazz**e** |

**2. Adjektive auf -e:** z.B. dolc**e**, piccant**e**, grand**e**
Sie unterscheiden nur Singular und Plural:

| | |
|---|---|
| **m + f** grand**e** | **m + f** grand**i** |

**Faustregel für die Pluralbildung:**

| Singular | Plural |
|---|---|
| **-o** | **-i** |
| **-a** | **-e** |
| **-e** | **-i** |

## 13. Combinate!

## Kombinieren Sie!

1. dolce, la frutta ..........
2. piccante, i formaggi ..........
3. sfuso, il vino ..........
4. bianco, la gonna ..........
5. maturo, le mele ..... le mele mature ..........
6. fisso, i prezzi ..........
7. grande, la cabina ..........
8. pazzo, il signore ..........
9. rosso, gli scialli ..........
10. carino, la commessa ..........
11. le banane, dolce ..........
12. l'acqua, gassato ..........

## 14. Coordinate! – Ordnen Sie zu!

| | |
|---|---|
| 1. il vino | **a** gialla |
| 2. la camera | **b** piccante |
| 3. i quaderni | **c** carina |
| 4. il formaggio | **d** grande |
| 5. l'amica | **e** ingrassato |
| 6. il ristorante | **f** doppia |
| 7. la scatola | **g** bianchi |
| 8. il signore | **h** rosso |

## 15. Formate delle frasi! – Bilden Sie Sätze!

| | | | |
|---|---|---|---|
| 1. Quanto | ingrassata | il vino | piccanti? |
| 2. Dov'è | costano | hai | mia madre. |
| 3. Prendo | che cosa | la gonna | bianco? |
| 4. Quanto | alcune | per | mature. |
| 5. Di | il prossimo | i formaggi | bisogno? |
| 6. Faccio | costa | mele | tre chili. |
| 7. Quanto | la spesa | di | pubblico? |
| 8. Sono | costa | telefono | gialla? |

# TEORIA

## Posizione dell'aggettivo
## Stellung des Adjektivs

la gonna gialla, l'acqua gassata, il vino rosso

Adjektive stehen im allgemeinen **nach** dem Substantiv

| | |
|---|---|
| il primo piano | la seconda strada |

Ordnungszahlen stehen **vor** dem Substantiv

| | |
|---|---|
| i grandi magazzini | la casa grande |

Manche Adjektive können voran- oder auch nachgestellt werden (grande)

«**a**» bedeutet auf Deutsch je nachdem: zu, nach, an, in, auf u.s.w.

**Schon bekannt:**

**a** casa = zu/nach Hause
**a** piedi = zu Fuß
**a** destra = rechts/nach rechts
**a** sinistra = links/nach links
**al** completo = belegt
**a** Roma = in/nach Rom

**Attenzione!**
**in** centro (im/ins Zentrum)

## Die Präposition «a»

| | |
|---|---|
| Siamo **a** casa. | Wir sind **zu** Hause. |
| Andiamo **a** casa. | Wir gehen **nach** Hause. |

**a** antwortet auf die Fragen **wo?** und **wohin?**

**a + bestimmter Artikel**

| | |
|---|---|
| Siamo **al** mercato. | Wir sind **auf dem** Markt. |
| Andiamo **alla** cassa. | Wir gehen **zur** Kasse. |
| Siamo **ai** grandi magazzini. | Wir sind **im** Kaufhaus. |
| Andiamo **all'** ufficio. | Wir gehen **zum** Büro. |
| Siamo **alle** cabine. | Wir sind **an den** Kabinen. |

**a** wird mit dem bestimmten Artikel verknüpft:

| **m** | **f** |
|---|---|
| a + il = **al** | a + la = **alla** |
| a + lo = **allo** | a + l' = **all'** |
| a + l' = **all'** | |
| a + i = **ai** | a + le = **alle** |
| a + gli = **agli** | |

## 16. Combinate! – Kombinieren Sie!

| | |
|---|---|
| 1. al | a. pizzeria |
| 2. alle | b. casa |
| 3. all' | c. casse |
| 4. ai | d. ristorante |
| 5. a | e. grandi magazzini |
| 6. alla | f. ufficio |

## 17. Con o senza? – Mit oder ohne?

Setzen Sie die Präposition **a** mit oder ohne Artikel!

1. ............................................ cabina telefonica
2. ............................................................... zii
3. ............................................................... piedi
4. ............................................................ mercato
5. ........................................................... aeroporto
6. .......................................... ente per il turismo
7. ........................................................... stazione
8. ............................................................... destra
9. ........................................................... completo

## 18. A con o senza articolo? – A mit oder ohne Artikel?

1. Vado ...al............. negozio di alimentari.
2. Donatella è .................................... casa.
3. Prendi la macchina? No, vado ........ piedi.
4. Andiamo ..................... grandi magazzini.
5. Bisogna ritirare lo scontrino ............ cassa.
6. L'hotel è .................................. completo.
7. Siamo ......................... ente per il turismo.
8. Prendo l'uva ............................. mercato.
9. C'è una banca ............................ angolo.
10. Domani andate ............................ Roma.

## 19. Quale parola non va bene? – Welches Wort paßt nicht?

**1.** pomodoro – melanzana – calze – pasta **2.** vado – hai – sono – uva **3.** rosso – dolce – chiamo – maturi **4.** scatola – scialle – scontrino – sconto **5.** mela – gonna – uva – banana **6.** fai – faccio – sei – vai **7.** vicino – un po' – tutto – niente **8.** dove – ancora – quanto – come

## TEORIA

### Fare la spesa – Einkaufen

| | |
|---|---|
| **Faccio la spesa** per mia madre. | **Ich kaufe** für meine Mutter **ein**. |
| **Fai la spesa** per me? | **Kaufst du** für mich **ein**? |

| | |
|---|---|
| **fare la spesa** | heißt **einkaufen** |
| **fare** | allein heißt **machen** |

| | |
|---|---|
| faccio | ich mache |
| fai | du machst |
| fa | er/sie/macht, Sie machen |
| facciamo | wir machen |
| fate | ihr macht, Sie machen |
| fanno | sie machen |

### Weitere Wendungen mit fare:

| | |
|---|---|
| fare il bagno | baden |
| fare lo stupido | den Dummen spielen |
| fare la fila | Schlange stehen |
| fare colazione | frühstücken |
| fare gli auguri (a qualcuno) | (jemandem) gratulieren |

### Sale e tabacco

*An den Tabakgeschäften ist ein blaues Schild mit weißer Schrift angebracht, auf dem* ***sale, tabacco*** *und* ***valori bollati*** *(Salz, Tabak und Wertmarken) steht. Aus staatsmonopolistischen Gründen besaßen früher nur die Tabakgeschäfte die Erlaubnis, Salz zu verkaufen. Heute ist es auch im Supermarkt erhältlich. In den Tabakgeschäften gibt es auch* ***francobolli*** *(Briefmarken) und die sogenannte* ***carta bollata****. Das ist ein Papier mit Wertmarken, das man für Behördengänge (z.B. bei Diebstahl oder Verlustanzeigen) benötigt und das 3000 Lire kostet.*

### 20. Fare

Konjugieren Sie in allen Personen:
Ich spiele den Dummen; du spielst ...
Ich stehe Schlange; du stehst ...
Ich frühstücke mit Sofia Loren; du frühstückst ...
Ich bade zu Hause; du badest ...

### 21. Fare la spesa ... dove? ... come?

**1.** tu/mercato: Fai la spesa al mercato.

**2.** lui/grandi magazzini: ..............................

**3.** loro/negozio: ..............................

**4.** voi/Milano: ..............................

**5.** io/piedi: ..............................

**6.** noi/negozio: ..............................

**7.** lei/mercato: ..............................

**8.** tu/aeroporto: ..............................

### 22. Completate! – Vervollständigen Sie!

funziona – chilo – piano – manca – litro – alla – cappuccini – provi – sono – lo – ingrassata – negozio – costano – in – fa – hai bisogno.

**1.** Ho bisogno di un .............................. di pomodori e un .............................. di vino. **2.** I prezzi .............................. fissi. **3.** Le cassette .............................. 30.000 lire. **4.** Di che cosa .............................., mamma? **5.** Donatella .............................. la spesa ..............................centro. **6.** Bisogna ritirare .............................. scontrino .............................. cassa. **7.** Il computer non .............................. . **8.** L'abbigliamento per signora è al secondo .............................. . **9.** Perché non .............................. questa gonna, Donatella? **10.** Sono .............................. di tre chili. **11.** Compro la pasta al .............................. di alimentari. **12.** Prendiamo due .............................. al bar. **13.** Ecco tutto! .............................. solo il vino.

TEORIA

## Il mercato

*Auf italienischen Märkten (**mercati**) kann man meist günstiger als im Geschäft oder im Kaufhaus einkaufen. Das Angebot beschränkt sich dabei nicht nur auf Obst, Gemüse und andere Lebensmittel, sondern es wird so ziemlich alles feilgeboten, was ein Konsument begehren kann: von raffinierten Hochzeitsnachtdessous (in Italien rot!) bis hin zu kreischbunten Strandlatschen, Kaffeemaschinen jeder Größe und Musikkassetten gibt es so ziemlich alles, und hier läßt sich mit etwas Geschick auch handeln. **Mercato** gibt es einmal in der Woche in fast jeder kleineren oder größeren Ortschaft. Man fragt: **Quando è giorno di mercato?** – Wann ist Markttag?.*

## 23. Traduzione – Übersetzung

**1.** Kaufst du für mich ein? **2.** Ich brauche ein Kilo Äpfel, 200 g milden Käse und einen Liter offenen Weißwein. **3.** Ich nehme die Bananen, weil sie reif sind. **4.** Wieviel kosten die Tomaten? **5.** Man muß den Bon an der Kasse holen. **6.** Donatella hat mindestens drei Kilo zugenommen, und deshalb (= così) geht sie nicht ins Restaurant. **7.** Donatella und Franco gehen zum Markt. **8.** Donatella probiert einen hübschen Rock an. **9.** Wir brauchen ein Auto, aber Franco ist verrückt: er möchte einen Ferrari (= una Ferrari) **10.** Wieviel macht's? – Zwei Pizza und zwei Bier ... sind 16.000 Lire.

## Pronuncia – Aussprache

Vergegenwärtigen Sie sich noch einmal die Regeln zu Schreibung und Aussprache von c, g, qu, gli, a, e, i, o, u auf S. 52

dolce, dispiace, faccio, cappuccino, dici, chilo, chiamo, formaggio, Gianna, Angela, già, oggi, giusto, giallo, dieta, paese, niente, vorrei, sei, Lei, questi, dunque, quaderno, mezzo, pazzo, maledizione, prezzo, biglietto, abbigliamento, taglia.

## SENTI

Hören Sie den Dialog von der Kassette. Lesen Sie dann die Fragen durch und hören Sie dann den Dialog noch einmal. Beantworten Sie beim zweiten oder dritten Hören die Fragen.

**Ai grandi magazzini**

**1.** Il signore vorrebbe comprare
**a** il computer a destra.
**b** la frutta a destra.
**c** il quaderno a destra.

**2.** Il computer costa
**a** 1.850000 dollari.
**b** 1.750000 lire.
**c** 1.850000 lire.

**3.** In America
**a** i prezzi sono fissi.
**b** il computer costa 700 dollari.
**c** non c'è rosso sfuso.

**4.** Il signore
**a** paga uno sconto.
**b** non compra il computer.
**c** paga un prezzo fisso.

## Gioco

Ein Teilnehmer beginnt mit dem Satz: «Vado al mercato e compro due melanzane.» Der nächste wiederholt den Satz und fügt noch etwas hinzu, z.B.: «Vado al mercato e compro due melanzane e un chilo di mele.» u.s.w. Wer etwas vergißt, scheidet aus.

## Minidialog

**A:** Com' **è la frutta**?
**B: La frutta è matura**.

**A:** Come **sono le mele**?
**B: Le mele sono ...**

**1.** la frutta, maturo **2.** le mele, dolce **3.** il vino, rosso **4.** le banane, giallo **5.** i prezzi, fisso **6.** la pizzeria, grande **7.** il quaderno, bianco **8.** l'amica, carino

**A: Ha** bisogno di **un chilo di mele, signore**?
**B:** No, ho bisogno di **un chilo di pomodori**.

**1.** signore, un chilo di mele – un chilo di pomodori **2.** Angela, una cassetta di Gianna Nannini – una cassetta di Eros Ramazzotti **3.** signora, una gonna – un paio di calze **4.** Gino, un litro di acqua minerale – un litro di vino **5.** signor Rossi, una pasta – una scatola di biscotti **6.** Franco, un amico – un'amica.

## Maxidialog

Frau Bentivoglio (A) geht einkaufen. Sie macht gerade eine Diät und kauft deshalb nur kalorienarme Lebensmittel. Während des Einkaufs trifft sie eine Freundin, Francesca (B), der es gelingt, all ihre guten Vorsätze zunichte zu machen: Die beiden gehen in ein Restaurant und schlagen sich den Bauch voll. Dann folgt die Reue: Frau Bentivoglio merkt, daß ihr Rock jetzt noch enger geworden ist.

LETTURA

# *ACQUISTI*

Domani Donatella va a Firenze perché c'è una festa. Ha bisogno di una gonna. A casa prova alcune gonne, ma ... è ingrassata di tre chili. Maledizione!

Donatella prende l'autobus e va in centro per comprare una gonna nuova. La fermata è vicino ai grandi magazzini e ci sono anche molti negozi di abbigliamento.

Al primo negozio prova una gonna rossa. Questa gonna è carina ma costa molto: centocinquantamila lire!

Va in un altro negozio e prova una gonna gialla molto elegante in taglia quarantaquattro, ma è troppo stretta. Donatella vorrebbe provare la quarantasei, ma questa taglia non c'è.

«Mi dispiace», dice la commessa.

Donatella va ai grandi magazzini. Al secondo piano c'è l'abbigliamento per signora. Prova una gonna: questa gonna è molto carina e costa solo sessantamila lire. Benissimo!

Donatella ha ancora bisogno di un paio di calze.

Prende le calze e la gonna e va alla cassa. Le calze costano diecimila e la gonna sessantamila. Ecco tutto.
«Settantamila lire, per favore», dice la signora alla cassa.
Donatella paga e prende lo scontrino. Finalmente!
Per strada vede Franco, un amico. Franco e Donatella vanno al bar ‹Grancafé›. Lui prende un aperitivo e lei un caffè perché è molto stanca. Franco non sa perché Donatella è così stanca e lei racconta: la festa a Firenze, la gonna, lei ingrassata, i negozi, i grandi magazzini ...
Donatella vede l'orologio: «Franco!!! Il mio autobus!!!»
Arriva alla fermata all'ultimo momento: Ecco l'autobus! Donatella va a casa ...
A casa la madre vorrebbe vedere la gonna. «La gonna? ... Dov'è la gonna???... Porca miseria! La gonna è ancora al ‹Grancafé›!»

**una festa** ein Fest
**nuovo** neu
**elegante** elegant
**un amico** ein Freund
**un aperitivo** ein Aperitiv
**raccontare** erzählen
**l'orologio** die Uhr
**il mio** mein
**arrivare** ankommen
**ultimo** letzte/r/s
**Porca miseria!** ‹!› Verdammter Mist!

| **Sì o no?** | sì | no |
|---|---|---|
| 1. Donatella va a Roma. | ■ | ■ |
| 2. Prende la macchina. | ■ | ■ |
| 3. La gonna rossa costa 150.000 lire. | ■ | ■ |
| 4. La gonna gialla è troppo stretta. | ■ | ■ |
| 5. L'abbigliamento per signora è al primo piano. | ■ | ■ |
| 6. Donatella prende anche un paio di calze. | ■ | ■ |
| 7. Vede un'amica. | ■ | ■ |
| 8. Prende un aperitivo. | ■ | ■ |
| 9. Donatella e Franco vanno al «Grancafè». | ■ | ■ |
| 10. La gonna è al «Grancafè». | ■ | ■ |

# TEST 1

## 1. Was paßt?

1. Scusi, sa dov'è ...
   - a telefonica.
   - b l'ente per il turismo.
   - c sempre diritto.

2. Al prossimo angolo c'è ...
   - a una cabina telefonica.
   - b due melanzane.
   - c un litro.

3. Le melanzane sono troppo ...
   - a pratici.
   - b sfuso.
   - c grandi.

4. Non sappiamo dov'è il negozio. Non siamo ...
   - a un caffè.
   - b pratici.
   - c rossi.

5. ... provare la quarantaquattro?
   - a Vorrebbe
   - b Vicino
   - c C'è

6. C'è una banca ... stazione.
   - a angolo
   - b trentacinque
   - c vicino alla

## 2. Esercizio di ascolto – Hörverständnis

Hören Sie die Sätze und tragen Sie die Zahlen als Ziffern ein.

1. Da qui a Macerata sono ............................................. chilometri.
2. Due cappuccini costano . ................................................ lire.
3. Ho la taglia ...........................................................................
4. Vorrei cambiare ...................................................................lire.
5. Il pecorino costa ............................................................ l'etto.
6. Quant'è? – Sono ................................................................ lire.
7. Il computer costa ..................................................................
8. Con ........................................................ chili faccio una dieta.
9. Da qui all'aeroporto sono ........................................... chilometri.

## 3. Kreuzen Sie die einzige sinnvolle Antwort an!

**1.** Quando vai a Firenze?
- **a** Sono due chilometri.
- **b** Domani mattina.
- **c** Purtroppo no.

**2.** Dove sono i grandi magazzini?
- **a** Siamo al primo piano.
- **b** E' in centro.
- **c** Sono qui vicino.

**3.** Vorrebbe provare questa gonna?
- **a** Sì, volentieri.
- **b** E' troppo matura.
- **c** No, non c'è.

**4.** Come vai in centro?
- **a** Per piedi.
- **b** Con l'autobus.
- **c** Non è lontano.

**5.** Di che cosa hai bisogno?
- **a** Di uno birra.
- **b** Di alcune pomodori.
- **c** Di due melanzane grandi.

**6.** Quale autobus va all'aeroporto?
- **a** La taglia quarantadue.
- **b** Il cinque.
- **c** Cento lire.

**7.** Che cosa prendi?
- **a** Un cappuccino e una gonna bianca.
- **b** Uno scontrino.
- **c** Un caffè.

**8.** Quanto costa un chilo di mele?
- **a** Sono tre etti.
- **b** Compro quattromila.
- **c** Non costa molto.

**9.** Dov'è il prossimo bar?
- **a** E' in via Cavour.
- **b** E' in banca.
- **c** Non è lontano a qui.

## 4. Welches Wort fehlt?

**1.** Donatella … in centro.

**a** fa
**b** va
**c** sa

**2.** Donatella e Franco … la spesa.

**a** sono
**b** facciamo
**c** fanno

**3.** … scialli costano molto.

**a** I
**b** Gli
**c** Lo

**4.** Noi … molti soldi.

**a** abbiamo
**b** costano
**c** andiamo

**5.** I quaderni sono …

**a** bianci.
**b** bianche.
**c** bianchi.

**6.** Vado … grandi magazzini.

**a** al
**b** ai
**c** agli

**7.** La cabina è …

**a** grande
**b** granda
**c** grandi

**8.** … scatole sono carine.

**a** La
**b** Gli
**c** Le

**9.** Franco … una birra.

**a** prendo
**b** prende
**c** prendete

**10.** L'acqua minerale è …

**a** gassato.
**b** pazza.
**c** gassata.

**11.** Subito a destra … un hotel.

**a** ci sono
**b** ci vado
**c** c'è

## 5. Esercizio di ascolto – Hörverständnis

Sie hören jetzt einzelne Antworten. Lesen Sie erst jeweils die drei Fragen. Hören Sie dann die Antwort. Zu welcher Frage gehört diese Antwort?

**1.** …
**a** Scusi, sa dov'è l'hotel «Europa»?
**b** Quanto costa?
**c** Hai moneta?

**2.** …
**a** Quanti chilometri sono?
**b** Perché non provi questa gonna?
**c** Quale autobus va in via Dante?

**3.** …
**a** Che cosa prendi?
**b** Quindicimila?
**c** Quanto costa il pane?

**4.** …
**a** Fai la spesa per me?
**b** Di che cosa hai bisogno?
**c** Come?

**5.** …
**a** Hai fame anche tu?
**b** Compro anche frutta?
**c** Altro, signorina?

**6.** …
**a** Come vai in centro?
**b** Rosso o bianco?
**c** Dov'è una banca?

**7.** …
**a** Che fai di bello?
**b** Prendiamo un caffè insieme?
**c** Prendiamo un taxi?

**8.** …
**a** E dove vai domani?
**b** E la tua dieta?
**c** Quanto costa il caffè?

**9.** ….
**a** L'aeroporto è lontano da qui?
**b** C'è un taxi alla stazione?
**c** Dov'è lo scontrino?

# TEMA 3

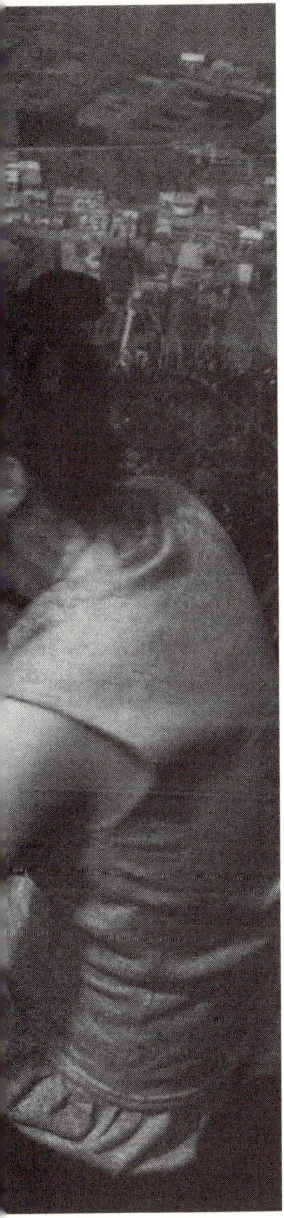

# DIALOGHI

## *IN FAMIGLIA E TRA AMICI*

### *Al telefono*

Drindrin ... drindrin

*Pronto?*

Buona sera ... parlo con Donatella Bentivoglio?

*No, sono la madre.*

Ah, scusi, signora. Il mio nome è Harry Eislöffel. Sono un amico di Sua figlia ... Donatella c'è?

*Sì, un momento per favore.*

*Donatella!*

Sì, mamma?

*Telefono! Un certo Arri Aileffel.*

Ah, Harry! Arrivo subito.

*Ciao Harry.*

Ciao Donatella, come stai?

*Bene, e tu?*

Non c'è male ... senti, telefono per la festa di sabato ... hai tempo?

*Non lo so, Harry, sai, proprio sabato viene quasi tutta la famiglia per festeggiare il compleanno di papà: mia zia, mio zio, i miei cugini ... ceniamo tutti insieme.*
E dopo cena?
*Mmh ... fammi pensare ... è difficile perché non so dov'è la festa.*
Allora passo io a casa tua ... diciamo verso le dieci e mezzo?
*Benissmo Harry, sei un vero tesoro!*

**_In cucina dopo cena_**

Che ore sono, mamma?
*Sono le dieci e un quarto.*
Già? Devo andare allora.
*Come, devi andare?*
Ma lo sai, alla festa di Harry.
*E chi è questo Arri?*
Harry Eislöffel, uno studente tedesco, un amico di Carla.
*Ma oggi festeggiamo il compleanno di tuo padre. Gli zii partono domani e vogliono ancora vedere la loro nipote ... e tu vuoi andare alla festa?*
Mamma! ... Devo proprio andare!

**_In macchina_**

*Ciao Donatella, come va?*
Ciao Harry ... insomma ... sai come sono queste feste in famiglia.
*Sì, lo so, ma so anche che sei molto bella stasera.*
Ma smettila, Harry ... Come va con lo studio?
*Abbastanza bene. La prossima settimana finisco*

*il mio corso.*
Eccezionale! E dopo, vai in Germania?
*Probabilmente sì.*
Beato te!
*E perché non vieni con me?*
Ma Harry, non posso ...
*Eccoci, siamo arrivati.*

**Benvenuti alla festa**

DIN DON
*Apro io! ...Salve, ragazzi!*
Ciao, ciao ...
*Potete andare in cucina e lì trovate tutto ... bevande, bicchieri, eccetera.*
Grazie, Stefania.

Vuoi bere qualcosa, Donatella?
*Sì, volentieri, un'aranciata se c'è.*
Abbiamo solo Coca-Cola e succo di mele ... o un bicchiere di spumante.
*Sì, un bicchiere di spumante va bene.*
Un momento solo, torno subito.
*Sì, sì, vai pure ... vado a salutare gli altri intanto.*

### *Una sorpresa*

Donatella, tu qui?

*Franco! Che sorpresa!*

E'una sorpresa sì! Come mai sei qui?

*Sono qui con Harry.*

Ah, il tedesco, ma guarda un po'!

*Ma Franco, che hai, sei geloso?*

Io geloso? Per niente ... andiamo a ballare?

*Perché no ...*

### *La delusione*

Ciao Carla. Sai dov'è Donatella? Ho un bicchiere di spumante per lei.

*Donatella? Balla con Franco.*

Ah ... con Franco ...

*Che hai, Harry?*

Io? Niente! Andiamo a ballare anche noi.

### *Il compleanno*

*E'mezzanotte, ragazzi! Facciamo un brindisi alla salute di Mattia. Oggi è il suo compleanno.*

Cincin ... Salute ...

*Tanti auguri a te ... tanti auguri a te ...*

### *Quattro chiacchiere*

Allora Donatella, che novità ci sono?

*Niente di particolarte, devo fare l'esame di tedesco la prossima settimana. Per fortuna è l'ultimo esame di quest'anno ... ho una paura, ti dico.*

Ma dai, per te non è un problema, ma dimmi: che cos'è questa storia con Harry?

*Con Harry? Niente! E'un amico e basta.*

Forse da parte tua, da parte sua però non lo so.
*No, non è niente ... vieni, andiamo a fare gli auguri a Mattia.*

### Gelosia

*E'antipatico Franco, non trovi, Carla?*
No, perché? Franco è un ragazzo in gamba, ma so perché ti è antipatico: perché parla con Donatella tutta la sera e perché tu sei un po' innamorato di lei, vero?
*Innamorato ... innamorato ... non esageriamo ... mi piace.*

### Buona notte

Ciao Harry, vado a casa.
*Come, vai a casa?*
Franco mi accompagna in macchina.
*Ma ti posso accompagnare anch'io.*
Sì, lo so ... ma è già tardi e voglio andare subito.
*Ma ...*
Ciao, ci vediamo.

# ASCOLTA

## A

### Che cosa succede?
### Was geschieht?

**Pro Dialog eine Frage**

| | sì | no |
|---|---|---|
| **1.** Harry è al telefono. | ☐ | ☐ |
| **2.** La mamma di Donatella va alla festa. | ☐ | ☐ |
| **3.** Harry e Donatella vanno alla festa. | ☐ | ☐ |
| **4.** Donatella prende una Coca-Cola. | ☐ | ☐ |
| **5.** Franco non c'è. | ☐ | ☐ |
| **6.** Donatella balla con Harry. | ☐ | ☐ |
| **7.** E' il compleanno di Mattia. | ☐ | ☐ |
| **8.** Harry fa l'esame di storia. | ☐ | ☐ |
| **9.** Franco e Carla vanno a casa. | ☐ | ☐ |
| **10.** Donatella va a casa con Harry. | ☐ | ☐ |

## B

### Che cosa sente? – Was hören Sie?

**1. Al telefono**

☐ **a** La madre di Donatella è al telefono.
☐ **b** Sabato c'è una festa.
☐ **c** Sabato c'è la famiglia di Donatella.
☐ **d** Donatella sa dov'è la festa.

**2. In cucina dopo cena**

☐ **a** Donatella va alla festa di Harry.
☐ **b** La madre di Donatella va alla festa.
☐ **c** Harry Eislöffel è uno studente.
☐ **d** Harry è un amcio di Carla.

**3. In macchina**

☐ **a** Donatella è bella stasera.
☐ **b** Harry va a Firenze.
☐ **c** Donatella va in Germania.

### 4. Benvenuti alla festa

- ☐ **a** Le bevande sono in America.
- ☐ **b** C'è anche la Coca-Cola.
- ☐ **c** Donatella prende lo spumante.

### 5. Una sorpresa

- ☐ **a** Donatella vede Franco.
- ☐ **b** Franco è tedesco.
- ☐ **c** Harry è un amico di Franco.

### 6. La delusione

- ☐ **a** Carla balla con Donatella.
- ☐ **b** Harry ha un litro di spumante.
- ☐ **c** Harry e Carla vanno a ballare.

### 7. Il compleanno

- ☐ **a** E' mezzanotte.
- ☐ **b** Mattia va a casa.
- ☐ **c** Oggi è il compleanno di Mattia.

### 8. Quattro chiacchiere

- ☐ **a** Donatella fa l'esame di tedesco.
- ☐ **b** Franco ha una storia con Harry.
- ☐ **c** Franco ha un problema.

### 9. Gelosia

- ☐ **a** Carla è antipatica.
- ☐ **b** Franco parla con Donatella tutta la sera.
- ☐ **c** Carla vede un'amica.

### 10. Buona notte

- ☐ **a** Donatella va a casa.
- ☐ **b** Franco prende il treno.
- ☐ **c** Anche Carla va a casa.

# VOCABOLI

## *IN FAMIGLIA E TRA AMICI*

*IN DER FAMILIE UND UNTER FREUNDEN*

***Al telefono***
*Am Telefon*

**pronto**
am Telefon: hallo
**la madre**
die Mutter
**il mio nome è**
mein Name ist
**un amico**
ein Freund
**Sua figlia**
Ihre Tochter
**un certo**
ein gewisser
**Aileffel**
Gerät zur Portionierung von Gefrorenem
**arrivare**
kommen, ankommen
**come stai?**
wie geht es dir?
**stare**
sich befinden
**bene**
gut
**non c'è male**
nicht schlecht
**telefono per...**
ich rufe an wegen ...
**telefonare**
anrufen, telefonieren
**la festa**
das Fest
**il sabato**
der Samstag
**il tempo**
die Zeit
**sai**
weißt du
**proprio**
hier: gerade
**viene**
er/sie kommt, Sie kommen
**venire**
kommen
**quasi**
fast
**tutta la famiglia**
die ganze Familie
**per festeggiare**
um zu feiern
**il compleanno**
der Geburtstag
**il papà**
der Papa
**mio, mia**
mein, meine
**la zia**
die Tante
**i miei, le mie**
meine
**cenare**
zu Abend essen
**tutti insieme**
alle zusammen
**dopo cena**
nach dem Abendessen
**fammi pensare**
laß mich (nach)denken
**difficile**
schwierig
**passare**
vorbeikommen, -gehen
**a casa tua**
bei dir zu Hause
**diciamo**
wir sagen
**dire**
sagen
**verso**
gegen
**le dieci e mezzo**
halb elf
**vero**
wahr
**il tesoro**
der Schatz

*In cucina dopo cena*
*In der Küche nach dem Abendessen*

**che ore sono?**
wie spät ist es?
**sono le dieci e un quarto**
es ist viertel nach zehn
**devo**
ich muß
**dovere**
müssen, sollen
**devi**
du mußt
**ma lo sai**
aber das weißt du (doch)
**sapere**
wissen
**alla festa di Harry**
zu Harrys Fest
**e chi è?**
und wer ist das?
**uno studente**
ein Student
**festeggiare**
feiern
**tuo, tua**
dein/e/r/s
**il padre**
der Vater
**partono**
sie fahren ab
**partire**
abfahren, abreisen
**vogliono**
sie wollen
**volere**
wollen
**il/la loro**
ihr/e/r/s
**la nipote**
die Nichte, Enkelin
**vuoi**
du willst
**proprio**
hier: wirklich

*In macchina*
*Im Auto*

**come va?**
wie geht's?
**insomma**
na ja
**la festa in famiglia**
das Familienfest
**so anche che ...**
ich weiß auch, daß ...
**bello/a**
schön
**stasera**
heute abend
**ma smettila!**
hör' doch auf (damit)!
**smettere**
aufhören
**lo studio**
das Studium
**abbastanza bene**
ziemlich gut
**prossimo/a**
nächste/r/s
**la settimana**
die Woche
**finisco**
ich beende
**finire**
beenden
**il corso**
der Kurs
**eccezionale**
phantastisch, ausgezeichnet
**dopo**
danach, später
**in Germania**
in/nach Deutschland
**probabilmente**
wahrscheinlich
**beato te!**
du Glücklicher!
**vieni**
du kommst
**con me**
mit mir
**posso**
ich kann
**potere**
können
**eccoci!**
da wären wir
**arrivato/a**
angekommen

***Benvenuti alla festa***
*Willkommen auf dem Fest*
**aprire**
öffnen
**salve**
hallo, grüß euch
**i ragazzi**
die Leute, Jungs und Mädels
**la cucina**
die Küche
**lì**
dort
**tutto**
alles
**la bevanda**
das Getränk
**il bicchiere**
das Glas
**eccetera**
etcetera
**vuoi bere qualcosa?**
willst du etwas trinken?
**l'aranciata**
die Orangenlimonade
**solo**
nur
**se**
wenn, falls, ob
**il succo di mele**
der Apfelsaft
**lo spumante**
der Sekt
**va bene**
geht in Ordnung, ist mir recht
**tornare**
zurückkehren
**vai pure**
geh nur
**salutare**
begrüßen, verabschieden
**intanto**
inzwischen

***Una sorpresa***
*Eine Überraschung*
**che sorpresa!**
was für eine Überraschung!
**è una sorpresa sì!**
das ist allerdings eine Überraschung!
**come mai?**
warum?
**guarda un po'!**
sieh mal einer an!
**geloso/a**
eifersüchtig
**per niente**
überhaupt nicht
**ballare**
tanzen

***La delusione***
*Die Enttäuschung*
**che?**
was?
**niente**
nichts

***Un compleanno***
*Ein Geburtstag*
**la mezzanotte**
die Mitternacht
**fare un brindisi**
prosten
**alla salute di ...**
auf die Gesundheit von ...
**il suo**
sein/ihr
**cincin!**
prost!
**salute!**
prost!
**tanti auguri!**
alles Gute!
**a te**
dir, für dich

***Quattro chiacchiere***
*Ein Schwatz*
**che novità ci sono?**
was gibt's Neues?
**fare l'esame**
die Prüfung machen
**per fortuna**
zum Glück
**di quest'anno**
dieses Jahres

**la paura**
die Angst
**ti dico**
hier: kann ich dir sagen
**per te**
für dich
**il problema**
das Problem
**dimmi!**
sag mir!
**la storia**
die Geschichte
**basta**
hier: sonst nichts
**forse**
vielleicht
**da parte tua**
von deiner Seite
**da parte sua**
von seiner/ihrer Seite
**però**
aber
**vieni!**
komm!
**fare gli auguri a**
gratulieren

***Gelosia***
*Eifersucht*
**antipatico/a**
unsympathisch
**il ragazzo**
der Junge
**in gamba**
gut, fit, in Ordnung
**ti**
dir, dich
**tutta la sera**
den ganzen Abend
**innamorato/a di**
verliebt in
**vero?**
nicht wahr?
**esagerare**
übertreiben
**(lei) mi piace**
sie gefällt mir
**piacere**
gefallen, schmecken

***Buona notte***
*Gute Nacht*
**mi**
mich
**accompagnare**
begleiten
**tardi**
spät
**voglio**
ich will
**ci vediamo**
wir sehen uns
**vedersi**
sich sehen

TEORIA

## Wie geht's, wie steht's?

| | |
|---|---|
| Come **stai**, Donatella? | Wie **geht es dir**, Donatella? |
| **Sto** bene, grazie. | Danke, **mir geht es** gut. |
| Come **sta**, signora? | Wie **geht es Ihnen**, signora? |
| **Sto** bene. | **Mir geht es** gut. |
| Come **state**, Donatella e Franco? | Wie **geht es euch**, Donatella und Franco? |
| **Stiamo** bene. | **Uns geht es** gut. |
| Come **sta** Franco? | Wie **geht es** Franco? |
| **Sta** bene. | **Ihm geht es** gut. |
| Come **sta** il signore? | Wie **geht es** dem Herrn? |
| **Sta** bene. | **Ihm geht es** gut. |
| Come **stanno** Donatella e Franco? | Wie **geht es** Donatella und Franco? |
| **Stanno** bene. | **Ihnen geht es** gut. |

**Komma + signore/signora = direkte Anrede**

Il signore/la signora = man spricht über ihn/sie

**stare (sich befinden)**

| | |
|---|---|
| sto | mir geht es |
| stai | dir geht es |
| sta | ihm/ihr/Ihnen geht es |
| stiamo | uns geht es |
| state | euch geht es |
| stanno | ihnen geht es |

**Attenzione!**
**Komma oder Artikel?**

Come sta**,** signora B.? – Wie geht es Ihnen, Frau B.?
Come sta **la** signora B.? – Wie geht es Frau B.?

# PRATICA

**1. Coniugate – Konjugieren Sie**

**1.** stare malissimo **2.** stare abbastanza bene **3.** stare molto bene con Eros Ramazzotti.

**2. Come stanno? – Wie geht es ihnen?**

**1.** Harry e Franco non ......stanno...................... bene oggi perché Donatella balla con Eros. **2.** Harry ................................ malissimo perché Franco accompagna Donatella in macchina. **3.** Mattia ................................ molto bene perché oggi è il suo compleanno. **4.** ................................ bene, Franco e Donatella? **5.** La commessa ........................................ male perché il computer non funziona. **6.** Come ........................., Carla? **7.** Carla dice: ......................... abbastanza bene. **8.** E tu, come..........................................?

**Famiglia**

*Die italienische Familie ist zwar auch nicht mehr das, was sie mal war, doch kommt ihr immer noch recht große Bedeutung zu. Tatsache ist, daß italienische Kinder gemeinhin ihre Füße länger unter den Tisch der Eltern strecken als bei uns, häufig bis sie heiraten. Als grobe Regel gilt: je tiefer die Provinz und je kleiner das Dorf, desto strenger die Sitten, die der maßgebliche Beweggrund für solche Enge der Familienbande sind. Unvorstellbar in manchen Gegenden, daß die unbescholtene Tochter ohne Trauschein mit einem Mann zusammenlebt.*

*Dazu kommt, daß es sehr schwierig ist, eine eigene «Bude» zu finden, da Wohnungen, besonders in den Städten, teure Mangelware sind. Für junge Italienerinnen und Italiener ist es also ratsam, ein friedliches Verhältnis mit den Eltern zu pflegen.*

# TEORIA

## Alles paletti – nix paletti

| | |
|---|---|
| sto | mir geht es |
| **benissimo** | sehr gut |
| **molto bene** | sehr gut |
| **bene** | gut |
| **abbastanza bene** | ziemlich gut |
| **così così** | so la la |
| **male** | schlecht |
| **malissimo** | sehr schlecht |
| **molto male** | sehr schlecht |

**Attenzione!**

Auch Frauen sagen:«Sto benissim**o**» oder «Sto malissim**o**».
**«Come va?»** heißt einfach «Wie geht's?» und gilt für alle Personen.
**«Non c'è male.»** heißt «nicht schlecht», wird aber ohne das Verb stare benutzt, also:«**Come stai?**» – «**Non c'é male**.»

## Regelmäßige Verben auf -ere und ire

| | |
|---|---|
| Prend**o** due etti di Bel Paese. | Ich nehm**e** 200g Bel Paese. |
| La mamma mi romp**e** scatole. | Mama geh**t** mir auf le die Nerven. |
| Gli zii part**ono** domani. | Onkel und Tante fah**ren** morgen ab. |

| | |
|---|---|
| prendere | partire |
| prend**o** | part**o** |
| prend**i** | part**i** |
| prend**e** | part**e** |
| prend**iamo** | part**iamo** |
| prend**ete** | part**ite** |
| prend**ono** | part**ono** |

| | |
|---|---|
| genauso auf **-ere**: | genauso auf **-ire**: |
| vedere | sentire |
| smettere | aprire |
| rompere | |

### 3. Coniugate – Konjugieren Sie

**1.** vedere una bella signora **2.** rompere le scatole **3.** sentire la musica di Gianna Nannini **4.** partire per la Germania domani

### 4. Perché? ... Perché?

Füllen Sie die Lücken mit dem richtigen Verb!

balliamo – accompagna – vedo – festeggiano – parto – cena

**1.** Perché stai malissimo, Harry? Perché [vedo] Franco.
**2.** Perché state bene, Franco e Donatella? Perché ........................ insieme.
**3.** Perché sta bene, signora? Perché ........................................... domani.
**4.** Perché Carla e Mattia stanno benissimo? Perché ..................... insieme.
**5.** Perché la signora B. sta molto bene? Perché ...................... con Franco.
**6.** Perché Franco sta bene? Perché ............................... Donatella a casa.

### 5. Mettete il verbo della forma giusta
### Setzen Sie die richtige Form

**1.** Donatella! Telefono! ..........................Arrivo... subito. (arrivare, io)
**2.** ....................................... il compleanno di papà. (festeggiare, noi)
**3.** ........................................................... a casa tua. (passare, io)
**4.** Gli zii .......................................................... domani. (partire)
**5.** ...................................................tutto in cucina. (trovare, voi)
**6.** Donatella ................................................... gli altri. (salutare)
**7.** Perché non ............................................, signora B.? (ballare)
**8.** Franco è antipatico, non . ......................................? (trovare, tu)
**9.** Mattia ................................................... con Carla. (parlare)
**10.** I miei cugini ........................................ sempre. (esagerare)
**11.** ......................................Donatella a casa? (accompagnare, voi)
**12.** Angela ...................................... un ristorante in piazza. (vedere)
**13.** Perché non ...................................... questa gonna? (provare, tu)
**14.** ......................................................un caffè? (prendere, voi)
**15.** ............................................. soldi alla banca. (cambiare, loro)
**16.** ........................................................... il capo. (chiamare, io)
**17.** Franco ................................................... la scatola. (aprire)

# TEORIA

## Modalverben

| volere (wollen) | potere (können, dürfen) | dovere (müssen, sollen) |
|---|---|---|
| voglio | posso | devo |
| vuoi | puoi | devi |
| vuole | può | deve |
| vogliamo | possiamo | dobbiamo |
| volete | potete | dovete |
| vogliono | possono | devono |

| | |
|---|---|
| Voglio telefonare. | Ich will telefonieren. |
| Dobbiamo andare a casa. | Wir müssen nach Hause gehen. |
| Potete prendere un aperitivo | Ihr könnt einen Aperitif nehmen. |

Die Modalverben stehen in der Regel nicht allein. Es wird ihnen meist ein anderes Verb im Infinitiv angehängt.

**Pronto!**

*«Junger deutscher Tourist in Telefonzelle zusammengebrochen». So könnte die Schlagzeile angesichts des armen Opfers lauten, dem die Vokabel **pronto** nicht bekannt war, und das ist eine (fast) wahre Geschichte: Deutscher fährt nach Italien und will dort seine italienischen Freunde anrufen, die Bentivoglio, Rossi oder sonstwie heißen. Jetzt meldet sich aber am anderen Ende der Leitung immer nur **Pronto**. Auch der Blick ins Telefonbuch - zwecks Nummernvergleich - hilft nicht weiter, denn es gibt in der Tat ein paar Familien mit dem Namen «Pronto». **Pronto** heißt nichts anderes als «bereit» und wird gebraucht wie «Hallo» am Telefon.*

## 6. Desinenze – Endungen

ono – ate – o – iamo – e – ite – ano – ete – i – a

1. Donatella e Franco partono........ domani.
2. Harry ved. .................................. Donatella.
3. Perché non parl ............ con Carla, Harry?
4. Prend ............................ un caffè, voi due?
5. Il computer non funzion ............................
6. Noi salut ..................................... gli altri.
7. Cen ......... con noi domani, Gino e Angela?
8. Io prend ................................ una pizza.
9. Sent ........................... la musica, ragazzi?
10. Gli zii esager ................................ sempre.

## 7. Unterstreichen Sie alle Modalverben im Dialog!

Es sind insgesamt 11.

## 8. volere – potere – dovere ?

**1.** La prossima settimana vado in Germania. Vieni con me, Donatella? – Non .................................., Harry, perché la prossima settimana ho un esame. **2.** Che cosa ................. prendere, Franco, un aperitivo o un caffè? **3.** La signora è stanca e .......................................... andare subito. **4.** Sei ingrassata, Carla! .............................. fare una dieta! **5.** Gli zii partono e ......................... ancora vedere la loro nipote. **6.** Sono già le dieci? Allora ........andare a casa. (io) **7.** Non ............................ prendere la macchina, .............................. anche andare in treno. (noi) **8.** Ragazzi, che cosa ................................ bere? **9.** I signori .......................................... pagare 157.000 lire. **10.** La signora non ............................ andare al ristorante perché non ha soldi.

TEORIA

## Che ore sono?/Che ora è?
## Wie spät ist es?

Mit diesen beiden Fragen kann man sich nach der Uhrzeit erkundigen. Sie sind völlig gleichberechtigt.

Che ora è?

Che ore sono?

Sono le dieci.

Sono le dieci **e** un quarto.

Sono le dieci **e** mezzo/mezza.

Sono le undici **meno** un quarto.

Die Uhrzeit wird im Plural angegeben (sono). Auch der Artikel vor der Uhrzeit muß im Plural stehen (le). Im Geiste müßte man *ore* (Stunden) ergänzen: «Sono le dieci (ore).» Eigentlich: Es sind die zehn (Stunden)
**Ausnahmen bilden:** ein Uhr, Mittag, Mitternacht. Sie stehen im Singular. Ansonsten gilt, daß die Minuten dazugezählt werden bis 39 Minuten (z.B. 10.39 = Sono le dieci e trentanove). Ab 40 Minuten wird von der nächstfolgenden Stunde abgezogen (z.B. 10.40 = Sono le undici meno venti). Ob man bei der halben Stunde «mezz**o**» oder «mezz**a**» sagt, ist egal. Die offizielle Zeitangabe (Bahnhof, Fernsehen etc.) zählt (wie im Deutschen auch) bis 24 Stunden und zählt die Minuten nur dazu (z.B. 18.53 = Sono le diciotto e cinquantatre).

### A che ora? – Um wieviel Uhr?

| | |
|---|---|
| A che ora vai a casa? | Vado a casa **alle undici**. |
| A che ora andate alla festa? | Andiamo alla festa **alle nove**. |
| A che ora va al mercato? | Vado al mercato **a mezzogiorno**. |
| A che ora vai al bar? | Vado al bar **all'una**. |

**a + Artikel** (meistens «le») entspricht dem deutschen **um**
**um + Uhrzeit = a lle + Uhrzeit**

**Attenzione!**
Bei den Zeitangaben im Singular: **all'**una
ohne Artikel **a** mezzogiorno
ohne Artikel **a** mezzanotte

## 9. Che ore sono?

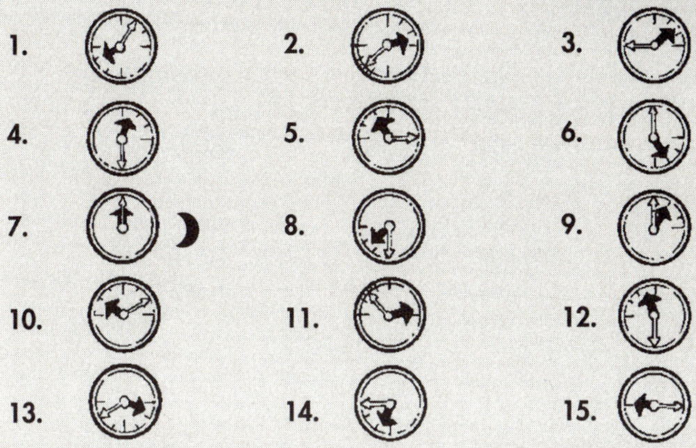

1. 6:25
2. 13:45
3. 17:09
4. 16:33
5. 23:15
6. 12:00
7. 22:50
8. 9:48
9. 15:11
10. 21:30
11. 3:40
12. 19:19
13. 7:37
14. 20:15
15. 11:17

## 10. Madre e figlia hanno una discussione.

Setzen Sie das fehlende Wort ein

**1.** Sabato festeggiamo il ........ di papà. **2.** Sabato sera non ho tempo perché vado alla ........ di Harry. **3.** Ma sabato viene quasi ........ la famiglia! **4.** Ma io ........ andare alla festa di Harry! **5.** E ........ è questo Harry? **6.** Harry è un ........ di Carla, uno ......... tedesco. **7.** Ma non ........ prendere la macchina, devi ....... a ........ **8.** Harry ........ a casa mia con la sua ......... **9.** Ma gli zii ........ ancora vedere la loro ........ **10.** Vado a Firenze la ......... settimana e così ........vedere gli zii.

## Altri verbi irregolari
## Weitere unregelmäßige Verben

| **venire (kommen)** | **dire (sagen)** | **sapere (wissen)** |
| --- | --- | --- |
| vengo | dico | so |
| vieni | dici | sai |
| viene | dice | sa |
| veniamo | diciamo | sappiamo |
| venite | dite | sapete |
| vengono | dicono | sanno |

## I pronomi possessivi
## Die Possessivpronomen

**Il mio nome** è Harry Eislöffel.
Qual è **il tuo nome**?

**Il mio nome** è Donatella Bentivoglio.
E qual è il nome di lui?

**Il suo nome** è Franco Fabrizi.
E qual è il nome di lei?

**Il suo nome** è Carla de Angelis.
E qual è **il Suo nome**, signora?

**Il mio nome** è Teresa Bentivoglio.
Sono la madre di Donatella.

| | |
| --- | --- |
| il mio nome | mein Name |
| il tuo nome | dein Name |
| il suo nome | sein/ihr Name |
| il Suo nome | Ihr Name |

### 11. Coniugate – Konjugieren Sie

**1.** volere andare in Italia **2.** dovere fare la spesa **3.** potere venire domani **4.** venire alla festa con una gonna elegante **5.** dire i numeri da cento a uno **6.** sapere tutto

### 12. venire – dire – sapere
### Wählen Sie die richtige Form

venite – dicono – dice – veniamo – viene – dice – sanno – so – vieni – sappiamo – sai – dice – viene – sai

**1.** Harry e Donatella ..dicono.....:« ................................domani.»
**2.** La signora ........................:«Non .................... dov'è la stazione.»
**3.** Non .................... che cosa ................ la madre di Donatella. (noi)
**4.** Tu ................................ quando ................................ Franco?
**5.** Perché non ...................... quando ........................., Carla?
**6.** I signori non .................... quando .......................... Harry.
**7.** Stefano ....................:«Perché non ..........................., ragazzi?»

### 13. Evviva la puntualità – Es lebe die Pünktlichkeit

Setzen Sie die Formen von **dire** und **venire** und die Uhrzeit ein

**1.** Donatella ........dice: Vengo alle otto................................,
ma .viene alle nove........................... .
(dire/lei – venire/io – um 8.00 – venire/lei – um 9.00)

**2.** Harry e Carla ......................:.....................................,
ma ........................................................ .
(dire/loro – venire/noi – um 11.30 – venire/loro – um 13.30)

**3.** Io ........................ : Mattia ......................................,
ma ........................................................ .
(dire – venire/lui – um 24.00 – venire/lui – um 1.00)

**4.** La signora ...........................: Donatella ..............................,
ma ...................................................... .
(dire – venire/lei – um 19.15 – venire/lei – um 19.30)

**5.** Noi ..........................: Carla e Mattia ................................,
ma ........................................................ .
(dire – venire/loro – um 20.45 – venire/loro – um 21.15)

TEORIA

## Grande confusione:

## suo – sein – suo – ihr?

| | |
|---|---|
| **Il suo nome** è Franco Fabrizi. | **Sein** Name ist Franco Fabrizi. |
| **Il suo nome** è Carla de Angelis. | **Ihr** Name ist Carla de Angelis. |

Im Italienischen richtet sich das Possessivpronomen **nach dem Besitz** und nicht nach dem Besitzer. Es ist egal, ob ein Mann oder eine Frau (wie hier im Beispiel) den Namen trägt, wichtig ist, daß **il nome** ein männliches Substantiv ist, denn danach richtet sich das Possessivpronomen. Entsprechend kann z.B.

| | |
|---|---|
| **la sua macchina** | sein Auto/ihr Auto |
| **la sua banana** | seine Banane/ihre Banane |
| Oder im Plural: | |
| **i suoi nomi** | seine Namen/ihre Namen |
| **le sue macchine** | seine Autos/ihre Autos heißen. |

Das Possessivpronomen wird wie ein Adjektiv benutzt, daß sich an das folgende Substantiv anpaßt.

### Die Possessivpronomen komplett

| | | | |
|---|---|---|---|
| **il mio** | mein/e | **i miei** | meine |
| **il tuo** | dein/e | **i tuoi** | deine |
| **il suo** | sein/e-ihr/e | **i suoi** | seine/ihre |
| **il Suo** | Ihr/e | **i Suoi** | Ihre |
| **il nostro** | unser/e | **i nostri** | unsere |
| **il vostro** | euer/eure | **i vostri** | eure |
| **il loro** | ihr/e | **i loro** | ihre |
| **la mia** | mein/e | **le mie** | meine |
| **la tua** | dein/e | **le tue** | deine |
| **la sua** | sein/e-ihr/e | **le sue** | seine/ihre |
| **la Sua** | Ihr/e | **le Sue** | Ihre |
| **la nostra** | unser/e | **le nostre** | unsere |
| **la vostra** | euer/eure | **le vostre** | eure |
| **la loro** | ihr/e | **le loro** | ihre |

**Loro** bleibt immer unverändert.
Das Possessivpronomen wird **mit Artikel** gebraucht.

## 14a. Domande

**Bilden Sie Fragen!**

**1.** dovere andare al mercato/tu (perché?)
Perché devi andare al mercato?

**2.** venire alla festa/voi (quando?) **3.** volere andare a Roma/Lei (come?) **4.** potere prendere un caffè/io (dove?) **5.** cenare/voi (quando?) **6.** volere accompagnare Donatella/tu (perché?) **7.** vedere Franco/Lei (quando?) **8.** prendere una pizza/tu (perché?) **9.** non fare la spesa insieme/noi (perché?) **10.** stare/Lei (come?) **11.** non andare in banca/voi (perché?)

## 14b. Ordnen Sie den Fragen die richtigen Antworten zu

**a.** Perché ho fame. **b.** Sto benissimo. **c.** Perché devo fare la spesa. **d.** Voglio andare a Roma in treno. **e.** Può prendere un caffè al bar. **f.** Veniamo alla festa alle 8.15. **g.** Perché Donatella è molto carina. **h.** Ceniamo alle 7.45. **i.** Vedo Franco alle 4.30. **j.** Perché non sappiamo dov'è. **k.** Perché faccio la spesa con mia madre.

## 15. Che cosa dite se ...
## Was sagen Sie, wenn ...

**1.**... Sie wissen möchten, wie es Franco und Donatella geht? **2.**... Sie wissen möchten, wie spät es ist? **3.**... Sie erzählen, daß fast die ganze Familie kommt: Ihr Onkel, ihre Tante, Ihre Cousins und Cousinen? **4.**... Sie jemandem zum Geburtstag gratulieren? **5.**... Sie bemerken «Sieh mal einer an!»? **6.**... Sie auf Matthias' Gesundheit trinken möchten? **7.**... Sie ausdrücken wollen, daß Franco ein dufter Typ ist? **8.**... Sie Ihr/ihm gestehen «Ich bin in dich verliebt.»? **9.**... Sie sofort gehen wollen? **10.**.. Sie sagen möchten, daß es Ihnen sehr gut geht

## 16. Come si dice in tedesco? – Wie heißt's auf Deutsch?

(2) = zwei Möglichkeiten

**1.** il nostro telefono **2.** il mio compleanno **3.** la sua traduzione (2) **4.** la loro macchina **5.** i suoi bicchieri (2) **6.** la tua salute **7.** le loro bevande **8.** le sue pizzerie (2) **9.** le vostre melanzane **10.** i loro biscotti **11.** la sua pasta (2) **12.** i tuoi quaderni **13.** le mie calze

# TEORIA

**Attenzione!**

Lassen Sie sich nicht von der deutschen Übersetzung verwirren, z.B.:

Franco e Carla hanno una macchina.
E' **la loro** macchina. (Es ist **ihr** Auto.)

Carla ha una macchina.
E' **la sua** macchina. (Es ist **ihr** Auto.)

**Casi particolari – Sonderfälle**

Sono un amico di **Sua figlia**.
Viene quasi tutta la famiglia: **mia zia, mio zio**,...
Ma oggi festeggiamo il compleanno di **tuo padre**.

**Was fehlt? – Richtig, der Artikel!**

Die Regel ist einfach: **Bei Verwandtschaftsbeziehungen im Singular** entfällt der Artikel.

**Attenzione!**

**Im Plural muß der Artikel aber stehen.**

| | |
|---|---|
| Es heißt also: mia zia | aber: **le mie zie** (meine Tanten) |
| mio cugino | aber: **i miei cugini** (meine Cousins) |
| mio fratello aber: | **i miei fratelli** (meine Brüder) |

**Ausnahme: il/la loro** (immer mit Artikel!)
z.B.: «Gli zii vogliono vedere **la loro nipote**.»

## 17. Che cosa è di chi?

## Wem gehört was?

**1.** E' ...il tuo... formaggio? (tu) – No, è ...il mio... formaggio. (io) **2.** E' ........................................ macchina? (voi) – No, è ........................................ macchina. (noi) **3.** E' ........................................ cappuccino? (tu) – No, è ........................ cappuccino. (lei) **4.** Sono ........................................ soldi? (Lei) – No, sono ........................................ soldi. (loro) **5.** Sono ........................................ melanzane? (voi) – No, sono ........................ melanzane. (lui) **6.** E' ........................ amica? (tu) – No, è ........................ amica. (lui) **7.** Sono ........................ scatole? (loro) – No, sono ......... scatole. (noi) **8.** E' ................ vino? (voi) – No, è ........................ vino. (io) **9.** E' ........................ famiglia? (tu) – No, è ........................ famiglia. (lei) **10.** Sono ........................ bicchieri? (voi) – No, sono ........................................ bicchieri. (io)

## 18. Formate delle frasi – Bilden Sie Sätze

| | | |
|---|---|---|
| **1.** Franco | bere | l'esame di tedesco. |
| **2.** Io | balla | il mio compleanno. |
| **3.** Facciamo | è | con Mattia. |
| **4.** Vuoi | devo fare | alla salute di Cristoforo. |
| **5.** Carla | festeggiamo | un bicchiere di spumante? |
| **6.** Domani | un brindisi | un ragazzo in gamba. |

## 19. Insalata di parole – Wortsalat

Bringen Sie die folgenden Sätze wieder in die richtige Reihenfolge

**1.** di papà – Sabato – per festeggiare – tutta – viene – la famiglia – il compleanno

...Sabato viene tutta la famiglia per festeggiare il compleanno di papà...

**2.** il – la prossima – finisco – corso – settimana – mio **3.** un brindisi – facciamo – di – Mattia – alla salute **4.** l'esame – fare – di – devo – tedesco **5.** Franco – antipatico – un ragazzo – è – Harry – perché – è – di Donatella – innamorato **6.** bere – Donatella – spumante – vuole – di – un bicchiere **7.** trovate – in cucina – potete – lì – andare – e – tutto **8.** sa – Harry – in famiglia – come – queste – sono – feste

# TEORIA

**Attenzione!**
**da parte mia, tua ...** (meinerseits, deinerseits ...)
**a casa mia, tua ...** (bei mir/dir ... zu Hause)
Bei manchen Wendungen stellt man das Possessivpronomen nach: Artikel entfällt.

## Männerwirtschaft

| | |
|---|---|
| mia madre e mio padre | i miei genitori (meine Eltern) |
| mia nonna e mio nonno | i miei nonni (meine Großeltern) |
| mia zia e mio zio (meine Tante+Onkel, | i miei zii (meine Tanten und Onkel, meine Onkel) |
| mia cugina e mio cugino | i miei cugini (meine Cousins+ Cousinen) |
| mia nipote e mio nipote | i miei nipoti (meine Nichten + Neffen **oder** meine Enkelinnen und Enkel) |
| mia sorella e mio fratello | i miei fratelli (meine Geschwister) |
| mia figlia e mio figlio | i miei figli (meine Kinder) |

Ein Mann genügt, und der Plural wird in der männlichen Form gebildet.

## Pronuncia – Aussprache

Satzfragen und Aussagesätze haben im Italienischen die gleiche Wortstellung. Deshalb muß die Sprechabsicht durch die Satzmelodie deutlich werden:

| | |
|---|---|
| Andiamo al mercato. | Wir gehen zum Markt. |
| Andiamo al mercato? | Gehen wir zum Markt? |

Bei der Frage geht die Stimme zuerst kurz runter und am Ende des Satzes nach oben.

## 20. Traducete – Übersetzen Sie

**1.** meine Eltern **2.** dein Bruder **3.** meine Cousins und Cousinen **4.** meine Enkelin **5.** Ihre Tochter **6.** unser Großvater **7.** seine Tante und Onkel **8.** eure Nichte **9.** ihre Großeltern **10.** ihre Mutter (loro) **11.** deine Schwestern **12.** sein Neffe

## 21. Indovinello di famiglia – Familienrätsel

**1.** Mio padre ha un fratello. E' mio zio ..........................
**2.** Mia zia ha due figli. Sono ..........................
**3.** Per i miei zii io (Antonio) sono ..........................
**4.** Mia nonna ha un figlio. E' ..........................
**5.** Mio padre ha un padre. E' ..........................
**6.** Per i miei cugini io (Anna) sono ..........................
**7.** Mia madre ha una sorella. E' ..........................
**8.** Mia cugina ha un fratello. E' ..........................

## 22. Articolo sì o no – Artikel ja oder nein

**1.** .......zia (tu) **2.**.......melanzane (voi) **3.**.......telefono (lei) **4.**.......cugini (loro) **5.**.......compleanno (io) **6.**.......macchina (noi) **7.**.......madre (lui) **8.**.......nonni (tu) **9.**.......nonna (loro) **10.**........gonne (voi) **11.**.......pizza (lei) **12.**.......fratello (noi) **13.**.......genitori (io)

### Pronuncia – Aussprache

Melodia della frase – Satzmelodie

Hören Sie die folgenden Sätze von der Kassette. Sie werden einmal als Frage, einmal als Aussagesatz gelesen. Sprechen Sie nach!

Parlo con Donatella Bentivoglio ?/.
Donatella c'è ?/.
Diciamo verso le dieci e mezzo ?/.
Devi andare adesso ?/.
Gli zii partono domani ?/.
Sai come sono queste feste in famiglia ?/.
Andiamo a ballare ?/.

## SENTI

Hören Sie die Dialoge von der Kassette. Lesen Sie die Fragen durch und hören Sie dann die Dialoge noch einmal. Beantworten Sie beim zweiten oder dritten Hören die Fragen.

### Al telefono

| | sì | no |
|---|---|---|
| **1.** Franco vuole andare alla festa di Harry con Donatella. | ■ | ■ |
| **2.** La festa è a casa di Marco. | ■ | ■ |
| **3.** Donatella va alla festa domani. | ■ | ■ |
| **4.** Donatella ha un esame stasera. | ■ | ■ |
| **5.** Franco va in discoteca con Harry. | ■ | ■ |
| **6.** Franco è geloso. | ■ | ■ |

### Con la mamma

**1.** Donatella va
**a** a fare la spesa.
**b** al ristorante con Franco.
**c** a una festa con Franco.

**2.** La mamma dice: «A quest'ora? Sono
**a** le dieci meno un quarto.»
**b** le undici meno un quarto.»
**c** le undici e un quarto.»

**3.** Domani Donatella ha
**a** una delusione.
**b** un'informazione.
**c** un esame.

**4.** Per Donatella non è difficile
**a** l'esame.
**b** il tedesco.
**c** la festa.

## Gioco

Der Kursleiter bringt verschiedene Gegenstände mit (Obst, Gemüse, Fahrkarte, Tasche, Glas , Kassette, Kleingeld, Uhr, Paß, Heft, Schal, Kassenzettel ...), die er, einen nach dem anderen, in der Klasse herumgibt. Der erste Teilnehmer bekommt einen Gegenstand.

**T 1**: Questa è la mia borsa. (Reicht die Tasche dem Nachbarn.) Questa è la tua/la Sua borsa. (Zum Kurs:) Questa è la sua borsa.

**T 2**: Questa è la mia borsa. (Reicht die Tasche seinen beiden Sitznachbarn.) Questa è la vostra borsa. (Zum Kurs:) Questa è la loro borsa.

**T 3:** Questa è la mia borsa. Questa è la tua/la Sua borsa ... Questa è la vostra borsa. u.s.w.

## Minidialog

**A:** Come **sta, signora Rossi?**
**B: Sto abbastanza bene.**

**1.** signora Rossi-abbastanza bene **2.** Carla (tu)-benissimo **3.** Harry (tu)-bene **4.** Angela e Gina (voi)-molto male **5.** signor Eislöffel-malissimo **6.** Harry e Carla (voi)-così così **7.** E tu?

**A:** A che ora **vieni?**
**B: Vengo alle tre e un quarto.**

**1.** tu-3.15 **2.** signor Neri-1.00 **3.** tua zia-4.30 **4.** voi-5.45 **5.** loro-8.00 **6.** la signora Colla-10.30 **7.** tu-24.00

**A: Volete** andare alla festa?
**B:** Non **possiamo** perché **dobbiamo** partire domani.

**1.** voi-noi **2.** tu-io **3.** Lei-io **4.** i signori Bentivoglio-loro **5.** lui-lui

## Maxidialog

Harrys Familie kommt nach Italien, um ihn zu besuchen. Er (A) ist nicht gerade begeistert darüber, vor allem, weil genau am Tag ihrer Ankunft Donatellas Geburtstagsfest ist, zu dem er so gerne gehen würde. Er jammert einem Freund (B) die Ohren voll. Der Freund tröstet ihn: zu diesem Fest kämen ohnehin keine sympathischen Leute, es gäbe keine guten Getränke und auch das Essen ließe mit Sicherheit zu wünschen übrig.

# LETTURA

# *UNA LETTERA D'AMORE*

*Cara Donatella!*
*Penso ancora alla festa di sabato: Vengo a casa tua con la macchina, andiamo alla festa insieme, ma appena siamo arrivati tu vedi Franco... Balli con lui, parli con lui e poi dopo mezzanotte lui ti accompagna a casa. Che delusione!*
*Non so che cosa senti per me, ma che cosa senti per Franco?*

*E solo un amico? Sei innamorata di lui?*
*Dico a Carla: ¨Non sono innamorato di Donatella. Mi piace e basta.¨*
*Ma non cos . Forse una sorpresa per te, ma sono innamorato di te. Sei bella, sei dolce, sei intelligente. Tu sei un vero tesoro!*

*La prossima settimana vado in Germania e sono molto triste perch non vieni con me. Sabato parto, ma forse ci vediamo ancora? Possiamo cenare insieme venerd sera? C un ristorante carino vicino a casa mia. Va bene? Ma forse non vuoi venire dopo questa lettera...?*

Harry
per sempre

## Sì o no?

| | sì | no |
|---|---|---|
| 1. Donatella balla con Harry. | ☐ | ☐ |
| 2. Donatella va a casa a mezzanotte. | ☐ | ☐ |
| 3. Harry è innamorato di Donatella. | ☐ | ☐ |
| 4. Harry va a Roma la prossima settimana. | ☐ | ☐ |
| 5. Harry è triste. | ☐ | ☐ |
| 6. Harry parte venerdì sera. | ☐ | ☐ |
| 7. Harry vuole cenare con Donatella. | ☐ | ☐ |
| 8. Il ristorante è vicino all'aeroporto. | ☐ | ☐ |
| 9. Harry pensa che lei non vuole venire. | ☐ | ☐ |
| 10. Harry è innamorato di Franco. | ☐ | ☐ |

**una lettera d'amore** ein Liebesbrief
**caro** lieb, teuer
**appena** kaum
**me** mich, mir
**intelligente** intelligent
**triste** traurig
**il venerdì** der Freitag
**aspettare** warten
**la risposta** die Antwort

# *CONOSCERSI*

### ***I genitori alla festa da ballo***

Scusi, signore, sa che ore sono?

*Certo, signorina, è quasi mezzanotte.*

Già? Oh Dio, devo andare subito.

*Che peccato! Non ha più tempo per il prossimo ballo?*

Mi dispiace, ma se non vado subito perdo l'ultimo tram.

*Ci possiamo rivedere? Forse ha voglia di prendere un caffè con me?*

Perché no, ma dove e quando?

*Faccio una proposta: perché non ci diamo un appuntamento per domani? Diciamo alle sei e mezzo al caffè Greco?*

Va bene, solo che io lavoro fino alle sette.

*Allora alle sette e mezzo.*

Sì, d'accordo. Dunque, ci vediamo al caffè Greco alle sette e mezzo. Arrivederci a domani.

*Arrivederci.*

### *Al caffè Greco*

*Non so nemmeno come si chiama ...*

Come?

*Dico: non conosco nemmeno il Suo nome.*

Ah, il mio nome ... Angelica Tucci.

*Piacere, signorina Tucci. Io sono Carlo Bentivoglio ... Va spesso a ballare?*

Spesso no ... ogni tanto al fine settimana ... e Lei?

*Io? Non ci vado quasi mai. Normalmente al fine settimana mi incontro con i miei amici e giochiamo a scacchi. Ma parliamo di Lei: so che lavora fino alle sette, ma non so dove.*

Lavoro in comune come segretaria. E Lei? Qual è la Sua professione?

*Sono insegnante di matematica alla scuola media.*

E quale scuola è?

*Si trova in via Respighi, è vicino a ...*

Lo so, lo so, allora Lei è un collega di mio zio ... Ermenegildo Betocchi.

*Ma sì! Ci conosciamo da anni! Com'è piccolo il mondo.*

***I figli in discoteca***

Come ti chiami?

*Harry, e tu?*

Laura. Ma tu non sei italiano, vero?

*No, sono tedesco.*

Di dove sei in Germania?

*Sono di Francoforte.*

E che fai qui?

*Sono qui per imparare l'italiano.*

Parli già abbastanza bene.

*Come?*

Dico: PARLI GIA' ABBASTANZA BENE!

*Ma, non so ... e tu, che fai?*

Sono studentessa di lingue. Studio anche il tedesco.

*Veramente? Allora possiamo parlare anche in tedesco.*

Parlare? Gridare piuttosto ...

*Also, wie heißt du?*

Wie bitte?

*WIE DU HEISST!!! Non capisci?*

Sì, sì, capisco ... come mi chiamo.

### *Un invito*

Senti, Harry, domani andiamo a trovare amici che hanno una casa vicino al mare ... perché non vieni con noi? Così siamo in quattro.

*Buona idea.*

La mia amica Carla e il suo ragazzo mi vengono a prendere alle otto e mezza a casa mia e poi possiamo passare anche da casa tua o ci incontriamo da qualche parte ... non so dove abiti ...

*Abito vicino a San Pietro, in via Monte del Gallo ... sai dov'è?*

Sì, più o meno ...

*O ci incontriamo ... fammi pensare ...*

No no, va bene, ti veniamo a prendere a casa tua ... diciamo verso le nove?

*Perché no? Domani ho tempo, non devo studiare e ho voglia di andare al mare.*

### *Con gli amici in macchina*

Ti trovi bene in Italia, Harry?

*Sì, benissimo ... gli italiani sono molto gentili, la cucina è favolosa, il clima è fantastico ... cosa voglio di più?*

E non ti manca niente?

*Alcune cose mi mancano, sì, ma ...*

Che cosa? Würstel con crauti?
*Altro che Würstel con crauti! Non capite proprio un'acca! I tedeschi non sono così. Mi manca il pane integrale piuttosto.*

*Carla, e tu, che fai?*
Sono impiegata in un'agenzia viaggi.
*Ti piace la tua professione?*
Mmh, insomma, non voglio lavorare così per sempre. Ho altre idee.
*E che cosa vuoi fare?*
Forse apriamo un ristorante vegetariano con alcuni amici o vado all'estero per imparare un'altra lingua.

*E tu, Paolo?*
Studio medicina, e l'anno prossimo mi laureo.
*Ti laurei già? Ma quanti anni hai?*
Ho ventisette anni.
*Sai già cosa vuoi fare dopo?*
Sì, perché anche mio padre è medico. Fra due anni va in pensione e così posso prendere lo studio che ha in via Cornaro.

### *Al mare*

Ecco la casa! Finalmente!
*Ma dov'è?*
La seconda casa che vedi a destra.
*Ah sì, capito.*
Faccio una proposta, ragazzi: andiamo a fare il bagno subito, poi ci riposiamo un po' e dopo prepariamo qualcosa da mangiare, vi va?
*Ottima idea!*

## ASCOLTA

### A

**Che cosa succede?**

**Was geschieht**

**Pro Dialog eine Frage**

| | sì | no |
|---|---|---|
| **1.** Il signore e la signorina ballano insieme. | ■ | ■ |
| **2.** Carlo e Angelica sono studenti. | ■ | ■ |
| **3** Harry e Laura sono tedeschi. | ■ | ■ |
| **4.** Donatella vuole andare al mare con Harry. | ■ | ■ |
| **5.** Harry mangia spesso würstel con crauti. | ■ | ■ |
| **6.** Fanno il bagno subito. | ■ | ■ |

## B

### 1. Alla festa da ballo

- ☐ **a** Sono le nove e mezza.
- ☐ **b** La signorina prende il tram.
- ☐ **c** Domani il signore vuole prendere un caffè con la signorina.

### 2. Al caffè Greco

- ☐ **a** Angelica Tucci studia medicina.
- ☐ **b** Carlo Bentivoglio lavora alla scuola media.
- ☐ **c** Il suo collega balla volentieri.

### 3. In discoteca

- ☐ **a** Harry è di Francoforte.
- ☐ **b** Laura studia l'italiano.
- ☐ **c** Harry è medico.

### 4. Un invito

- ☐ **a** Gli amici hanno una casa vicino al mare.
- ☐ **b** Harry abita vicino a San Pietro.
- ☐ **c** Vanno al mare a mezzogiorno.

### 5. Con gli amici in macchina

- ☐ **a** Gli italiani sono gentili.
- ☐ **b** Harry mangia sempre würstel.
- ☐ **c** Carla lavora in un' agenzia viaggi.

### 6. Al mare

- ☐ **a** La casa è a desta.
- ☐ **b** Gli amici vanno al mare subito.
- ☐ **c** Cenano in un ristorante.

# VOCABOLI

## *CONOSCERSI*

*SICH KENNEN-LERNEN*

***I genitori alla festa da ballo***
*Die Eltern auf dem Tanzfest*

**i genitori**
die Eltern
**la festa da ballo**
das Tanzfest
**certo**
sicher
**quasi**
fast
**che peccato!**
wie schade!
**non ... più**
nicht mehr
**il ballo**
der Tanz
**perdere**
verlieren
**il tram**
die Straßenbahn
**rivedersi**
sich wiedersehen
**forse**
vielleicht
**avere voglia di ...**
Lust haben auf/zu ...
**ci diamo**
wir geben uns
**darsi**
sich geben
**dare**
geben
**l'appuntamento**
die Verabredung
**per domani**
für morgen
**il caffè Greco**
das Café Greco (berühmtes Café in Rom)
**solo che ...**
nur daß ...
**lavorare**
arbeiten
**fino a**
bis
**d'accordo**
einverstanden
**vedersi**
sich sehen
**a domani**
bis morgen

***Al caffè Greco***
*Im Café Greco*

**non ... nemmeno**
nicht einmal
**chiamarsi**
heißen (sich nennen)
**conoscere**
kennen
**piacere**
hier: angenehm
**spesso**
oft
**ogni tanto**
manchmal
**il fine settimana**
das Wochenende
**non ... mai**
niemals
**ci vado**
ich gehe dahin
**andarci**
hingehen
**normalmente**
normalerweise
**incontrarsi**
sich treffen
**giocare a**
(etwas) spielen
**gli scacchi**
Schach
**che**
daß
**in comune**
bei der Stadt-/Gemeindeverwaltung
**come segretaria**
als Sekretärin
**qual è la Sua professione?**
was machen Sie beruflich?
**l'insegnante di matematica**
der Mathematiklehrer
**la scuola media**
die Realschule
**trovarsi**
sich befinden
**un collega di**
ein Kollege von
**conoscersi**
sich kennen(-lernen)
**da anni**
seit Jahren
**piccolo**
klein
**il mondo**
die Welt

***I figli in discoteca***
*Die Kinder in der Diskothek*

**essere di**
sein aus, stammen aus

**imparare**
lernen
**la studentessa**
die Studentin
**di lingue**
Sprach-...
**la lingua**
die Sprache
**studiare**
lernen, studieren
**veramente**
wirklich
**gridare**
schreien
**piuttosto**
vielmehr

*Un invito*
*Eine Einladung*
**andare a trovare**
besuchen
**che**
der, die, das (Relativpronomen)
**il mare**
das Meer
**in quattro**
zu viert
**il ragazzo**
hier: der feste Freund
**venire a prendere**
abholen (kommen)
**da qualche parte**
irgendwo
**abitare**
wohnen
**San Pietro**
Petersdom (in Rom)
**più o meno**
mehr oder weniger

*Con gli amici in macchina*
*Mit den Freunden im Auto*
**trovarsi bene**
sich wohlfühlen
**gentile**
freundlich
**favoloso**
fabelhaft
**il clima**
das Klima
**fantastico**
phantastisch
**cosa voglio di più?**
was will ich mehr?
**mancare**
fehlen
**non ... niente**
nichts
**würstel con crauti**
Würstchen mit Sauerkraut
**altro che**
von wegen
**capire un'acca**
nichts verstehen
**il pane integrale**
das Vollkornbrot
**l'impiegata**
die Angestellte
**l'agenzia viaggi**
das Reisebüro
**l'idea**
die Idee
**vegetariano**
vegetarisch, Vegetarier
**all'estero**
im/ins Ausland
**la medicina**
die Medizin
**l'anno prossimo**
nächstes Jahr

**laurearsi**
Examen machen
**quanti anni hai?**
wie alt bist du?
**avere ... anni**
... Jahre alt sein (Jahre haben)
**cosa**
was
**il medico**
der Arzt
**fra**
in, zwischen
**la pensione**
die Pension, Rente
**lo studio**
die Praxis (auch: Kanzlei, Büro etc.)

*Al mare*
*Am Meer*
**finalmente**
endlich
**capito**
verstanden, klar
**fare una proposta**
einen Vorschlag machen
**fare il bagno**
baden
**riposarsi**
sich ausruhen
**un po'**
ein bißchen
**preparare**
vor-, zubereiten
**qualcosa da mangiare**
etwas zu essen
**vi va?**
paßt euch das?, ist euch das recht?
**ottimo/a**
ausgezeichnet

# TEORIA

## Chi sei?

| | |
|---|---|
| Come ti chiami? | Wie heißt du? |
| Qual è il tuo nome? | Wie heißt du? |
| Chi sei? | Wer bist du? |
| Qual è la tua professione? | Was machst du beruflich? |
| Che fai? | Was machst du? |
| Dove abiti? | Wo wohnst du? |
| Di dove sei? | Woher bist du? |
| Quanti anni hai? | Wie alt bist du? |

## Chi è?

| | |
|---|---|
| Come si chiama? | Wie heißen Sie? |
| Qual è il Suo nome? | Wie heißen Sie? |
| Chi è? | Wer sind Sie? |
| Qual è la Sua professione? | Was machen Sie beruflich? |
| Che fa? | Was machen Sie? |
| Dove abita? | Wo wohnen Sie? |
| Di dov'è? | Woher sind Sie? |
| Quanti anni ha? | Wie alt sind Sie? |

| | |
|---|---|
| Mi chiamo [Pino] | Ich heiße ... (Name) |
| Il mio nome è [Carlo] | Mein Name ist ... (Name) |
| Sono [Gina], [insegnante] | Ich bin ... (Namen und Berufe) |
| Abito ... | Ich wohne ... |
| a [Roma] | in (bei Städten) |
| in [via Cavour], in [piazza Goldoni] | (bei Straßen und Plätzen) |
| in [in Toscana], [in Italia] | in (bei Regionen und Ländern) |
| Sono di [Francoforte] | Ich bin aus ... |
| Ho ... anni. | Ich bin ... Jahre alt. |

PRATICA

## 1. Dove abiti?

## Dove abita?

**Setzen Sie die richtige Präposition**

z.B. Lombardia, Milano: Abito in Lombardia a Milano.

**1.** Perugia, via Angeloni ..........

**2.** Puglia, Bari ..........

**3.** Roma, piazza del popolo ..........

**4.** Milano, via Manzoni ..........

**5.** Toscana, Siena ..........

**6.** Sicilia, Siracusa ..........

**7.** Padova, piazza delle erbe ..........

**8.** Calabria, Catanzaro ..........

**9.** Bologna, via Maggiore ..........

**10.** Roma, via Cavour ..........

**11.** Campania, Napoli ..........

**12.** Liguria, La Spezia ..........

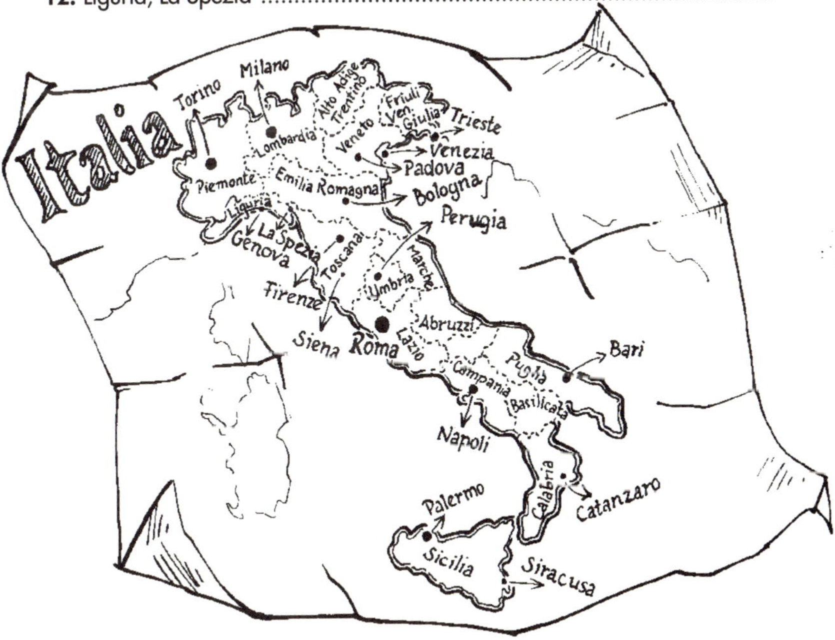

### Würstel con crauti

*Die wenigen eingefleischten Kriegsveteranen, die mit Deutschland immer noch markige Vokabeln wie «jawoll» und Namen wie «Fritz» und «Franz» verbinden, sind selten geworden. Trotzdem ist es nicht ganz leicht, mit den Klischees, die Italiener mit Deutschland in Verbindung bringen, aufzuräumen. Eine der schlimmsten und zugleich beliebtesten Vorstellungen ist die vom Deutschen in Krachledernen, der pausenlos enorme Maßkrüge stemmt und Würste verdrückt. «Der Deutsche» gilt überdies als hervorragend organisiert, ordnungsliebend, pünktlich und arbeitswütig. Einige Italiener denken beim Deutschen auch an den Romantiker, den nebelumwehten Dichter und Denker, der im dunklen Tannengrün Verse schmiedet oder «Die Welt als Wille und Vorstellung» konzipiert. Aber Hand aufs Herz: Wer dächte bei Italien nicht auch an Pizza, Mafia, Spaghetti und Cappuccino? – In Sachen Vorurteile und Gemeinplätze stehen wir einander in nichts nach.*

## 2. Un'intervista
## Ein Interview

**Interviewen Sie die Personen aus den Dialogen von Tema 4!**
**Duzen und Siezen Sie!**

z.B. Franco Belgiorno/giornalista – Wiesbaden/via Tennelbach 53 – Modica/Sicilia – 52

| | |
|---|---|
| Come si chiama? | Mi chiamo Franco Belgiorno. |
| Qual è la Sua professione? | Sono giornalista. (Journalist) |
| Dove abita? | Abito a Wiesbaden, in via Tennelbach 53. |
| Di dov'è? | Sono di Modica in Sicilia. |
| Quanti anni ha? | Ho cinquantadue anni. |

1. Angelica Tucci/segretaria – Roma/via Cavour 10 – Firenze/Toscana – 25 (tu)
2. Carlo Bentivoglio/insegnante di matematica – Roma/via Garibaldi – 12 – Roma/Lazio; – 28 (Lei)
3. Harry Eislöffel/studente di lingue; – Roma/via Monte del Gallo 9 – Francoforte/Germania – 23 (tu)
4. Donatella Bentivoglio/studentessa di lingue – Roma/via – Macchiavelli 34; – Roma/Lazio – 21 (Lei)

Fragen Sie nach dem gleichen Muster Ihren Nachbarn Löcher in den Bauch!

## TEORIA

### Verbi riflessivi – Reflexive Verben

**chiamarsi – sich nennen, heißen**

| | |
|---|---|
| mi chiamo | ich heiße |
| ti chiami | du heißt |
| si chiama | er/sie heißt, Sie heißen |
| ci chiamiamo | wir heißen |
| vi chiamate | ihr heißt, Sie heißen |
| si chiamano | sie heißen |

**Ebenso:**

| | |
|---|---|
| vedersi | sich sehen |
| rivedersi | sich wiedersehen |
| incontrarsi | sich treffen |
| conoscersi | sich kennen(-lernen) |
| trovarsi | sich befinden |
| prepararsi | sich vorbereiten |
| darsi un appuntamento | sich verabreden (sich eine Verabredung geben) |

Diese Verben können auch alle nicht reflexiv gebraucht werden

Z.B. **Mi** preparo per l'esame.
Ich bereite **mich** auf das Examen vor.
Aber: Preparo la cena.
Ich bereite das Abendessen vor.

**Immer reflexiv:**

| | |
|---|---|
| riposarsi | sich ausruhen |
| laurearsi | Examen machen |

**dare – geben**

do
dai
dà
diamo
date
danno

### 3. Coniugate – Konjugieren Sie

**1.** trovarsi bene in Italia **2.** darsi un appuntamento con Giulio Andreotti **3.** incontrarsi con Ilona Staller a Milano **4.** prepararsi per l'esame di indocinese

### 4. Verbo riflessivo richiesto
### Reflexives Verb gefragt

**1.** La scuola media ..........si trova.......... in via Respighi. (trovarsi)

**2.** Dove .......................................... Harry e Donatella? (incontrarsi)

**3.** Quando .......................................... la signora? (riposarsi)

**4.** Perché noi due non .......................................... un appuntamento? (darsi)

**5.** Come .........................................., signorina? (chiamarsi)

**6.** Io .......................................... l'anno prossimo. (laurearsi)

**7.** Quando .........................................., Carlo e Franco? (rivedersi, voi)

**8.** I miei fratelli .......................................... alle 10. (vedersi)

**9.** Mia madre .......................................... con un'amica. (incontrarsi)

# TEORIA

## Ci uns? da? dahin?

| | |
|---|---|
| **C'**è Donatella? | Ist Donatella **da**? |
| **Ci** andiamo. | Wir gehen **da** hin. |
| **Ci** vediamo? | Sehen wir **uns**? |

**Ci** bedeutet also:
**1.** da, dort – **2.** dahin – **3.** uns

## Stellung des Pronomens

1. **Mi** chiamo Angelica.
   **Ti** riposi un po'.
   **Si** laurea l'anno prossimo.

Das Pronomen steht **vor** dem konjugierten Verb.

2. **Ci** possiamo rivedere? Possiamo rivedere**ci**?
   **Ti** veniamo a prendere. Veniamo a prender**ti**.

Bei **volere, dovere, potere, sapere, andare a, venire a** stehen die Pronomen (ci, ti, si ...) entweder **vor dem konjugierten Verb** oder **hinter dem Infinitiv** (End-e entfällt: vedere, veder**si**).

## Gli altri, gli amici, gli italiani

| | |
|---|---|
| l'**i**taliano | **gli i**taliani |
| l'**a**mico | **gli a**mici |
| l'**i**nsegnante | **gli i**nsegnanti |

**Formel** (für die Maskulina):
**l' + a ,e, i, o, u** **Plural: gli**

Bei Feminina im Plural
bleibt der Artikel **le** bestehen:

| | |
|---|---|
| l'**a**ranciata | **le a**ranciate |
| l'**i**nformazione | **le i**nformazioni |

**Attenzione!**
**gli** amici
**aber: i** miei amici
**gli** amici
**aber: i** nuovi amici

### 5. Ci uns oder da, dahin?

1. Sei a casa domani,Carlo? – Sì, ..ci...sono.............................
2. Quando vi laureate? – ......................... l'anno prossimo.
3. Vai al mare oggi, Franco? – No, non ............................ oggi.
4. Come vi trovate in Italia? – ...................................... bene.
5. Vi vedete più tardi? – Sì, . ............................ alle dieci.
6. Devi andare in centro adesso? – Sì, ................................ adesso.
7. Ci siete tutti? – No, non ............................... tutti.
8. Vuole andare alla stazione subito? – Sì, ................................. subito.

### 6. Ditelo all'inverso
### Sagen Sie's andersrum

1. Mi posso riposare domani. ........Posso riposarmi domani.
2. Dobbiamo conoscerci. ......................................................................
3. Si vogliono rivedere domani. ..........................................................
4. Paolo vuole laurearsi. ......................................................................
5. Venite a prenderci alle 8? ..............................................................
6. Ti devi incontrare con lui. ..............................................................
7. Vi potete vedere a casa. ..................................................................

### 7. Mettete al plurale – Setzen Sie in den Plural

1. .............l'.. appuntamento ..gli.............appuntamenti........
2. ....................... impiegata .............................impiegat .........
3. ......................... ragazzo ..............................ragazz .........
4. ......................... svizzero ..............................svizzer .........
5. .................. informazione ........................informazion .........
6. ........................... scuola ..............................scuol .........
7. ........................... sconto ..............................scont .........
8. .............................. anno ..............................ann .........
9. ........................segretaria ........................segretari .........
10. ......................... studente ..........................student .........

# TEORIA

## Nein sagen...

ist mitunter schwieriger als nur ein **non** vor dem Verb:
**Non** vado quasi **mai** a ballare.
Ich gehe fast **nie** tanzen.
**Non** conosco **nemmeno** il Suo nome.
Ich kenne **nicht einmal** Ihren Namen.
**Non** mi manca **niente**.
Mir fehlt **nichts**.

| | |
|---|---|
| **non + Verb + mai** | niemals |
| **non + Verb + nemmeno** | auch nicht, nicht einmal |
| **non + Verb + niente** | nichts |

**Außerdem:**

| | |
|---|---|
| **non ... neanche** | auch nicht, nicht einmal |
| **non ... neppure** | auch nicht, nicht einmal |
| **non ... nulla** | nichts |
| **non ... nessuno** | niemand |
| **non ... più** | nicht mehr |

## Betont negativ

| | |
|---|---|
| **Nessuno** viene. | Niemand kommt. |
| **Nulla** funziona. | Nichts funktioniert. |

Wenn **nessuno, niente, nulla ...** am Satzanfang stehen, dann fällt **non** weg.

## Dreimal «che»

| | |
|---|---|
| **1. Che** sorpresa | **Was für eine** Überraschung |
| **2.** Carlo **che** è ... | Karl, **der** ... ist |
| Anna **che** è ... | Anna, **die** ... ist |
| La casa **che** è ... | Das Haus, **das** ... ist |
| **3.** Sai **che** ... | Weißt du, **daß** .. |

### 8. Non ... niente, nessuno, mai
### Nichts, niemand, nie

1. Vai in centro? Non vado mai in centro. (nie)
2. Hai voglia di fare un bagno? ............ (nicht mehr)
3. Sapete dov'è il bar? ............ (nicht einmal)
4. Conoscete i miei amici? ............ (niemanden)
5. Vogliono fare la spesa? ............ (nichts)
6. Vi vedete domani? ............ (auch nicht)

### 9. Siete così? – Sind Sie so?

Behaupten Sie das Gegenteil mit verstärkter Verneinung

1. Prendo sempre un caffè a mezzanotte. Non prendo mai un caffè a mezzanotte.
2. Compro dieci macchine. ............
3. Dopo tre pizze ho ancora fame. ............
4. Conosco mille ragazzi a Honolulu. ............
5. Sono sempre a Hintertupfingen. ............
6. Dopo dieci litri di vino ho ancora voglia di bere vino. ............

### 10. Insalata di parole
### Wortsalat:

**Bringen Sie die Sätze wieder in Ordnung**

**1.** al – è – prossimo – vedi – che – angolo – casa – la **2.** lavora – non – fino alle – so – sette – che – Angela **3.** al – hanno – andiamo – che – amici – a – una casa – trovare – mare **4.** Germania – mia – che – mi – con – la – incontro – in – amica – studia **5.** prossima – Italia – che – la – sai – vado – settimana – in – ? **6.** lo – prendere – in – studio – che – via Cavour – ha – posso

# TEORIA

## Achtung: unregelmäßiger Plural

| | | |
|---|---|---|
| **1. Unverändert im Plural** | | |
| il caffè<br>la novità<br>il papà | i caff**è**<br>le novit**à**<br>i pap**à** | **Endbetonte Substantive** |
| l'autobus<br>il computer<br>l'hotel<br>il tram | gli autobu**s**<br>i compute**r**<br>gli hote**l**<br>i tra**m** | **Substantive, die auf Konsonant enden** |
| il brindisi<br>il taxi | i brindis**i**<br>i tax**i** | **Fremdwörter** |
| **2. Veränderte Schreibweise** | | |
| il tedes**co**<br>il suc**co** | i tede**schi**<br>i suc**chi** | **Substantive auf -co (oder -go)** (vorletzte Silbe betont) bilden den Plural auf -chi (oder -ghi) |
| l'ami**co** | gli ami**ci** | **Ausnahme** (ist nicht auf der vorletzten Silbe betont.) |
| l'ami**ca**<br>la tedes**ca**<br>la colle**ga** | le ami**che**<br>le tede**sche**<br>le colle**ghe** | **Substantive auf -ca (oder -ga)** bilden den Plural auf -che (oder -ghe) |
| il viagg**io**<br>il camb**io**<br>il formagg**io**<br>l'augur**io** | i viagg**i**<br>i camb**i**<br>i formagg**i**<br>gli augur**i** | **Substantive auf unbetontem -io haben nur ein i im Plural. Vorsicht!** zio (betontes -io) wird im Plural zu zii. |

## 11. Parole crociate – Kreuzworträtsel

**1.** Che cosa mangia Harry?

**2.** Andiamo a ... un caffè?

**3.** Al mare gli amici fanno il ...

**4.** Banane, mele, uva sono la ...

**5.** La professione di Angelica Tucci.

**6.** La professione di Carlo Bentivoglio.

**7.** Che cosa mangiano i tedeschi?

**8.** Che cosa studia Paolo?

**9.** Harry si ... bene in Italia

**10.** Alle 12.00 (di notte)

**11.** Carla ha altre ... per la sua professione.

**Lösung: Womit man Geld verdient**

# TEORIA

caffè
piazza pitti 9
tel. 2396241
firenze
9
N° 00444
buffet - caffetteria
1 caffè 6

## Achtung: unregelmäßiger Plural

| | | |
|---|---|---|
| **3. Veränderte Aussprache** | | |
| il medi**co** | i medi**ci** | **Substantive auf -co (oder -go) (drittletzte** Silbe betont) bilden den Plural auf -ci (oder -gi) |
| **4. Ausnahmen** | | |
| il problem**a** | i problem**i** | **Männliche Substantive auf -a bilden** den Plural auf -i **Genauso:** il clima, il comunista, il turista ... |
| **Attenzione!** | | |
| il colleg**a** | i colle**ghi** | |

## 12. Mettete al plurale
### Setzen Sie in den Plural

1. L'amico si laurea l'anno prossimo. Gli amici si laureano l'anno prossimo.

2. Il papà si riposa un po'. ...............................

...............................................................

3. Il formaggio è piccante. ...............................

...............................................................

4. L'amica si incontra con la collega. ..................

...............................................................

5. Il taxi è giallo. ...............................................

6. Il computer non funziona. ...............................

7. L'insegnante si trova in via Monte del Gallo. .....

...............................................................

8. L'autobus va in centro. ..................................

...............................................................

9. Il medico studia il tedesco. ..............................

...............................................................

## 13. Quale parola non va bene? Welches Wort paßt nicht?

**1.** segretaria – agenzia viaggi – insegnante – medico **2.** i genitori – i fratelli – le sorelle – gli amici **3.** vicino a – dopo – ogni tanto – domani **4.** nemmeno – negozio – neanche – niente **5.** pizza – pane – pasta – piazza

## 14. Trovate le risposte giuste alle domande
### Finden Sie die richtigen Antworten zu den Fragen

| | |
|---|---|
| **1.** Quando vi rivedete? | **a.** Mi laureo l'anno prossimo. |
| **2.** Quando devi fare l'esame? | **b.** No, ci vado oggi pomeriggio. |
| **3.** Ci vediamo oggi o domani? | **c.** Ci rivediamo la prossima settimana. |
| **4.** Quando ti laurei? | **d.** Faccio l'esame mercoledì. |
| **5.** Vai subito al bar? | **e.** Oggi non ho tempo, ma domani sì. |

## Dimmi quando – Sag mir wann

| | |
|---|---|
| lunedì | Montag |
| martedì | Dienstag |
| mercoledì | Mittwoch |
| giovedì | Donnerstag |
| venerdì | Freitag |
| sabato | Samstag |
| domenica | Sonntag |
| il mattino | der Morgen |
| la mattina | der Vormittag |
| il pomeriggio | der Nachmittag |
| la sera | der Abend |
| la notte | die Nacht |
| di mattino | morgens |
| di mattina | vormittags |
| nel pomeriggio | nachmittags |
| di sera | abends |
| di notte | nachts |
| stamattina | heute morgen |
| oggi pomeriggio | heute nachmittag |
| questo pomeriggio | heute nachmittag |
| stasera | heute abend |
| stanotte | heute nacht |
| adesso | jetzt |
| subito | sofort |
| dopo | danach, später |
| più tardi | später |
| verso | gegen |
| fino a | bis |
| prima | zuerst |
| fra | in |

*GENNAIO 1992*

**15.** Lunedì

**16.** Martedì

**17.** Mercoledì

**18.** Giovedì

**19.** Venerdì

**20.** Sabato

**21.** Domenica

## 15. Com'è la Sua settimana?

## Wie ist Ihre Woche?

**1.** Lunedì/dopo il lavoro/prendere un caffè al bar

Lunedì dopo il lavoro prendo un caffè al bar.

**2.** Martedì/avere un appuntamento con Harry

..........

**3.** Mercoledì/fare la spesa con mia madre.

..........

**4.** Giovedì/andare al corso d'italiano

..........

**5.** Venerdì/festeggiare il mio compleanno

..........

**6.** Sabato/andare a trovare amici al mare

..........

**7.** Domenica/riposarsi un po'

..........

TEORIA

## Bionda, tu sei una bomba ...

*«Blonde, du bist eine Bombe» , singt Gianna Nannini in einem Song, und in der Tat ist die Attraktion der blonden Frau in Italien ungebrochen. Spätestens seit dem unvergleichlichen Auftritt von Anita Ekberg in Federico Fellinis «La dolce vita», ein Film, in dem sie ihre üppigen Reize nebst langer, flachsfarbener Mähne naß und nächtens im römischen Trevibrunnen zeigt, ist blond gefragt und wird als Inbegriff exotischer Sinnlichkeit verstanden. Bekanntlich schmekken die Kirschen aus Nachbars Garten ja immer besser:* ***La bionda*** *ist eben anders als die andern .*

### 16. Quando si possono vedere Franco e Donatella?

Sehen Sie sich den Wochenplan der beiden an und füllen Sie dann untenstehenden Dialog aus.

| | Donatella |
|---|---|
| Lunedì | |
| Martedì | |
| Mercoledì | Di sera studio con H. per l'esame di tedesco! |
| Giovedì | 20.30: Appuntamento con Carla |
| Venerdì | Compleanno di Mattia |
| Sabato | 9.00: Vado al mare! |
| Domenica | Al mare |

| | Franco |
|---|---|
| Lunedì | Firenze |
| Martedì | Firenze |
| Mercoledì | |
| Giovedì | |
| Venerdì | 20.00: Appuntamento con Paolo |
| Sabato | Compleanno di mio fratello |
| Domenica | |

F: Hai tempo mercoledì sera? Possiamo andare al nuovo ristorante vicino a piazza Navona?

D: Mi dispiace, ma mercoledì sera ..............................................
..............................................................................

F: E giovedì?

D: Ho un ................................ alle..............................................,
ma lunedì e ................................ ho tempo.

F: Proprio ......................... e .................................. non posso perché sono ancora ..............................................................

D: Mmh, è difficile allora perché venerdì c'è il ......................... di ................. e sabato ................................ alle.........................

F: E' difficile anche per me. ......................... alle................................ ho un ..................... con Paolo e sabato festeggiamo il ........................

D: E domenica sera?

F: Sì, domenica sera ho .............................. Allora ci vediamo domenica.

## Regelmäßige Verben mit Spezialität

La prossima settimana **finisco** il mio corso.
Non **capisci**?
Non **capite** proprio un'acca.

**capire**

| | | | |
|---|---|---|---|
| cap**isc**o | 1. 2. 3. Person Singular | mit **isc** | [isko] |
| cap**isc**i | 3. Person Plural | mit **isc** | [ischi] |
| cap**isc**e | | | [ische] |
| capiamo | | | |
| capite | | | |
| cap**isc**ono | | | [iskono] |

**genauso: finire**

### Ire – Verben mit Stammerweiterung

Bei manchen -ire-Verben wird der Wortstamm, also hier cap- oder fin-, um ein **isc** erweitert, deshalb: Stammerweiterung. Im Wörterbuch wird das immer angegeben.

**conoscere**

Ci cono**sci**amo da anni. sprich: **sch**
Non cono**sco** nemmeno il suo nome. sprich: **sk**

| | |
|---|---|
| conosco | leggo |
| conosci | leggi |
| conosce | legge |
| conosciamo | leggiamo |
| conoscete | leggete |
| conoscono | leggono |

**genauso: leggere (lesen)**

### Verben auf -cere/-gere

Bei Verben auf -cere/-gere verändert sich die Aussprache in der **1. Person Singular** und der **3. Person Plural (sk)**

### 17. Verbi misti – Gemischte Verben

1. Quando ...................... Mattia? (voi, salutare)
2. ............................ da anni. (noi, conoscersi)
3. ............ anche Claudia e Carla. (loro, venire)
4. Non ......................... dov'è l'agenzia viaggi. (io, sapere)
5. ................................. il conto. (noi, pagare)
6. ..Mancano........ alcune cose. (mancare)
7. Che cosa ................. la commessa? (lei, dire)
8. Quando .................... di lavorare? (tu, finire)
9. Domenica ...................... il mio compleanno. (io, festeggiare)
10. ...................... domani mattina. (noi, partire)
11. Non ...................... la sua gelosia. (io, capire)
12. Di che cosa ..... bisogno, signora? (Lei, avere)

### 18. Completate il dialogo
### Vervollständigen Sie den Dialog

dobbiamo – il mio – l'ultimo – ti chiami – subito – mio – bere – ogni tanto – colleghe – finesettimana – lavorate – spesso – segretarie – abita – siete – di – in – comune

Ciao, sono Stefano, e tu, come ..ti chiami.............................. .
*Io?* ......................................................... *nome è Anna.*
E loro, chi sono?
*Lui è* ........... *fratello Paolo e loro sono Angela e Claudia, le mie* .............
Ah, ................................................................ insieme.
*Sì, siamo* ................................. *Lavoriamo* ......................... .
................................................................ di Roma?
*Io sì, ma Angela è* ......................*Firenze, e Claudia* ........... *a Orvieto.*
Andate ......................................................... in discoteca?
*No,* ......................................... *al* .....................................
Volete ............................................................ qualcosa?
*No, grazie, andiamo* ......... *a casa.* ........... *prendere* ............ *tram. Ciao!*

## TEORIA

### Pronuncia – Aussprache

**Stimmloses S** (beißen):
- am Wortanfang (**s**ubito, **s**ono)
- nach Konsonant (pen**s**ione, in**s**egnare)
- vor stimmlosen Konsonanten (capi**s**co, tede**s**co)
- bei Verdoppelung (ga**ss**ato)

**Stimmhaftes S** (reisen)
- zwischen zwei Vokalen (scu**s**i, ca**s**a)
- vor stimmhaften Konsonanten (jugo**s**lavo)

### Latin lover

*Ob der glutäugige, dunkelgelockte, braungebrannte Mann wirklich so feurig ist, sei dahingestellt. Sicher ist, daß das Rollenverhalten in Italien noch nach traditionelleren Mustern gestrickt ist, als bei uns. Denn es obliegt immer noch dem Mann, Frauen anzusprechen, um sie für sich zu gewinnen. Nördlicheren Gemütern erscheint dann oft als aufdringlich, was im Grunde nur gängige Offensive ist. Hinter dem häufig zu hörenden «Ciao bella» steckt sicherlich ein nicht zu unterschätzendes Maß an Erwartungen, die jedoch auch, seitens der Frau, (meist) bedenkenlos enttäuscht werden dürfen. Mann versucht sich eben in kühnen Eroberungsversuchen; er versteht es aber auch, den Kampfplatz der Geschlechter zu räumen, wenn sein Unterfangen völlig aussichtslos scheint*

## Pronuncia – Aussprache

Hören Sie die Wörter von der Kassette und sprechen Sie nach:

**1. Stimmlos**

se, festa, forse, subito, solo, sapere, segretaria, spesso, discoteca, cassetta.

**2. Stimmhaft**

delusione, cosa, riposare, casa, quasi, favoloso, brindisi, esame

**3. Gemischt**

San Pietro, sorpresa, verso, gassato, favoloso, estero, fantastico, geloso, pensione, insieme

## 19. Ditelo in italiano

## Sagen Sie's auf Italienisch

1. Wir kaufen das Haus, das du links siehst.
2. Weiß er, daß du Schach spielst?
3. Die Taxis befinden sich in der Nähe des Bahnhofs.
4. Die Lehrer ruhen sich nie aus.
5. Das Obst, das du hier kaufen kannst, ist sehr süß.
6. Woher sind Sie? Wohnen Sie in Deutschland?
7. Am Wochenende fahren wir mit unseren Freunden ans Meer.

# SENTI

Hören Sie die Dialoge von der Kassette. Lesen Sie die Fragen durch und hören Sie dann jeweils den Dialog noch einmal. Beantworten Sie beim zweiten oder dritten Hören die Fragen.

**Ai grandi magazzini «Superprezzo»**

**1.** La signorina è
- **a** insegnante.
- **b** impiegata.
- **c** studentessa.

**2.** La signorina è di
- **a** Napoli.
- **b** Mestre.
- **c** Venezia.

**3.** Il suo ragazzo abita
- **a** in piazza San Marco.
- **b** vicino ai grandi magazzini «Piccolalira».
- **c** vicino ai grandi magazzini «Superprezzo».

**4.** I prezzi ai grandi magazzini «Piccolalira» sono
- **a** eccezionali.
- **b** favolosi.
- **c** fantastici.

**In discoteca**

**1.** La ragazza
- **a** ha voglia di ballare.
- **b** ha un appuntamento.
- **c** non ha voglia di ballare.

**2.** La ragazza e lui
- **a** prendono una bottiglia di spumante insieme.
- **b** non prendono niente.
- **c** prendono una Coca-Cola.

**3.** Il ragazzo
- **a** vuole conoscere la ragazza.
- **b** vuole conoscere Sergio.
- **c** vuole andare a casa.

**4.** Per lei Sergio è
- **a** un ragazzo in gamba.
- **b** molto intelligente.
- **c** antipatico.

## Gioco

Jeder Kursteilnehmer schreibt einen Satz im Infinitiv auf einen Zettel, z.B.: darsi un appuntamento alle sette, vedersi più tardi, fare il bagno con gli amici ... Der Kursleiter sammelt die Zettel ein, mischt sie und verteilt sie neu an die Teilnehmer. Dann wird reihum gewürfelt, wobei die Augen des Würfels den Personalpronomen entsprechen, also: 1 = io, 2 = tu, 3 = lui/lei, 4 = noi, 5 = voi, 6 = loro.
Beispiel: **T 1** hat den Zettel «vedersi più tardi», würfelt die 4 und sagt: «Ci vediamo più tardi.»

## Minidialog

**A: Io mi incontro** con **mia madre in centro**, e **lui**?
**B: Lui si incontra** con **il suo amico al bar**.

1. io – incontrarsi – madre – centro – lui/lui – incontrarsi – amico – bar
2. tu – incontrarsi – amica – ristorante – lei/lei – incontrarsi – sorella – stazione
3. noi – incontrarsi – fratelli – bar – tu/io – incontrarsi – ragazzo – casa sua
4. lei – incontrarsi – Franco – mare – tu/ io – incontrarsi – Carlo – caffè Greco
5. voi – incontrarsi – amici – pizzeria – loro/loro – incontrarsi – genitori – ristorante

**A:** Ci vediamo **domani verso le 9.00**?
**B: Alle 9.00** non ho tempo, **alle 9.30** sì.

1. domani verso le 9.00/alle 9.00 – alle 9.30
2. martedì/martedì – mercoledì
3. stasera/stasera – domani sera
4. adesso/adesso – più tardi
5. oggi pomeriggio alle 4.00/oggi pomeriggio alle 4.00 – alle 5.30
6. sabato sera/sabato sera – domenica sera

# PARLA

## Maxidialog

Sie sind in einer Bar in Italien und lernen jemanden kennen. Fragen Sie sich gegenseitig nach Beruf, Alter, Namen ... Versuchen Sie eine weitere Verabredung zu treffen, was schwierig ist, da jeder von Ihnen viele Termine hat.

LETTURA

# *AMORE*

Angelica Tucci e Carlo Bentivoglio vogliono darsi un appuntamento, ma è abbastanza difficile: lunedì e martedì lui è a Milano a un congresso per insegnanti di matematica; mercoledì e giovedì lei deve lavorare e di sera ha già due appuntamenti con le sue colleghe che lavorano in comune con lei; venerdì lui va ad una festa e sabato lei festeggia il compleanno di suo fratello.

Si danno un appuntamento per domenica. Questo giorno va bene per tutti e due. Alle otto e mezza vogliono incontrarsi al ristorante «Da Baffo». Carlo conosce questo ristorante e sa che la cucina è favolosa. Lui è già un po' innamorato di Angelica e aspetta impazientemente la domenica. Anche lei è già un po' innamorata di Carlo e domenica sera vuole essere molto bella:

compra una gonna molto stretta e un nuovo paio di calze.
Domenica sera Carlo dice: «E'molto bella, signorina Tucci.» Angelica è felice. Cenano al ristorante «Da Baffo»: pasta, pane, vino, frutta, acqua ... Non manca niente. Angelica dice:«La cucina è favolosa qui, signor Bentivoglio.» E così anche Carlo è felice. Fa una proposta: «Signorina Tucci, perché non ci diamo del tu?» Lei è d'accordo.
Adesso tutti e due sono felici: Angelica e Carlo, Carlo e Angelica.
Prendono ancora un caffè e dopo Carlo accompagna Angelica a casa. Vanno a piedi perché non hanno voglia di prendere il tram. La casa di Angelica è al prossimo angolo, ma Carlo e Angelica non vogliono andare a casa. Vanno in un bar dove prendono ancora un bicchiere di spumante. Carlo dice: «Sono innamorato di te.» E Angelica dice: «Anch'io.» Fra due anni si sposano e oggi sono i genitori di Donatella.

**un congresso** ein Kongreß
**tutti e due** alle beide
**impazientemente** ungeduldig
**felice** glücklich
**darsi del tu** sich duzen
**sposarsi** heiraten

| **Sì o no?** | sì | no |
|---|---|---|
| **1.** Carlo ha tempo lunedì. | ■ | ■ |
| **2.** Angelica lavora giovedì. | ■ | ■ |
| **3.** Si danno un appuntamento per domenica.. | ■ | ■ |
| **4.** Lei compra una gonna. | ■ | ■ |
| **5.** Al ristorante prendono una pizza. | ■ | ■ |
| **6.** Angelica e Carlo sono felici. | ■ | ■ |
| **7.** Prendono il tram. | ■ | ■ |
| **8.** Prendono un succo di frutta. | ■ | ■ |
| **9.** Si sposano la prossima settimana. | ■ | ■ |

# TEST 2

## 1. Esercizio di ascolto – Hörverständnis

Sie hören sieben Sätze von der Kassette. Tragen Sie die fehlenden Wörter ein.

1. Hai tempo sabato? ........... festeggiare il mio compleanno.
2. Al fine settimana giochiamo sempre a ............
3. La mia professione? Sono impiegata in un' .................
4. Anna e Carlo si .............. da anni.
5. Vieni, facciamo gli ............. a Mattia.
6. Sto ........... perché domani vado al mare.
7. Perché non ci ......... un appuntamento al bar?

## 2. Setzen Sie das Possessivpronomen ein (mit oder ohne Artikel)!

1. Quando vuoi vedere ............................................ amici? (tu)
2. ..................................cugine non sono mai state gentili. (io)
3. ........................................... fratello mi rompe le scatole. (lui)
4. La Ferrari? Sì, è ............................................ macchina. (noi)
5. .................................................... madre ha 66 anni. (loro)
6. Vado a trovare ....................................... nipote Bernardo. (io)
7. Dove sono ....................................................... fratelli? (voi)
8. Posso parlare con ........................................ segretaria? (Lei)
9. Ci vediamo a casa ................................................. (lui)
10. Quando hai ................................................ esame? (tu)
11. Ecco ........................................................ pizze! (voi)
12. Qual è ................................................. professione? (Lei)
13. Carlo è ...................................................... amico. (loro)
14. Mi incontro con ............................................ marito. (io)
15. ..................................... sorella è una ragazza in gamba. (lei)

### 3. Kreuzen Sie die jeweils passende Antwort an!

1. Vuoi bere qualcosa?
   - a Sì, grazie, ho fame anch'io.
   - b Sì, troviamo i bicchieri in cucina.
   - c Sì, un bicchiere di spumante, per favore.

2. Qual è la Sua professione?
   - a Sono Angelica Tucci.
   - b Sono cameriere all'hotel «Europa».
   - c Sono un ragazzo in gamba.

3. Hai tempo per il prossimo ballo?
   - a Purtroppo no, devo andare subito.
   - b Sì, diciamo alle sette e mezzo.
   - c Sì, la prossima settimana ho tempo.

4. Sei geloso, Harry?
   - a Sì, perché finisco il mio corso.
   - b Sì, perché sai come sono queste feste in famiglia.
   - c Sì, perché Franco parla tutta la sera con Donatella.

5. Di dove sei in Germania?
   - a Sono tedesco.
   - b Sono di Francoforte.
   - c Sono a Berlino.

6. Ci possiamo vedere la prossima settimana?
   - a Sì, volentieri, perché non ci incontriamo giovedì?
   - b Sì, vi vedete al «gran Café».
   - c Sì, ti incontrano al bar.

7. Quanti anni hai, Stefano?
   - a Sono 32 anni.
   - b Ha 32 anni.
   - c Ho 32 anni.

8. Potete accompagnarmi a casa?
   - a Sì, ti accompagniamo volentieri.
   - b Sì, certo, ci puoi incontrare a casa.
   - c Sì, ti possiamo accompagniamo subito.

9. Sei tedesco, Harry?
   - a Sì, sono di tedesco.
   - b Sì, sono tedesco.
   - c Sì, sono in Germania.

10. Quando mi venite a prendere?
    - a All'otto e mezza.
    - b Alla nove.
    - c Alle otto.

## 4. Welches Wort fehlt?

1. La mia amica ti … a prendere.
   a vengo
   b viene
   c vieni

2. Perché non ... diamo un appuntamento per domani?
   a ci
   b mi
   c si

3. Gli zii vogliono vedere … nipote.
   a i loro
   b loro
   c la loro

4. Gli italiani sono molto …
   a gentile
   b gentili
   c gentilo

5. Quando … le tue sorelle?
   a partono
   b partite
   c partiamo

6. Claudia … il suo corso martedì.
   a finisci
   b fine
   c finisce

7. Io mi … l'anno prossimo.
   a laurea
   b laureo
   c laurei

8. E' la casa … vedi a destra.
   a chi
   b quale
   c che

9. … miei amici vengono a casa mia.
   a I
   b Gli
   c Le

10. Ci … conoscere meglio.
    a doveno
    b dobbiamo
    c debbiamo

## 5. Wählen Sie die richtige Form!

1. I miei amici
   - **a** ti incontri.
   - **b** si incontrano.
   - **c** ci incontriamo.

2. Come
   - **a** ti chiamo, signorina?
   - **b** ti chiami, signorina?
   - **c** si chiama, signorina?

3. Ermenegildo ed io? Ma sì!
   - **a** vi conoscete da anni.
   - **b** ci conosciamo da anni.
   - **c** si conosce da anni.

4. Io
   - **a** mi riposo un po'.
   - **b** si riposano un po'.
   - **c** ti riposi un po'.

5. Mio fratello
   - **a** ci laureiamo.
   - **b** si laurea.
   - **c** si laureano.

6. Angelica e Carlo
   - **a** ci diamo un appuntamento.
   - **b** vi date un appuntamento.
   - **c** si danno un appuntamento.

7. Tu
   - **a** ti incontri con un amico.
   - **b** si incontra con un amico.
   - **c** mi incontro con un amico.

## 6. Esercizio di ascolto – Hörverständnis

Schreiben Sie die Uhrzeit!

1. ..............................................  6. ..............................................

2. ..............................................  7. ..............................................

3. ..............................................  8. ..............................................

4. ..............................................  9. ..............................................

5. ..............................................  10. ..............................................

# TEMA 5

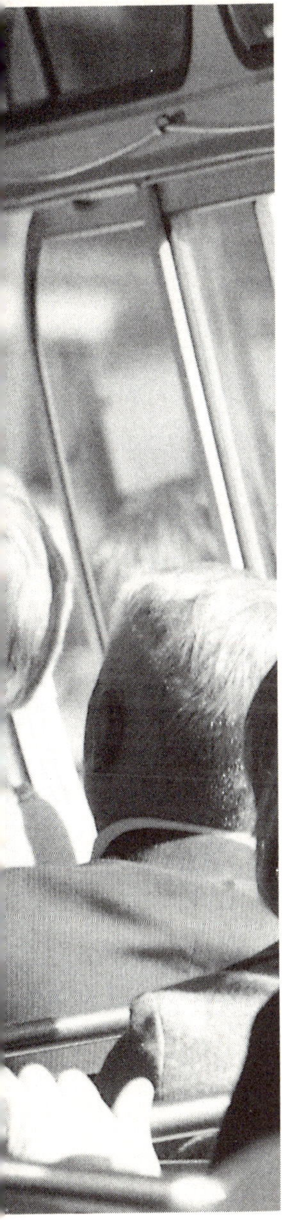

# *CON I MEZZI PUBBLICI*

***All'agenzia viaggi***

Buon giorno.

*Buon giorno, signore. Mi dica!*

Ho bisogno di alcune informazioni: Vorrei andare da Roma all' isola del Giglio, ma non so come.

*Quando vorrebbe partire?*

Il dieci luglio.

*Vediamo: C'è un treno diretto da Roma Trastevere a Orbetello. Da Orbetello deve prendere l'autobus che va a Porto Santo Stefano. Lei scende alla fermata del porto e prende il traghetto.*

E'un po'complicato, no?

*No, non è molto complicato ... solo un po' lungo.*

Ah, a proposito ... vorrei partire nel pomeriggio, è possibile? Ci sono le coincidenze?

*Un momento ... il dieci luglio è un sabato ... sì, ecco, c'è un treno che parte alle 14.10 e arriva a Orbetello alle 15.52. Le consiglio di prenotare un posto perché siamo in alta stagione. Ecco, le dò un orario.*

Ha anche l'orario degli autobus e dei traghetti?
*Penso di sì ... ah, no ... è valido solo da ottobre a marzo. Ma non è un problema. Gli autobus e i traghetti vanno regolarmente.*
Benissimo, grazie.

***A casa di un amico***

*Allora, quando parti, Harry?*
Sabato verso le due.
*Sabato, sabato ... quanti ne abbiamo oggi?*
Oggi è il sei.
*Fammi pensare ... sabato è il dieci, sì, ti posso accompagnare alla stazione, se vuoi.*
Ma, non so, Gianni, ... posso prendere anche la metropolitana.
*Ti fidi dei mezzi pubblici? Una settimana fa c'è stato sciopero, lo sai? E'meglio andare in macchina, anche perché è più comodo.*
Va bene, grazie della proposta.
*Figurati!*

***La partenza***

Mensch, wo bleibt er denn ... es ist schon gleich Viertel vor.

QUIETSCH

*Scusami, Harry, ma c'è stato un traffico spaventoso! Hanno fatto una deviazione in piazza Venezia che ha bloccato tutto e poi ...*

Senti, dobbiamo andare via subito, se no perdo il treno.

*Sì, andiamo, ma non ti devi preoccupare. Non sono mai arrivato in ritardo ... vedi che siamo veloci ... supero anche questo maledetto autobus.*

### *Alla biglietteria*

Un biglietto di seconda classe per Orbetello, andata e ritorno, quant'è?

*26.000 ... ma il treno è partito in questo momento.*

No, non è possibile ... e adesso?

*Il prossimo treno parte fra tre ore, alle 17.10.*

### *Sul treno*

*I biglietti, per favore!*

Sì, un momento ... ma dov'è? ... Nello zaino ... no, nella borsa ... no ...

*Giovanotto, devo andare avanti. Torno fra un quarto d'ora ... così ha tempo per cercare il biglietto.*

***La ragazza gentile nello scompartimento***

*Devi cercare con calma: allora, dove sei stato prima della partenza e dove hai messo il biglietto?*

Dunque: Gianni ed io siamo andati allo sportello, lì ho comprato il biglietto e poi l'impiegata mi ha detto ...

*Che cosa ti ha detto?*

Porca miseria ... ho lasciato il biglietto allo sportello!

*E come mai?*

Sono sempre così nervoso ... ho perso il treno delle 14.10 e quando l'impiegata mi ha detto questo ho dimenticato di prendere il biglietto ... oh Dio, quando viene il controllore cosa gli dico?

*Ma dai, non cade il mondo ... devi pagare un supplemento e fare un altro biglietto.*

Madonna, 26 più 26 più 10 ... sono 62.000 per andare a Orbetello.

### *Due informazioni*

Scusi signore, a che ora arriviamo ad Ansedonia?

*Oggi il treno non si ferma ad Ansedonia, signorina.*

Come, non si ferma? Io devo scendere lì.

*Mi dispiace, ma questa settimana, cioè dal cinque al sei luglio, ci sono lavori in corso e così ...*

Allora, come arrivo a Capalbio?

*Deve andare fino a Orbetello. A Orbetello prende un locale che va ad Ansedonia e lì prende l'autobus per Capalbio.*

E mi sa dire quando parte il locale?

*Purtroppo no, deve domandare al mio collega a Orbetello.*

Scusi, e sa per caso come sono le coincidenze con gli autobus e i traghetti?

*Mi dispiace, anche in questo caso bisogna informarsi a Orbetello. Vi consiglio di domandare lì.*

### *Sfortunati*

*Hai visto? Sono sfortunata anch'io.*

Sì, siamo sfortunati tutti e due. Oggi non funziona proprio niente. Ma così almeno mi fai compagnia fino a Orbetello. A proposito, come ti chiami?

*Sono Angela, e tu?*

Io mi chiamo Harry.

### *Alla stazione di Orbetello*

*Scusi, da dove partono gli autobus per Porto Santo Stefano?*

Ogni mezz'ora, davanti alla stazione.

*Grazie ... e Lei sa per caso come sono le coincidenze con i traghetti per l'isola del Giglio?*

Di solito non è un problema, oggi però scioperano.

SCIOPERANO??? Ha detto «scioperano»?

*Sì, ma solo fino a domani.*

Eh, buona notte e buone vacanze!

*Che ha detto?*

Niente ... niente ...

### *Sempre insieme*

*Allora, che novità ci sono, Harry?*

Novità? Non ci sono novità. Ti ho detto che oggi non funziona niente: c'è lo sciopero dei traghetti!

*Beato te! Sai che ti dico? L'ultimo locale per Ansedonia è partito dieci minuti fa.*

E sai che ti dico io, Angela? Andiamo a prendere un aperitivo.

# ASCOLTA

## A

| Pro Dialog eine Frage | sì | no |
|---|---|---|
| 1. Harry vorrebbe andare in Germania. | ■ | ■ |
| 2. Harry parte lunedì. | ■ | ■ |
| 3. Gianni accompagna Harry alla stazione. | ■ | ■ |
| 4. Harry compra un biglietto di seconda classe. | ■ | ■ |
| 5. Harry trova subito il suo biglietto. | ■ | ■ |
| 6. Il biglietto è ancora alla stazione. | ■ | ■ |
| 7. Il treno va ad Ansedonia. | ■ | ■ |
| 8. Harry e la ragazza vanno a Orbetello. | ■ | ■ |
| 9. Harry prende subito l'autobus per Porto S. Stefano. | ■ | ■ |
| 10. Angela non può più andare ad Ansedonia. | ■ | ■ |

## B

### 1. All'agenzia viaggi

**a** Il signore ha bisogno di una macchina.
**b** C'è un treno che va a Orbetello.
**c** Il signore vorrebbe partire nel pomeriggio.

### 2. A casa di un amico

**a** Harry parte domenica.
**b** Harry vuole andare alla stazione con l'autobus.
**c** Gianni vuole accompagnare Harry in macchina.

### 3. La partenza

**a** La macchina di Gianni non funziona.
**b** Harry prende un taxi in piazza Venezia.
**c** Gianni e Harry hanno poco tempo per andare alla stazione.

**4. Alla biglietteria**

**a** Harry compra un biglietto di prima classe.
**b** Il biglietto costa 26.000 lire.
**c** Il prossimo treno parte alle 16.45.

**5. Sul treno**

**a** Harry non trova la sua valigia.
**b** Il suo biglietto non c'è.
**c** Harry ha tempo per cercare il biglietto.

**6. La ragazza gentile nello scompartimento**

**a** Il biglietto di Harry è a casa.
**b** La ragazza è nervosa.
**c** Harry deve fare un altro biglietto.

**7. Due informazioni**

**a** Il treno arriva ad Ansedonia alle 17.30.
**b** C'è un autobus da Ansedonia a Capalbio.
**c** Harry deve informarsi a Orbetello.

**8. Sfortunati**

**a** Oggi non funziona niente.
**b** Harry vuole prendere un caffè con la ragazza.
**c** La ragazza si chiama Angela.

**9. Alla stazione di Orbetello**

**a** Harry vuole andare a Porto S. Stefano.
**b** L'autobus parte subito.
**c** Oggi è un problema andare all'isola del Giglio.

**10. Sempre insieme**

**a** Harry non può partire.
**b** Angela può partire subito.
**c** Harry e Angela vanno a prendere un aperitivo.

# VOCABOLI

## *CON I MEZZI PUBBLICI*
## *MIT ÖFFENTLICHEN VERKEHRSMITTELN*

*All'agenzia viaggi*
*Im Reisebüro*

**da ... a**
von ... bis
**l'isola**
die Insel
**l'isola del Giglio**
die Insel Giglio
**il dieci luglio**
der/am zehnte/n Juli
**il treno diretto**
der Eilzug
**diretto**
direkt
**scendere**
aussteigen
**il porto**
der Hafen
**il traghetto**
die Fähre
**complicato**
kompliziert
**lungo**
lang
**a proposito**
übrigens
**possibile**
möglich
**la coincidenza**
der Anschluß
**Le**
Ihnen (Dativ)
**consigliare**
raten, empfehlen
**prenotare**
vorbestellen
**il posto**
der Platz
**l'alta stagione**
Hochsaison
**l'orario**
hier: der Fahrplan
**valido**
gültig
**ottobre**
Oktober
**marzo**
März
**regolarmente**
regelmäßig

*A casa di un amico*
*Bei einem Freund zu Hause*

**quanti ne abbiamo oggi?**
den wievielten haben wir heute?
**il sei**
der sechste
**la metropolitana**
die U-Bahn
**fidarsi di**
trauen, vertrauen
**fa**
vor (zeitlich)
**c'è stato**
da ist gewesen
**essere stato**
gewesen sein
**lo sciopero**
der Streik
**è meglio**
es ist besser
**più comodo**
bequemer
**grazie di**
Danke für
**la proposta**
der Vorschlag
**figurati!**
ich bitte dich!

*La partenza*
*Die Abreise*

**scusami!**
entschuldige mich!
**scusare**
entschuldigen
**il traffico**
der Verkehr
**spaventoso**
schrecklich
**hanno fatto**
sie haben gemacht/man hat gemacht

**la deviazione**
die Umleitung
**ha bloccato**
er/sie hat blockiert
**bloccare**
blockieren
**tutto**
alles
**andare via**
weggehen, wegfahren
**se no**
wenn nicht, andern falls
**preoccuparsi**
sich Sorgen machen
**arrivato**
angekommen
**veloce**
schnell
**superare**
überholen
**maledetto**
verflucht

*Alla biglietteria*
*Am Fahrkarten-schalter*
**secondo**
zweite/r/s
**la classe**
die Klasse
**l'andata**
die Hinfahrt
**il ritorno**
die Rückfahrt, Rückkehr
**è partito/a**
er/sie ist abgefahren

*Sul treno*
*Im Zug*
**nello zaino**
im Rucksack
**lo zaino**
der Rucksack
**nella borsa**
in der Tasche
**la borsa**
die Tasche
**il giovanotto**
der junge Mann
**andare avanti**
weitergehen
**il quarto d'ora**
die Viertelstunde

*La ragazza gentile nello scomparti-mento*
*Das nette Mädchen im Abteil*
**con calma**
mit Ruhe
**la calma**
die Ruhe
**messo**
gesetzt, gestellt, gelegt
**mettere**
setzen, stellen, legen
**andato**
gegangen
**lo sportello**
der Schalter
**comprato**
gekauft
**l'impiegata**
die Angestellte
**detto**
gesagt
**lasciato**
gelassen
**nervoso**
nervös
**perso**
verloren
**il treno delle 14.10**
der 14.10- Zug
**dimenticato**
vergessen
**quando**
wenn
**il controllore**
der Kontrolleur
**gli**
ihm
**non cade il mondo**
davon geht die Welt nicht unter
**cadere**
fallen
**il mondo**
die Welt
**il supplemento**
der Zuschlag
**fare un biglietto**
eine Fahrkarte lösen
**fermarsi**
halten

**cioè**
das heißt
**lavori in corso**
Bauarbeiten
**il locale**
der Nahverkehrszug
**mi sa dire?**
können Sie mir sagen?
**per caso**
zufällig
**il caso**
der Fall
**informarsi**
sich informieren

***Sfortunati***
*Pechvögel*
**visto**
gesehen
**essere sfortunato**
Pech haben
**fare compagnia**
Gesellschaft leisten

***Alla stazione di Orbetello***
*Am Bahnhof von Orbetello*
**ogni mezz'ora**
jede halbe Stunde
**davanti a**
vor (räumlich)
**di solito**
für gewöhnlich
**scioperare**
streiken
**buone vacanze**
schöne Ferien
**le vacanze**
die Ferien

## Ferrovie dello stato

*Obwohl Bahnfahren in Italien nach wie vor nicht so teuer ist, fahren die meisten Italiener lieber mit dem Auto, und das hat seinen guten Grund: Die staatlichen Eisenbahnen (**Ferrovie dello stato**) sind nicht zu Unrecht wegen ihrer Unpünktlichkeit und wegen ihrer vielen Streiks berüchtigt. Mehrstündige Verspätungen gehören ohne weiteres zum Fahrplan, wobei die Züge dann auch noch häufig von völlig anderen Gleisen abfahren, als das der **orario ferroviario** (Zugfahrplan) ankündigt. Da heißt es die Ohren spitzen, um die quäkende Lautsprecherstimme zu verstehen, die auf solche Änderungen hinweist. Oder man fragt Mitreisende: «Scusi, che ha/hanno detto?»*

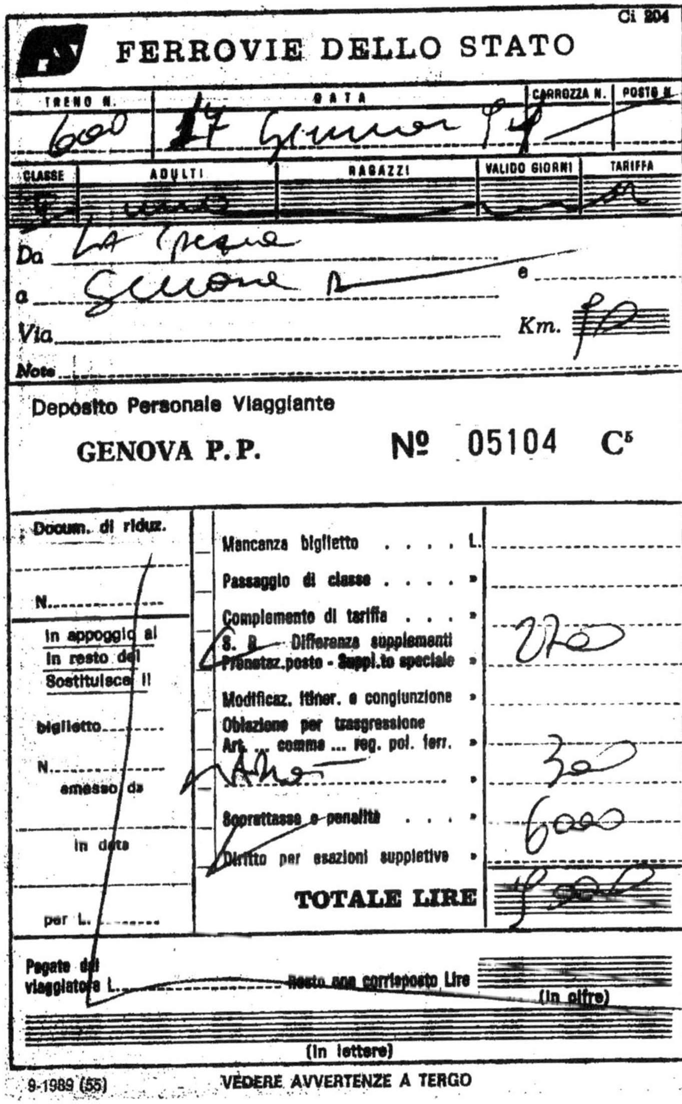

Ci 204

FERROVIE DELLO STATO

| TRENO N. | DATA | CARROZZA N. | POSTO N. |
|---|---|---|---|
| 600 | 17 Gennaio 94 | | |

| CLASSE | ADULTI | RAGAZZI | VALIDO GIORNI | TARIFFA |
|---|---|---|---|---|
| | | | | |

Da La Spezia

a Genova e

Via Km.

Note

Deposito Personale Viaggiante

GENOVA P.P. № 05104 C5

Docum. di riduz.

N.

In appoggio al
In resto del
Sostituisce il

biglietto

N.

emesso da

in data

per L.

| | |
|---|---|
| Mancanza biglietto . . . . L. | |
| Passaggio di classe . . . . » | |
| Complemento di tariffa . . . » | |
| S. R. - Differenza supplementi Prenotaz.posto - Suppl.to speciale » | 2200 |
| Modificaz. itiner. e congiunzione » | |
| Obiazione per trasgressione Art. ... comma ... reg. pol. ferr. » | |
| » | 300 |
| Soprattassa e penalità . . . » | 6000 |
| Diritto per esazioni suppletive » | |
| **TOTALE LIRE** | |

Pagate dal viaggiatore L. ........ Resto non corrisposto Lire

(in cifre)

(in lettere)

9-1989 (55) VEDERE AVVERTENZE A TERGO

TEORIA

## Il passato prossimo – Das Perfekt

| | |
|---|---|
| **Ho** compr**ato** il biglietto. | **Ich habe** die Fahrkarte **ge**kauft. |
| Il treno **è** part**ito**. | Der Zug **ist** ab**ge**fahren. |

Das Perfekt wird mit den Formen von **essere** oder **avere** und dem Partizip Perfekt gebildet:

| m + f | masculinum | femininum |
|---|---|---|
| ho comprato | sono partito | sono partita |
| hai comprato | sei partito | sei partita |
| ha comprato | è partito | è partita |
| abbiamo comprato | siamo partiti | siamo partite |
| avete comprato | siete partiti | siete partite |
| hanno comprato | sono partiti | sono partite |

In Verbindung mit **avere ändert sich das Partizip Perfekt nicht.** Egal ob männlich, weiblich, Singular oder Plural, es endet immer auf **-o**.

In Verbindung mit **essere ändert sich das Partizip Perfekt** nach Geschlecht und Zahl (ebenso wie die Adjektive):

Sono partit**o**. – sagt ein Mann
Sono partit**a**. – sagt eine Frau
Siamo partit**i**. – sagen Männer + Frauen (ein Mann genügt und alles richtet sich nach ihm)
Siamo partit**e**. – sagen Frauen

| | |
|---|---|
| **Il** tren**o** è partit**o**. | **La** metropolitan**a** è partit**a**. |
| **I** tren**i** sono partit**i**. | **Le** metropolitan**e** sono partit**e**. |

## 1. Coniugate – Konjugieren Sie im Perfekt

**1.** essere andato/a alla festa **2.** avere fatto il bagno **3.** essere stato/a in Italia con Paolo Conte **4.** avere visto una bella ragazza

Sono andato/a alla festa, sei...

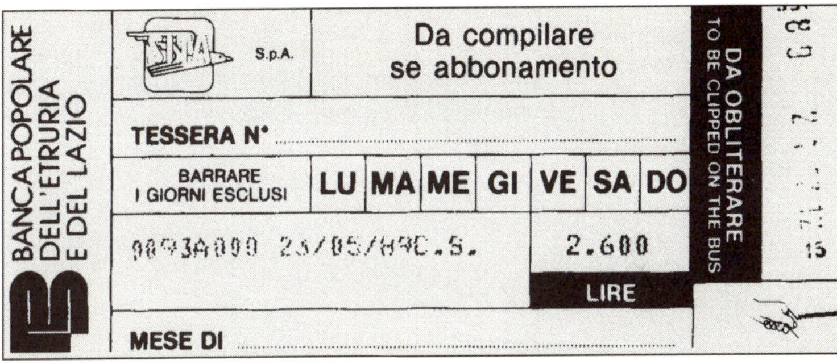
BANCA POPOLARE DELL'ETRURIA E DEL LAZIO

S.p.A.

Da compilare se abbonamento

TESSERA N° ..........

BARRARE I GIORNI ESCLUSI | LU | MA | ME | GI | VE | SA | DO

2.600 LIRE

MESE DI ..........

DA OBLITERARE
TO BE CLIPPED ON THE BUS

## 2. Il participio passato di ...
## Das Partizip Perfekt von ...

| | |
|---|---|
| **1.** abitare abitato | **11.** dire .......... |
| **2.** mettere .......... | **12.** imparare .......... |
| **3.** esagerare .......... | **13.** sapere .......... |
| **4.** capire .......... | **14.** vedere .......... |
| **5.** conoscere .......... | **15.** finire .......... |
| **6.** prendere .......... | **16.** cadere .......... |
| **7.** sentire .......... | **17.** passare .......... |
| **8.** avere .......... | **18.** scendere .......... |
| **9.** venire .......... | **19.** perdere .......... |
| **10.** fare .......... | **20.** aprire .......... |

# TEORIA

## avere oder essere?

Mit **essere** werden **Verben der Bewegung** (z.B. andare, partire, venire) und auch **essere** zusammengesetzt.

Mit **avere** werden alle anderen Verben zusammengesetzt.

Das **regelmäßige Partizip Perfekt** wird so gebildet:

| Infinitiv | Partizip Perfekt |
|---|---|
| **-are** | **-ato** |
| bloccare | bloccato |
| comprare | comprato |
| **-ire** | **-ito** |
| partire | partito |
| sentire | sentito |
| **-ere** | **-uto** |
| cadere | caduto |
| potere | potuto |

### 3. Completate – Vervollständigen Sie

è arrivato – ha preso – è andata – ha detto – sono andati – è partito – ha fatto – è stata – ha domandato – ha visto – ha pagato

1. Donatella ............................in centro e ........................ la spesa per sua madre.
2. Prima .............................. ai grandi magazzini dove .................... un amico.
3. Lei e l'amico ........................ a prendere un caffè, al bar.
4. Dopo cinque minuti l'amico ....................: «Devo andare alla stazione. Il mio treno parte alle 11.32.»
5. «E che ore sono adesso?» ....................... Donatella. «Mamma mia! Sono già le 11.10!»
6. Donatella ............................ il conto e il suo amico .............................. un taxi.
7. Lui ............................ alla stazione e il treno ... oh il treno ...............................

TEORIA

## Einige unregelmäßige Partizipien

| | | |
|---|---|---|
| aprire | **aperto** | geöffnet |
| conoscere | **conosciuto** | gekannt, kennengelernt |
| dire | **detto** | gesagt |
| fare | **fatto** | gemacht |
| mettere | **messo** | gesetzt/-legt/-stellt |
| perdere | **perso** (perduto) | verloren |
| piacere | **piaciuto** | gefallen |
| prendere | **preso** | genommen |
| rompere | **rotto** | kaputt gemacht, zerstört |
| scendere | **sceso** | ausgestiegen |
| vedere | **visto** | gesehen |
| venire | **venuto** | gekommen |
| essere | **stato** | gewesen |
| avere | **avuto** | gehabt |

Verben, die im Präsens unregelmäßig sind, haben – wenn nichts anderes angegeben wird – ein regelmäßiges Partizip Perfekt, z.B.:

| | |
|---|---|
| andare | **andato** |
| dare | **dato** |
| dovere | **dovuto** |
| potere | **potuto** |
| sapere | **saputo** |
| stare | **stato** |
| volere | **voluto** |

### Fare l'autostop

*Trampen ist auf den Autobahnen (**autostrada**) verboten, andernorts wenig erfolgreich, und für Frauen nicht unbedingt empfehlenswert, weil es hier sehr schnell zu Mißverständnissen kommen kann — also lieber sein lassen und auf andere Fortbewegungsmittel zurückgreifen. Wem Bus oder Bahn zu teuer sind, und wer selbst nicht weit fahren möchte, kann sich an Mitfahrzentralen wenden, die inzwischen auch in Italien weit verbreitet sind. Ein ständig aktualisiertes Verzeichnis der Mitfahrzentralen erhält man beim «Verband deutscher Mitfahrzentralen e. V.», Bergheimer Str. 139-151, 6900 Heidelberg, Tel. 06221/161112.*

### 4. Adesso e prima – Jetzt und früher

Setzen Sie die Verben ins Perfekt!

**1.** Parli con Carla? – ..........Ho parlato.......... con Carla ieri (io).

**2.** Andate in banca? – .................................. in banca stamattina. (noi)

**3.** Cena con me, signora? – No, .................. già ....................... (io)

**4.** Perché Carlo non dice niente? – ............... già ............... molto. (lui)

**5.** Dove metti i soldi? – ........................................... i soldi nella borsa.

**6.** Compri una gonna? – .................. già ................. una gonna. (io)

**7.** Dove sono Pia e Claudia? – ........................................... qui stasera.

**8.** Quando arriva tua madre? – ........................................... ieri.

## Drei wichtige Präpositionen

**di**

| | |
|---|---|
| la fermata **del** porto | die Haltestelle **des** Hafens |
| l'orario **dei** traghetti | der Fahrplan **der** Fähren |
| l'orario **degli** autobus | der Fahrplan **der** Busse |
| grazie **della** proposta | danke **für** den Vorschlag |

**Di** muß ebenso wie **a** mit dem bestimmten Artikel verknüpft werden:

| | |
|---|---|
| di + il | **del** |
| di + i | **dei** |
| di + lo | **dello** |
| di + gli | **degli** |
| di + l' | **dell'** |
| di + le | **delle** |
| di + la | **della** |

**di + Substantiv** gibt an, **wozu** bzw. **wem** etwas gehört.

**Di** taucht außerdem in verschiedenen Wendungen auf:

| | |
|---|---|
| avere bisogno **di** | brauchen, benötigen |
| avere voglia **di** | Lust haben auf |
| essere **di** | sein aus, stammen aus |
| fidarsi **di** | trauen, vertrauen auf |
| grazie **di** | danke für |
| parlare **di** | sprechen von |
| prima **di** | vor (zeitlich) |

**Attenzione!**
«Il treno **delle** 5.00.» Der Fünf-Uhr-Zug

## 5. di – del – dell' – dello – della – dei – degli – delle

Setzen Sie die richtige Form ein!

**1.** Ho bisogno ..................della... tua macchina. **2.** L'orario ......................... treni non è più valido. **3.** Prima ..... partenza compro un biglietto. **4.** Non mi fido ............................ mezzi pubblici. **5.** Abbiamo parlato .................... compleanno di papà. **6.** Le gonne ......................... ragazze sono molto carine. **7.** Una settimana fa c'è stato lo sciopero ............................ autobus. **8.** Domani prendo la macchina ................. zio. **9.** Grazie ......................... aranciata. **10.** Hanno bisogno ......................... una banca. **11.** Andiamo all'ufficio informazioni ................. aeroporto. **12.** Sono ..................... Francoforte.

## 6. di o a?

Wählen Sie die richtige Präposition und verknüpfen diese mit dem bestimmten Artikel, falls nötig!

**1.** Siamo ............. grandi magazzini. **2.** L'hotel è ................. prossimo angolo. **3.** L'impiegata .............. agenzia viaggi mi dà un consiglio. **4.** C'è lo sciopero ......................... traghetti. **5.** Vado .................... casa ..... piedi. **6.** Andiamo ................... ente per il turismo. **7.** Bisogna ritirare lo scontrino ................. cassa. **8.** Ho perso la borsa ................ mia madre. **9.** Dov'è il biglietto ................ signor Eislöffel? **10.** Devi andare ....................... destra. **11.** Anna è la ragazza................. giovanotto carino. **12.** L'esame .................studenti è stato molto difficile.

## a

Neue Wendungen mit «**a**»:

| | |
|---|---|
| **a** domani | bis morgen |
| **a** proposito | übrigens |
| davanti **a** | vor (räumlich) + Artikel |
| domandare **a** | fragen + Artikel |

**Attenzione!**
Il treno **ad** Ansedonia.

## in

### In ohne Artikel

| | |
|---|---|
| in centro | im Zentrum |
| in comune | bei der Stadt/Gemeinde(verwaltung) |
| in discoteca | in der Diskothek |
| in famiglia | in der Familie |
| in gamba | fit, gut |
| in macchina (treno, autobus ...) | im/mit dem Auto (Zug, Bus ...) |
| in piazza | auf dem Platz |
| in taglia | in der Größe (Kleider) |
| in ufficio | im Büro |

**Bei Ländern und Regionen:**
**in Germania, in Toscana ..**

### in mit Artikel

| | |
|---|---|
| **nello** zaino | im Rucksack |
| **nella** borsa | in der Tasche |
| **nel** pomeriggio | am Nachmittag |

| | |
|---|---|
| in + il | **nel** |
| in + i | **nei** |
| in + l' | **nell'** |
| in + gli | **negli** |
| in + lo | **nello** |
| in + le | **nelle** |
| in + la | **nella** |

### 7. Dove sono i biglietti?

### Wo sind die Fahrkarten?

**1.** in + lo zaino ......nello zaino......

**2.** in + il ristorante ..........................................

**3.** in + la borsa ..........................................

**4.** in + gli scompartimenti ..........................

**5.** in + l'autobus ..........................................

**6.** in + le camere ..........................................

**7.** in + discoteca ..........................................

**8.** in + l'hotel ..........................................

**9.** in + la scatola ..........................................

**10.** in + macchina ..........................................

### 8. Il diavolo delle preposizioni – der Präpositionenteufel

Der Präpositionenteufel hat in der folgenden Geschichte viel Unheil angerichtet. Correggete gli errori – Verbessern Sie die Fehler.

**1.** L'otto luglio voglio andare a Italia in treno. **2.** Prima nella partenza vado all'agenzia viaggi perché ho bisogno di informazioni **3.** L'agenzia viaggi è al centro e ci vado in macchina perché non ho voglia degli andare a piedi. Ma c'è un traffico spaventoso e non so dove mettere la macchina. **4.** Davanti di negozio di alimentari trovo un posto finalmente e posso andare dell'agenzia. **5.** La ragazza che lavora lì è molto nella gamba e mi dà alcuni consigli. **6.** Lei conosce un hotel molto carino alla Toscana in Firenze che non costa molto. **7.** La ragazza di agenzia mi piace ed io ho voglia in fare vacanze con lei. **8.** Ma sono sfortunato oggi: lei non vuole e poi dice che l'hotel in Firenze è del completo. **9.** Torno al ufficio e sono molto frustrato – che delusione!

# TEORIA

## I mesi – die Monate

| | |
|---|---|
| gennaio | Januar |
| febbraio | Februar |
| marzo | März |
| aprile | April |
| maggio | Mai |
| giugno | Juni |
| luglio | Juli |
| agosto | August |
| settembre | September |
| ottobre | Oktober |
| novembre | November |
| dicembre | Dezember |

| | |
|---|---|
| **a** gennaio | **im** Januar |
| aber auch: **in** gennaio | **im** Januar |
| **da** ottobre **a** marzo | **von** Oktober **bis** März |

## La data – das Datum

| | |
|---|---|
| **il** dieci luglio | **der** zehnte Juli/ **am** zehnten Juli |
| **dal** cinque **al** dieci | **vom** fünften bis **zum** zehnten |

**Datum:**

**il + Grundzahl + Monatsname**

**Ausnahmen:**

**il primo** giugno — der erste Juni

Der Monatserste steht immer als Ordnungszahl (primo ...).

**l'otto, l'undici** — der achte, der elfte

**Otto** und **undici** beginnen mit Vokal, deshalb: **l'**.

So fragt man nach dem Datum:

**Quanti ne abbiamo oggi?** Wie viele davon (Tage vom Monat) haben wir heute?

### 9. Quanti ne abbiamo oggi?

### Der wievielte ist heute?

1. 23. 1.1992 il ventitrè gennaio
millenovecentonovantadue
2. 8. 3.1965 ........................................
........................................
3. 13. 9.1950 ........................................
........................................
4. 10. 7.1954 ........................................
........................................
5. 19. 1.1925 ........................................
........................................
6. 13. 4.1926 ........................................
........................................
7. 4. 5.1950 ........................................
........................................
8. 14. 10.1975 ........................................
........................................
9. 1. 2.1956 ........................................
........................................
10. 12. 8.1962 ........................................
........................................

### 10. Tempi passati – Vergangene Zeiten

**1.** 7.11.1991/dimenticare il compleanno di un amico/io

Il sette novembre millenovecentonovantuno
ho dimenticato il compleanno di un amico.

**2.** 19.6.1986/essere alla festa di Carlo/noi **3.** 24.12.1989/vedere i suoi genitori/lui **4.** 13.9.1978/andare a Milano/tu **5.** 16.2.1983/perdere la mia borsa/io **6.** 30.4.1949/conoscere mia madre/mio padre **7.** 17.7.1963/ scioperare i controllori/loro **8.** 28.10.1972/prendere un caffè al caffè Greco/ voi

# TEORIA

## Uhrzeit und Datum

### Uhrzeit – le (ore)

| | |
|---|---|
| è **l'**una | es ist ein Uhr |
| sono **le** due | es ist zwei Uhr |
| **alle** due | um 2 |
| fino **alle** 2 | bis 2 |
| **dalle** 2 **alle** 4 | von 2 bis 4 |

### Datum – il (giorno)

| | |
|---|---|
| è **il** primo | es ist der Erste |
| è **il** due | es ist der Zweite |
| **il** 2 | am 2. |
| fino **al** 2 | bis zum 2. |
| **dal** 2 **al** 4 | vom 2. bis zum 4. |

Bei der **Uhrzeit** denkt man sich immer **ore** dazu (weiblich Mehrzahl), beim **Datum** den **giorno** (männlich Einzahl).

## Weitere Zeitangaben

| | |
|---|---|
| **un quarto d'ora** | eine Viertelstunde |
| **mezz'ora** | eine halbe Stunde |
| **tre quarti d'ora** | eine Dreiviertelstunde |
| **un attimo** | ein Augenblick |
| **un'eternità** | eine Ewigkeit |

## Dativpronomen

| | |
|---|---|
| **mi** | mir |
| **ti** | dir |
| **gli** | ihm |
| **le** | ihr |
| **Le** | Ihnen |
| **ci** | uns |
| **vi** | euch/Ihnen |
| **gli** | ihnen |

## I pronomi del dativo – Dativpronomen

| | |
|---|---|
| **Le** do il consiglio . | Ich gebe **Ihnen** den Rat . |
| **Mi** dispiace. | Es tut **mir** leid. |
| Che cosa **ti** ha detto? | Was hat er **dir** gesagt? |
| Che cosa **gli** dico? | Was sage ich **ihm**? |

### 11. Data o ora? – Datum oder Uhrzeit?

Traducete – Übersetzen Sie

**1.** dal 5 al 10 **2.** all'una **3.** le sette **4.** fino al 9 **5.** sono le 3 **6.** alle undici **7.** è il 10 **8.** fino alle quattro **9.** è l'otto **10.** il quindici **11.** dalle 6 alle 8 **12.** dall'1 alle 2.

### 12. Che cosa manca qui? – Was fehlt hier?

**1.** Harry vuole andare .da... Roma all'isola del Giglio. **2.** Va in un'................ perché ha bisogno ..... alcune informazioni. **3.** L'impiegata è molto gentile e ..... dà buoni consigli. **4.** Harry vorrebbe partire ..... dieci luglio con il treno e vuole anche prenotare un ......... perché è l'alta ............ **5.** Deve andare con molti mezzi pubblici: con il treno, con l'........... e poi con il ............. **6.** La partenza è difficile perché c'è lo sciopero ...... treni e non funziona proprio ......... **7.** Deve aspettare fino ...... 15 luglio, non può partire prima ..... 15. **8.** Ci sono molti scioperi in Italia: una settimana ..... c'è stato lo sciopero degli autobus e ...... traghetti. **9.** L'anno prossimo Harry non vuole più andare ...... treno, vuole .......... la macchina.

### 13. Quale parola non va bene?

### Welches Wort paßt nicht?

**1.** traghetto – autobus – coinicidenza – treno
**2.** messo – fatto – detto – lasciato
**3.** stagione – anno – stazione – settimana
**4.** pomodoro – orario – melanzana – pecorino
**5.** aprire – capire – sentire – partire

### 14. Formate delle frasi

### Bilden Sie Sätze

| | | | |
|---|---|---|---|
| **1.** Gli | è partito | una proposta | al mare. |
| **2.** Il treno | non mi | andare | niente. |
| **3.** Mi | accompagnato | dieci minuti | consiglio. |
| **4.** Il controllore | diamo | ha detto | fa. |
| **5.** Ho voglia | ha fatto | un buon | intelligente. |
| **6.** Ti ho | di | alla stazione | in macchina. |

# TEORIA

| | |
|---|---|
| **A chi** do un consiglio? | **Wem** gebe ich einen Rat? |
| **Gli** do un consiglio. | Ich gebe **ihm** einen Rat. |
| **A chi** dico qualcosa? | **Wem** sage ich etwas? |
| **Le** dico qualcosa. | Ich sage **Ihnen** etwas. |
| **A chi** compro qualcosa? | **Wem** kaufe ich etwas? |
| **Vi** compro qualcosa. | Ich kaufe **euch** etwas. |

**Die Formen einiger Dativ- und Akkusativpronomen stimmen überein.**

| | |
|---|---|
| **Chi** vedo? | **Wen** sehe ich? |
| **Ti** vedo. | Ich sehe **dich**. |
| **Chi** accompagno? | **Wen** begleite ich? |
| **Vi** accompagno. | Ich begleite **euch**. |

| | |
|---|---|
| **mi** | mich |
| **ci** | uns |
| **ti** | dich |
| **vi** | euch |

**Gli** und **loro**

Che cosa dici a Franco e Harry?

| | |
|---|---|
| **Gli** dico ... | Ich sage **ihnen** ... |
| oder | |
| Dico **loro** ... | Ich sage **ihnen**. |

**Loro** in der Bedeutung von **ihnen** steht nach dem Verb, wird aber in der Umgangssprache selten gebraucht.

**domandare** steht mit dem Dativ: **Gli** domando. Ich frage **ihn**.

Ebenso: **telefonare a**

**fra e fa**

Una settimana **fa** c'è stato sciopero. **Vor** einer Woche war Streik. Il prossimo treno parte **fra** un'ora. Der nächste Zug fährt **in** einer Stunde.

**fa** = vor
**fra** = in

### 15. A chi? – Wem?

**1.** ...... do alcune informazioni. (ihr) **2.** Che cosa ...... ha fatto? (dir) **3.** ...... sa dire quando parte il treno. (ihnen) **4.** ..... puoi dare un consiglio? (mir) **5.** Perché non ...... domandate? (uns) **6.** Non ..... posso dire niente. (euch) **7.** ...... faccio gli auguri. (Ihnen) **8.** ...... dispiace. (ihm) **9.** ..... dico «ciao». (ihr)

### 16. Mettete al passato
### Setzen Sie in die Vergangenheit

**1. Fra** un anno vado in Italia.

..........Un anno fa sono andato/a in Italia.

**2.** Siamo a casa tua fra cinque minuti.

..............................................................................

**3.** Donatella e Carla arrivano fra un'ora.

..............................................................................

**4.** Prendete un aperitivo fra un quarto d'ora.

..............................................................................

**5.** Apro il ristorante fra una settimana.

..............................................................................

**6.** La metropolitana parte fra due minuti.

..............................................................................

**7.** Franco fa l'esame fra tre giorni.

..............................................................................

**8.** I miei amici vengono a Francoforte fra due settimane.

..............................................................................

**9.** Carla finisce lo studio fra quattro giorni.

..............................................................................

## Pronuncia – Aussprache

### Akzente

Einige mehrsilbige Wörter haben den Hauptton auf der letzten Silbe, was durch einen Akzent gekennzeichnet wird: perch**é**, caff**è**, nazionalit**à**.
Akzente auf einsilbigen Wörtern dienen oft der Unterscheidung:

| | |
|---|---|
| da (seit, von, zu) | d**à** (er/sie gibt) |
| li (sie, Akkusativ Plural) | l**ì** (dort) |
| si (man, sich) | s**ì** (ja) |

### La macchina

*Wenn Italiener zur* ***passeggiata****, zum Spaziergang einladen, so heißt das noch lange nicht, daß man zu Fuß geht. Eine* ***passeggiata*** *wird ohne weiteres auch mit dem Auto unternommen. Mit dem Auto steuern Italiener nicht nur Ziele an, die weiter als 50 Meter entfernt liegen, sondern man fährt damit auch irgendwohin, um zu plaudern oder «Liebe zu machen»,* ***fare l'amore****. Das Auto ist in der Tat eines der beliebtesten Liebesnester, in erster Linie für die, in dieser Hinsicht heimatlose Jugend. Trifft man in der Dämmerung also auf schaukelnde Karossen mit beschlagenen Fensterscheiben, so ist das durchaus als Ausdruck von Wohnungsnot zu verstehen.*

## Pronuncia – Aussprache

Hören Sie die Wörter vom Band und sprechen Sie nach:

è, perché, caffè, cioè,
già, carità, papà, dà, novità, eternità,
do, però,
più,
sì, così, lì

## 17. Ditelo in italiano – Sagen Sie's auf Italienisch

1. Die Fähren haben bis zum 10. Juli gestreikt.
2. Der Schalter am Bahnhof ist immer von 6 bis 21 Uhr geöffnet.
3. Leider ist der Zugfahrplan nicht mehr gültig.
4. Vor zehn Minuten habe ich ihm gesagt, wo die Umleitung ist.
5. Ich habe meine Fahrkarten in den Rucksack gelegt.
6. Mein Freund verläßt sich nie auf die öffentlichen Verkehrsmittel.
7. Die Busse fahren regelmäßig, alle zwanzig Minuten.
8. Vom 1. September bis zum 15. April ist das Hotel geöffnet.
9. Der Zug ist vor einer Stunde in Rom angekommen.
10. Ich habe ihr gesagt, daß ich mein Auto vor dem Bahnhof habe.

## SENTI

Hören Sie die Dialoge von der Kassette. Lesen Sie dann die Fragen durch und hören Sie dann die Dialoge jeweils noch einmal. Beantworten Sie beim zweiten oder dritten Hören die Fragen.

| Angela incontra un'amica | sì | no |
|---|---|---|
| 1. Angela è stata in Germania. | ■ | ■ |
| 2. Lea è innamorata di un ragazzo italiano. | ■ | ■ |
| 3. Lea è una ragazza di Francoforte. | ■ | ■ |
| 4. Il ragazzo tedesco è molto dolce. | ■ | ■ |
| 5. Angela è partita il 27 maggio. | ■ | ■ |
| 6. Lea ha festeggiato il suo compleanno il 15 giugno. | ■ | ■ |
| 7. Angela è innamorata del ragazzo tedesco. | ■ | ■ |

### Alla stazione

**1.** Il signore vorrebbe partire
- **a** nel pomeriggio.
- **b** l'otto.
- **c** di sera.

**2.** Ci sono
- **a** cinque treni diretti nel pomeriggio.
- **b** tre treni diretti di sera.
- **c** tre treni diretti nel pomeriggio.

**3.** Il signore deve prenotare un posto perché
- **a** siamo in alta stagione.
- **b** non costa molto.
- **c** c'è sciopero.

**4.** Il signore prende la macchina perché
- **a** è molto veloce.
- **b** non ha un biglietto per il treno.
- **c** c'è sciopero.

## Gioco

Jeder Kursteilnehmer denkt sich eine Frage aus, die er seinem Nachbarn stellen kann, z.B.: «Vai in Italia?» Der Nachbar verneint, weil er das schon gemacht hat: «No, perché sono andato/a in Italia due mesi fa.»

## Minidialog

**A:** Ti posso domandare qualcosa? Quando **è partito Bernardo?**
**B:** Sì, certo, mi puoi domandare tutto. **E' partito venerdì, il due giugno**.

**1.** partire/Bernardo – venerdì, 2 giugno **2.** fare il bagno/voi – nel pomeriggio **3.** vedere i tuoi amici/tu – 1. maggio **4.** perdere i biglietti/loro – lunedì, 8 marzo **5.** andare in vacanza/Claudia – 17 settembre **6.** venire a casa tua/Angela e Pia – una settimana fa **7.** finire lo studio/tu – mercoledì, 14 gennaio **8.** abitare in piazza Navona/voi – un anno fa **9.** prenotare l'hotel/Carlo – in alta stagione

**A: Le devo prenotare un posto?**
**B:** Sì, volentieri, grazie **della proposta**.

**1.** Lei/dovere prenotare un posto – la proposta **2.** tu/potere pagare il vino – l'invito **3.** vi/potere fare compagnia – la proposta **4.** Lei/dovere fare un buon prezzo – lo sconto **5.** tu/potere dare 10.000 lire – i soldi **6.** Lei/potere dire «Buon compleanno» – auguri

## Maxidialog

Incontrate un amico che non avete visto da molto tempo, e lui vuole sapere come sono state le vostre vacanze. Potete dire che alcune cose non hanno funzionato e che la situazione con i mezzi pubblici è difficile.

LETTURA

# *UNA LETTERA AI GENTORI*

Isola del Giglio, 12 luglio 1991

Cara mamma, caro papà!

Come state? Io sto benissimo, e come potete vedere non sono andata a trovare gli zii a Capalbio, Ma sono andata all'isola del Giglio. Ma voglio raccontare tutto: Sono partita sabato, il dieci luglio con il treno delle 15.10 che va a Orbetello, ma non sono scesa ad Ansedonia e sapete perché? C'è stata una deviazione per lavori in corso. Così il controllore mi ha detto: «Deve andare fino a Orbetello.» Poi sono arrivata a Orbetello – purtroppo troppo tardi – e così ho perso l'ultimo treno locale per Ansedonia. Ho pensato che sono sempre sfortunata, ma altro che sfortunata! C'è stato un ragazzo molto gentile nel mio scompartimento: un tedesco che studia l'italiano a Roma. Si chiama Harry Eislöffel. Anche lui ha avuto problemi con le coincidenze: ha perso un treno e poi ha sentito che c'è lo sciopero dei traghetti per l'isola del Giglio.

Allora siamo restati tutti e due a Orbetello.

Abbiamo cenato insieme e dopo abbiamo cercato un hotel per una notte. Ho capito subito che Harry è un ragazzo in gamba e il giorno dopo, l'undici luglio, ho detto: «Senti, Harry, perché non andiamo insieme all'isola del Giglio? Io non devo andare a Capalbio. Ci posso andare anche fra una settimana. Sei d'accordo?»

Ha detto: «Sì, perché no? Mi piace se mi fai compagnia.»

Siamo innamorati tutti e due e ci troviamo molto bene qui. Siamo in un piccolo hotel vicino al mare, facciamo il bagno, mangiamo bene, stiamo benissimo.

Basta per oggi! Vi saluto con affetto

Angela

**Sì o no?**

| | sì | no |
|---|---|---|
| **1.** Angela è andata a Capalbio. | ■ | ■ |
| **2.** Lei è scesa ad Ansedonia. | ■ | ■ |
| **3.** Lei ha perso l'ultimo treno locale per Ansedonia. | ■ | ■ |
| **4.** C'è stato lo sciopero dei traghetti. | ■ | ■ |
| **5.** Harry e Angela sono andati a Capalbio. | ■ | ■ |
| **6.** Harry dice: «Mi piace se mi fai compagnia» | ■ | ■ |
| **7.** Angela è stata a Capalbio una settimana fa. | ■ | ■ |
| **8.** Harry e Angela sono innamorati tutti e due. | ■ | ■ |
| **9.** L'hotel è vicino alla stazione. | ■ | ■ |

**raccontare** erzählen
**perdere** hier: verpassen
**restare** bleiben
**cercare** suchen
**l'affetto** die Zuneigung

# TEMA 6

# *MANGIARE E BERE*

**_Un invito a cena_**

*Che cosa facciamo di bello domani sera, Donatella?*

Hai già dimenticato che siamo invitati a cena dai miei genitori?

*E ci dobbiamo andare?*

Perché? Non hai più voglia di andarci, Franco? Mia madre ha già preparato tutto.

*Ma queste serate dai tuoi sono sempre così noiose: tuo padre parla solo dell'ufficio, tua madre racconta gli ultimi pettegolezzi che ha sentito dal parrucchiere, la TV è sempre accesa e poi sai benissimo che i piatti di tua madre non sono la fine del mondo.*

Dai, non devi esagerare! Va bene, non è una grande cuoca, ma le ultime due volte che siamo stati a casa loro, abbiamo mangiato abbastanza bene.

*Certo: il sugo bruciato, la pasta troppo salata, la verdura stracotta ...*

Ma il dolce ...

*Sì, il dolce ... eccezionale, favoloso, perché ha comprato il gelato confezionato.*

Franco, ti prego!

*Va bene allora, facciamo buon viso a cattiva sorte.*

***Dai Bentivoglio***

*Mi puoi apparecchiare la tavola, Donatella?*

Sì, mamma, lo faccio subito... dove sono i piatti fondi?

*Non abbiamo bisogno di piatti fondi.*

Perché?

*Sai, non ho preparato un primo ...*

Come, non hai preparato un primo?

*Ieri sono andata in centro per fare la spesa, ho incontrato un' amica, insomma, ci siamo riviste dopo molto tempo. Abbiamo preso un aperitivo insieme, e dopo sono andata dalla zia e così ho dimenticato la pasta.*

Buona cena! E come secondo, che cosa hai fatto?

*Ho preparato i saltimbocca.*

Mamma! Lo sai che Franco non li mangia, non gli piacciono!

*Oh, mi sono dimenticata ...*

Senti, mamma, non cade il mondo, tanto non ho molta fame e Franco ha ancora un po' di problemi con lo stomaco.

***Al ristorante «Capri Palme»***

Un tavolo per due?

*Sì, grazie.*

Vi porto subito il menù...

*Finalmente! Ho una fame ...*

Sì, anch'io.

*Mi dai una sigaretta?*

Mi dispiace, ma sono senza sigarette.

*Non abbiamo comprato un pacchetto prima di andare dai tuoi?*

Sì, ma mamma le ha fumate tutte ...

*Tua madre è veramente ...*

Ecco il menù ... stasera abbiamo i rigatoni ai funghi, gli spaghetti aglio e olio, le penne all'arrabbiata ... tutto fatto in casa.

*Un momento, per favore, eeh... ci decidiamo dopo.*

Come volete ... Da bere?

*Un mezzo litro di vino bianco e un'acqua minerale non gassata.*

***La zia sa cucinare***

*Comunque con tua madre è sempre lo stesso.*
Sì, lo so, mi dispiace, ma la conosci.
*La conosco e so che non sa cucinare, purtroppo.*
Sei cattivo! Ha già preparato alcuni piatti buoni che ci sono piaciuti. Ma va bene, la prossima domenica possiamo andare dagli zii a mangiare, se vuoi. La zia sa cucinare abbastanza bene.
*Abbastanza bene? Tua zia non cucina solo bene, ma lei è una cuoca fantastica! Ha cucinato al «Danieli»!*
Sì, lei ha cucinato al «Danieli» ed io sono un'idiota. Perché non la sposi?
*Cambiamo discorso, non ho voglia di queste discussioni. Guardiamo piuttosto il menù.*

***Ordinare***

Vi siete decisi?
*Sì, come primo prendiamo le penne all' arrabbiata e gli spaghetti aglio e olio e come secondo il tacchino e l'arrosto di vitello.*
E come contorno?
*L'insalata mista e i fagiolini.*
Altro?
*Ah sì, manca un coltello.*
Lo porto subito.

***Ti piace?***

*Ti piace?*
Sì, gli spaghetti sono buoni, semplici ma buoni, li mangio volentieri così. E le tue penne?
*Mmh, non so ... non sono cattive, ma le preferisco come le condisci tu.*

Grazie. E il vino?
*E'un vino semplice da tavola, ma mi piace, lo bevo volentieri.*
Attenzione però, se no ti dà alla testa.
*Ma che dici? Beviamo mezzo litro in due. Tu esageri!*

***Ospiti inaspettati***

E'vero o non è vero? Hai visto chi viene?
*Ma no! Non è possibile ... i tuoi genitori!*

Mamma! Che fate qui al ristorante? Non avete mangiato a casa?
*E voi? Non hai detto che Franco non si sente bene?*
Sì, sì, ma abbiamo ordinato qualcosa di molto leggero. Ma perché voi due siete al ristorante? Non capisco.
*Eh, purtroppo ... ho messo i saltimbocca sul fuoco e sono andata nel salotto perché c'è stata una trasmissione interessante alla TV, e quando sono tornata in cucina ...*
Non mi devi dire niente. Ho capito, è sempre lo stesso.

# ASCOLTA

## A

### Sì o no?

**Pro Dialog eine Frage**

| | sì | no |
|---|---|---|
| **1.** Franco e Donatella vogliono andare a casa di amici. | ■ | ■ |
| **2.** Mangiano molto a casa dei Bentivoglio. | ■ | ■ |
| **3.** Vanno a mangiare al ristorante. | ■ | ■ |
| **4.** Franco vuole sposare la zia di Donatella. | ■ | ■ |
| **5.** Prendono le penne e gli spaghetti. | ■ | ■ |
| **6.** Bevono un litro di vino. | ■ | ■ |
| **7.** I genitori di Donatella vengono al ristorante. | ■ | ■ |

## B

### 1. Un invito a cena

**a** I genitori di Donatella fanno un cena domani.
**b** Franco e Donatella vogliono andare al ristorante.
**c** Franco va volentieri dai genitori di Donatella.

### 2. Dai Bentivoglio

**a** La madre ha comprato la pasta.
**b** La madre ha incontrato un'amica in centro.
**c** Franco non mangia i saltimbocca.

### 3. Al ristorante «Capri Palme»

**a** Donatella non ha più sigarette.
**b** Franco prende un cappuccino.
**c** Prendono mezzo litro di vino bianco.

### 4. La zia sa cucinare

**a** La madre di Donatella mangia sempre alla pizzeria.
**b** La zia di Donatella ha cucinato al «Danieli».
**c** Franco vuole una discussione.

### 5. Ordinare

**a** Prendono anche gli spaghetti aglio e olio.
**b** Prendono anche un'insalata mista.
**c** Manca un cameriere.

### 6. Ti piace?

**a** Gli spaghetti non sono buoni.
**b** La birra è buona.
**c** Bevono mezzo litro di vino.

### 7. Ospiti inaspettati

**a** I genitori vengono al ristorante.
**b** Franco va subito a casa.
**c** C'è una televisione al ristorante.

# VOCABOLI

## *MANGIARE E BERE*

*ESSEN UND TRINKEN*

### *Un invito a cena*

*Eine Einladung zum Abendessen*

**bere**
trinken

**invitare**
einladen

**da**
bei, zu (bei Personen)

**la serata**
der Abend

**dai tuoi**
bei/zu deinen (Eltern)

**noioso**
langweilig

**raccontare**
erzählen

**i pettegolezzi**
der Klatsch

**il parrucchiere**
der Friseur

**la TV (televisione, tivù)**
der Fernseher

**acceso**
eingeschaltet

**accendere**
einschalten, anzünden

**il piatto**
das Gericht, der Teller

**la fine del mondo**
etwas Überragendes (das Ende der Welt)

**la cuoca**
die Köchin

**volta**
mal

**il sugo**
die Soße

**bruciato**
angebrannt

**bruciare**
an-, verbrennen

**salato**
gesalzen

**salare**
salzen

**la verdura**
das Gemüse

**stracotto**
verkocht

**stracuocere**
verkochen

**il dolce**
die Süß-, Nachspeise

**il gelato**
das Eis

**confezionato**
fertig, abgepackt

**fare buon viso a cattiva sorte**
(moderner: a cattivo gioco)
gute Miene zum bösen Spiel machen

### *Dai Bentivoglio*

*Bei Bentivoglios*

**i Bentivoglio**
die Bentivoglios

**apparecchiare**
decken (Tisch)

**la tavola**
der Tisch (im Sinne von «Tafel»)

**il piatto fondo**
der tiefe Teller

**il primo (piatto)**
der erste Gang

**il secondo (piatto)**
der zweite Gang

**i saltimbocca**
römische Spezialität: dünne Kalbfleischscheiben mit Salbei und rohem Schinken

**lo stomaco**
der Magen

### *Al ristorante «Capri Palme»*

*Im Restaurant «Capri Palme»*

**il tavolo**
der Tisch

**portare**
bringen

**il menù**
die Speisekarte, das Menü

**la sigaretta**
die Zigarette

**senza**
ohne
**il pacchetto**
das Päckchen
**fumare**
rauchen
**i rigatoni ai funghi**
zylinderförmige Nudeln mit Pilzsoße
**gli spaghetti aglio e olio**
Spaghetti mit Knoblauch und Olivenöl
**le penne all'arrabbiata**
zylinderförmige, schräg abgeschnittene Nudeln mit pikanter Soße
**decidersi**
sich entscheiden
**da bere**
zu trinken
**lo stesso**
das gleiche
**la**
sie (Akkusativ)
**sapere**
hier: können
**cucinare**
kochen
**cattivo**
böse, gemein, schlecht
**l'idiota**
der Idiot/die Idiotin
**cambiare discorso**
das Thema wechseln
**la discussione**
die Diskussion

*Ordinare*
*Bestellen*
**deciso**
entschieden
**come primo**
als ersten Gang
**il tacchino**
der Truthahn
**l'arrosto di vitello**
der Kalbsbraten
**il contorno**
die Beilage
**l'insalata mista**
der gemischte Salat
**i fagiolini**
die grünen Bohnen
**il coltello**
das Messer

*Ti piace?*
*Schmeckt's dir?*
**semplice**
einfach
**le**
sie (Akkusativ)
**preferire**
lieber mögen, bevorzugen
**condire**
würzen, anmachen
**il vino da tavola**
der Tafelwein
**se no**
sonst
**dare alla testa**
zu Kopf steigen
**in due**
zu zweit

*Ospiti inaspettati*
*Unerwartete Gäste*
**qualcosa di leggero**
etwas leichtes
**sul fuoco**
auf dem Feuer, Herd
**il salotto**
das Wohnzimmer
**la trasmissione**
die Übertragung

TEORIA

## I pronomi dell'accusativo
## Die Akkusativpronomen

| | |
|---|---|
| Manca **un coltello.** | Es fehlt **ein Messer** |
| **Lo** porto subito. | Ich bringe **es** sofort. |
| **Gli spaghetti** sono buoni. | **Die Spaghetti** sind gut. |
| **Li** mangio volentieri. | Ich esse **sie** gern. |
| **Tua madre** è sempre ... | **Deine Mutter** ist immer... |
| ... ma **la** conosci. | ... aber du kennst **sie.** |
| **Le penne** non sono cattive. | **Die Nudeln** sind nicht schlecht. |
| ...ma **le** preferisco ... | ... aber ich mag **sie** lieber ... |

Akkusativpronomen

| | |
|---|---|
| **mi** | mich |
| **ti** | dich |
| **lo** | ihn,es |
| **la** | sie,es |
| **ci** | uns |
| **vi** | euch |
| **li** | sie |
| **le** | sie |

Für die **Stellung** von Akkusativ – (wen?/was?) – und Dativpronomen (wem?) gilt: **Vor das konjugierte Verb** oder **an den Infinitiv angehängt** (bei volere, dovere, potere, sapere, andare a, venire a + Infinitiv) vgl. Tema 4

So cucinar**la**. oder: **La** so cucinare.

# PRATICA

## 1. Che cosa mangiate e bevete?
## Was essen und trinken Sie?

Setzen Sie **lo, la, li, le** ein!

**1.** Vuoi un'aranciata? – Sì, .....la.. bevo volentieri.

**2.** Come sono le banane? – Sono buone, ........... mangio spesso.

**3.** Prendete una birra? – No, grazie, .................... beviamo solo in Germania

**4.** Ti piace il cappuccino? – Sì,........... prendo sempre la mattina.

**5.** Mangi i rigatoni? – Certo, ............................ mangio volentieri.

**6.** Le piace lo spumante? – Sì, ma non ................. bevo spesso.

**7.** Prendi un dolce? – Non ................. posso prendere, faccio una dieta.

**8.** Come sono le melanzane? – Sono cattive, tu non .............. sai fare.

**9.** Vuoi ancora biscotti? – ..................... prendo anche se sono ingrassata.

## 2. A chi? o Chi? – Wem? oder Wen?

Setzen Sie Dativ- oder Akkusativpronomen ein!

mi – lo – le – Le – la – ti – vi – li – ci – gli – le

**1.** Quando viene il cameriere e ...mi....... domanda: «Vuole bere qualcosa?» che cosa ................. dico? **2.** Donatella non beve il vino rosso perché non .............. piace, non .............. prende mai. **3.** Attenzione, ragazzi, forse il vino ................. dà alla testa. **4.** ..................... posso dare un consiglio, signora? **5.** Melanzane? No, grazie, non ................. mangio mai. **6.** Con mia madre è sempre lo stesso, ma ....................conosci. **7.** Franco .............. vuole fare compagnia, Angela, va bene? **8.** Non prendiamo i rigatoni perché la cuoca non .............. sa fare. **9.** Abbiamo bisogno della macchina, perché non ................. date la vostra?

# TEORIA

**bere (trinken)**

bevo
bevi
beve
beviamo
bevete
bevono

Partizip Perfekt: **bevuto (getrunken)**

**piacere (schmecken, gefallen)**

piaccio
piaci
piace
piacciamo
piacete
piacciono

Partizip Perfekt: **piaciuto (geschmeckt, gefallen)**

**Attenzione!**
I saltimbocca non gli **piacciono**.
... sie **schmecken** ihm nicht
Il vino mi **piace**.
Der Wein **schmeckt** mir.

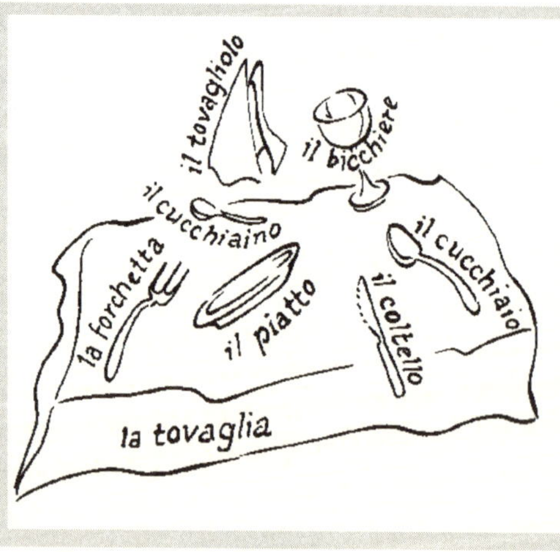

## PRATICA

### 3. Spostate il pronome
### Stellen Sie das Pronomen um

**1.** L'insalata? La voglio condire come mia madre.

.............Voglio condirla come.........

...................mia madre.................................

**2.** Gli spaghetti? Non li posso mangiare così. **3.** Il coltello? Lo vado a prendere. **4.** Le penne? Non le sappiamo cucinare. **5.** Mia madre? Non la vuoi conoscere? **6.** Non possiamo dargli un consiglio. **7.** Vengo a prendervi alla stazione. **8.** Non vuoi farmi compagnia? **9.** Volete farle gli auguri?

### 4. Ci piace bere – Wir trinken gern

Setzen Sie die Formen von «bere» und «piacere» ein!

**1.** Quando hai .........bevuto.......... mi ..........piaci.................. . **2.** Noi ... il vino italiano perché ci ... **3.** Harry ... solo succo di mele. **4.** Perché voi due non ... niente? Non vi ... le nostre bevande? **5.** Le ragazze non ... la birra perché non gli ... **6.** E tu non ... niente? Non ti ... lo spumante? **7.** Ragazzi, perché non ... un bicchiere di vino? Non vi ... i vini della Toscana? **8.** Io non ... mai la birra. **9.** I Bentivoglio ... solo acqua minerale.

### 5. Apparecchiate la tavola ... Decken Sie den Tisch

**1.** Mancano i coltelli. ...............Li... porto subito. **2.** Dov'è la forchetta per la piccola Angela? Non ............................... posso trovare. **3.** Dov'è il cucchiaio? Non ................................. vedo. **4.** Dove metto la tovaglia? – ......................................... puoi portare in cucina. **5.** Manca il cucchiaino per il dolce. Dove ........................................... trovo? **6.** Mancano i bicchieri ............................... potete portare nel salotto? **7.** E i piatti fondi? Dove ......................................... metto? **8.** Mi sono dimenticata di comprare i tovaglioli ................................ compro domani.

# TEORIA

## Die Präposition «da»

| | |
|---|---|
| Sono andata **dalla** zia. | Ich bin **zur** Tante gegangen |
| Siamo invitati **dai** tuoi genitori. | Wir sind **bei** deinen Eltern eingeladen. |
| Il ristorante «**Da** Gino» | Das Restaurant «**Bei** Gino» |

**«Da» bei, zu** (nur bei **Personen!**)

**Verknüpfung mit dem Artikel**

| | |
|---|---|
| da + il = **dal** | da + i = **dai** |
| da + lo = **dallo** | da + gli = **dagli** |
| da + l' = **dall'** | |
| da + la = **dalla** | da + le = **dalle** |

**Attenzione!**

Unterscheiden Sie:

| **nach/in/zu** | | | | | **zu/bei (Personen!)** | | |
|---|---|---|---|---|---|---|---|
| Sono | | Italia | Sono | | Roma | Sono | | Angela |
| | **in** | | | **a** | | | **da** | |
| Vado | | centro | Vado | | casa | Vado | | amici |

## 6. Da chi? – Bei wem?

**1.** Siamo andati da ...*lla*... zia. **2.** Mangiamo spesso da ... Gino. **3.** Domenica mangiamo da ... genitori di Donatella. **4.** Devo andare da ... medico. **5.** La prossima settimana sono da ... studente tedesco. **6.** Andate da ... zii domani? **7.** Quando vai da ... tue amiche italiane? **8.** Cuciniamo da ... impiegata dell'agenzia viaggi. **9.** C'è una festa da ... italiani. **10.** Ieri sono stato da ... insegnante di matematica.

## 7. Dove sono i nostri amici? Wo sind unsere Freunde?

Setzen Sie die richtige Pröposition ein mit oder ohne Artikel

**1.** l'isola del Giglio: *Sono all' isola dell Giglio*
**2.** Toscana: ...
**3.** discoteca: ...
**4.** i loro genitori: ...
**5.** i grandi magazzini: ...
**6.** le loro amiche: ...
**7.** treno: ...
**8.** il ristorante: ...
**9.** cucina: ...
**10.** gli zii: ...
**11.** la cassa: ...
**12.** Firenze: ...

# TEORIA

## Reflexive Verben und Perfekt

| | |
|---|---|
| Ci **siamo** rivist**e**. | Wir **haben** uns wieder gesehen. (Frauen) |
| Mi **sono** dimentica**ta**. | Ich **habe** vergessen. (eine Frau) |
| Vi **siete** decis**i**? | **Haben** Sie sich entschieden? (Männer oder Mann und Frau) |
| Si **sono** riposat**e**. | Sie **haben** sich ausgeruht. (Frauen) |

Reflexive Verben bilden das **Perfekt mit «essere»**, und das Partizip Perfekt verändert sich wie bei allen Verben, die ihr Perfekt mit «essere» bilden.

**decidersi (sich entscheiden)**

| Entschiedene Männer | | Entschiedene Frauen |
|---|---|---|
| mi sono decis**o** | ich habe mich entschieden | mi sono decis**a** |
| ti sei decis**o** | du hast dich entschieden | ti sei decis**a** |
| si è decis**o** | sie/er hat sich entschieden | si è decis**a** |
| | Sie haben sich entschieden | |
| ci siamo decis**i** | wir haben uns entschieden | ci siamo decis**e** |
| vi siete decis**i** | ihr habt euch entschieden | |
| | Sie haben sich entschieden | vi siete decis**e** |
| si sono decis**i** | sie haben sich entschieden | si sono decis**e** |

**Attenzione!**

...alcuni piatti che mi **sono** piaciut**i**.
...einige Gerichte, die mir geschmeckt **haben**.

Das **Perfekt** von **piacere** wird auch mit **essere** gebildet!

### 8. Mettete al passato prossimo
### Setzen Sie ins Perfekt

**1.** Harry e Angela ... si sono conosciuti .................. in treno (conoscersi) **2.** Le penne all'arrabbiata ........................................................................ (piacere,io) **3.** .................................................................. di comprare la pasta. (dimenticarsi,tu) **4.** .................................................................. al ristorante «Capri».(incontrarsi,noi) **5.** .................................................................. di prendere un primo. (decidersi,loro) **6.** .................................................................. dopo cinque anni? (rivedersi, voi) **7.** Il vino non.................................................................. (piacere, io) **8.** Carla, .................................................................. bene in Italia? (trovarsi, tu) **9.** Franco e Donatella .................................................................. alla stazione. (vedersi, loro)

### 9. Formate delle frasi – Bilden Sie Sätze

| | | | |
|---|---|---|---|
| **1.** Il cameriere | mangiamo | dalla | il menù. |
| **2.** C'è | bruciato | una trasmissione | mi piace. |
| **3.** Le serate | ti | sono | alla testa. |
| **4.** Ci piacciono | da Gino è | al | noiose. |
| **5.** Il vino | dai tuoi | subito | ristorante. |
| **6.** La pizza | i rigatoni | dà | del mondo. |
| **7.** Il sugo | stata | la fine | alla TV. |
| **8.** Domenica | porta | non | zia. |

## TEORIA

### Speisenfolge in Italien

| | |
|---|---|
| L'antipasto | Die Vorspeise |
| Il primo piatto | Der erste Gang |
| Il secondo piatto | Der zweite Gang |
| Il formaggio | Der Käse |
| La frutta | Das Obst |
| Il dolce | Die Nachspeise |

*Ristorante Capri Palme*

IL MENÙ DEL GIOVEDÌ

**PRIMI PIATTI**
Rigatoni ai funghi
Spaghetti aglio e olio
Penne all'arrabbiata

**SECONDI PIATTI**
Saltimboca
Arrosto di vitello
Tacchino

**CONTORNI**
Fagiolini
Melanzane
Insalata mista

**FORMAGGI**
Bel Paese
Pecorino

**FRUTTA**
Uva
Mele

**DOLCI**
Gelato
Tiramisu

## 10. Al ristorante

### Im Restaurant

Füllen Sie mit Hilfe der Speisekarte den folgenden Dialog aus:

1. **Cameriere:** Che cosa prende come ..........................................................?
2. **Ospite 1:** Prendo i rigatoni, li ........................................ volentieri.
3. **Cameriere:** E Lei, signora, si è ..........................................................?
4. **Ospite 2:** Sì, io prendo le ........................................... all'arrabbiata.
5. **Cameriere:** E voi, ragazzi, che cosa ............................................?
6. **Ragazzi:** Mmh, un momento, noi prendiamo gli ..............................
   ...............................................................................................

   **Ospite 1:** Quali secondi ci sono?
7. **Cameriere:** Ci sono i ..........................................................., poi
   c'è l'...................................... e il .............................................
8. **Ospite 1:** Per me il ............................................, lo mangio volentieri.
9. **Ospite 2:** Io prendo l'.......................................................... di vitello.
10. **Ospite 3:** E per me solo un'.................................... mista e un po' di
    formaggio.
11. **Cameriere:** Abbiamo il .................................................... e il
    ...............................................................................................

    **Ospite 3:** Preferisco il pecorino.

    **Cameriere:** Altro?
12. **Ospite 1:** Sì, come contorno prendo le ................................................
13. **Ospite 2:** Le melanzane non mi ........................................, preferisco
    i ..................................................

    **Cameriere:** Che cosa preferite, la frutta o il dolce?
14. **Ospite 1:** Non mangio il ........................................... perché faccio
    una dieta. Ma un po' di frutta va bene. Ci sono le ....................................?
15. **Cameriere:** Sì, ci sono e c'è anche l'.......................................................
    ...............................................................................................
16. **Ospite 1:** No, l'uva non mi ..........................................., prendo solo
    le ...........................................................................................

    **Ospite 2:** E quali dolci ci sono?
17. **Cameriere:** Abbiamo il ...................................... e il ........................

    **Ospite 2:** Prendo il gelato.

## 1. Sc, sch, sci ...

| Schreibung | Beispiel | Zu beachten |
|---|---|---|
| **sch** (**Sch**ule) | | |
| **sc + e, i** | **sci**rocco, **sce**ndo | |
| **scia** | la**scia** | Das **i** wird nicht gesprochen |
| **scio** | la**scio** | |
| **sciu** | | |
| **sk** (**Sk**arabäus) | | |
| **sca** | **sca**tola | |
| **sco** | bi**sco**tti | |
| **scu** | **scu**si | |
| **sch** | tede**schi** | Vor **e** und i |

## 2. Veränderte Aussprache

I porci di oggi saranno i prosciutti di domani. Die Schweine von heute werden die Schinken von morgen sein. (porco/porci k/tsch)

| | |
|---|---|
| cono**sco** (**sk**) | cono**sci** (**schi**) |
| prati**co** (**k**) | prati**ci** (**tschi**) |

### Veränderte Schreibung

| | |
|---|---|
| tede**sco** (**sk**) | tede**schi** (**sk**) |
| pubbli**ca** (**k**) | pubbli**che** (**k**) |

## Pronuncia – Aussprache

Hören Sie zunächst die **sc, sch, sci, sce** -Laute (**1**). Üben Sie dann den Lautwechsel (**2**). Hören Sie die Wörter vom Band und sprechen Sie nach:

**1.** **sca**cchi, tede**sche**, **scia**lle, cono**sce**re, **sce**ndere, la**scia**re, **sca**tola, **sco**nto, fini**sci**, **sco**ntrino

**2.** antipatico, antipatici, medico, medici, conosco, conosciamo, telefonico, telefonici, amico, amici, finiscono, finisci, pubbliche, pubblici, pratica, pratici

## 11. Come si dice in italiano? Wie heißt's auf Italienisch?

**1.** Die Abendessen bei deinen Eltern sind nichts überragendes. **2.** Wir haben uns «Bei Gino» wiedergesehen. **3.** Ich habe ihr gesagt, daß ihm die Rigatoni nicht schmecken. **4.** Sie haben sich bei meiner Freundin kennengelernt. **5.** Die Spaghetti sind gut, aber ich mag sie lieber wie deine Mutter sie macht. **6.** Es tut mir leid, aber das Abendessen ist nicht gut: die Nudeln verkocht, die Soße angebrannt, das Gemüse versalzen. **7.** Heute abend haben wir Auberginen und gemischten Salat als Beilagen. **8.** Sie können uns die Karte bringen, aber wir entscheiden uns später. **9.** Kannst du den Tisch decken? Es fehlen noch tiefe Teller, Gläser und Servietten. **10.** Mit deiner Mutter ist es immer das gleiche: Sie hat vergessen, den Wein zu kaufen, weil sie bei ihrer Freundin gewesen ist.

## 12. Quale parola non va bene? – Welches Wort paßt nicht?

**1.** sugo – pasta – succo – verdura
**2.** spaghetti – rigatoni – penne – vitello
**3.** bar – salotto – camera – cucina
**4.** stracotto – eccezionale – sfortunato – bruciato
**5.** buono – favoloso – cattivo – fantastico

## ALLA TRATTORIA BOLOGNESE

# SELF SERVICE

### La forza del cestino

*Es handelt sich hierbei nicht um eine spätentdeckte Verdi-Oper, sondern um die «Macht des Picknickkorbs», die nicht allzu wörtlich genommen werden soll. Stichwort ist vielmehr «aushäusig essen», und das geschieht nicht mehr nur an Ostern, wenn italienische Familien mit Kind und Kegel,* ***pasta****, gebratenen Hühnerschenkeln und Obst ins Freie ziehen zur sogenannten* ***pasquetta****, dem Osterpicknick, sondern immer öfter auch im italienischen Alltag. Die traditionsreiche Eßkultur verliert da an Boden, wo Fast-food-Restaurants wie Pilze aus ihm schießen: Hamburger und Coke gegen* ***pasta*** *und* ***vino*** *scheint das neue Credo vor allem der italienischen Jugend zu heißen. Doch auch betagtere Semester verlassen die heimischen Herde, um sich auf eigene Faust durch den Self-Service-Dschungel zu schlagen. Neben den amerikanischen Ketten gibt es noch die italienische Variante* ***paninoteca****, die «Brötchentheke», die mit ihrem bunten Angebot an Brotbelag nicht zu verachten ist.*

## 13. Completate la storia
## Vervollständigen Sie die Geschichte

**1.** Due anni ......fa...... Angela ......si è laureata...... (laurearsi) **2.** Ha fatto una festa e dopo ............(riposarsi) per una settimana. **3.** Poi è andata in vacanze da ............zia Maria che abita vicino ............ mare. **4.** Lì ha rivisto per caso un amico tedesco e Angela e lui ............ subito un appuntamento al ristorante «Da ............ studente» (darsi). **5.** Ma prima di andare al ristorante ............ al bar dove hanno ............ un aperitivo. (incontrarsi/bere) **6.** Poi ............ ristorante tutti e due hanno preso come primo le penne ............ arrabbiata che non erano (waren) buone. **7.** L'amico di Angela è andato ............ cuoca e ............ ha detto:«Le penne come ............ condisce Lei non ci ............» (piacere). **8.** E la cuoca ha detto:«Se non vi ............ la nostra cena potete andare a casa.» (piacere) **9.** Angela e il suo amico non ............ al ristorante e sono andati via (fermarsi). **10.** Angela ha fatto una proposta: «Perché non andiamo. ............ pizzeria dove ............? (conoscersi) **11.** «E' una buona idea», ha detto l'amico, « ............ sempre bene lì.» (trovarsi). Così hanno festeggiato l'esame di Angela alla pizzeria «Giglio».

# SENTI

## Il conto

*Es ist nicht sehr höflich, den Kellner oder Barkeeper mit der wörtlichen Übersetzung aus dem Deutschen, «Pagare!», «Zahlen!», zu überfallen. Die gängige Floskel, mit der man nach der Rechnung verlangt, heißt,* ***Il conto, per favore!****, wobei es unter Italienern üblich ist, daß zusammen bezahlt wird. Kleinliches und mühevolles Entschlüsseln des Einzelverzehrs «Ich bezahle dann die halbe kleine Pizza , 0,175l Rotwein und ein stilles Mineralwässerchen.» kennt man in Italien nicht. Da man sich natürlich nicht immmer im Vollbesitz seiner finanziellen Kräfte fühlt, besteht die Möglichkeit* ***alla romana*** *zu zahlen: Der Rechnungsbetrag wird gleichmäßig unter den Anwesenden aufgeteilt, zusammengelegt und dem Kellner präsentiert, inklusive* ***mancia*** *(Trinkgeld), versteht sich. Bei der Kostenkalkulation sollte man auch nicht vergessen, daß* ***pane e coperto*** *(Brot und Gedeck) extra berechnet werden.*

### Una discussione

Hören Sie den Dialog von der Kassette. Lesen Sie dann die Fragen durch und hören Sie dann den Dialog noch einmal. Beantworten Sie beim zweiten oder dritten Hören die Fragen.

**1.** Carlo dice che i suoi amici
**a** sono noiosi.
**b** non vanno in vacanza.
**c** cucinano bene.

**2.** L'ultima volta gli amici
**a** hanno ballato.
**b** hanno parlato.
**c** non hanno detto niente.

**3.** Angelica ha
**a** preparato un primo.
**b** giocato a scacchi.
**c** acceso la TV.

**4.** Paolo
**a** ha preso la macchina di Carlo.
**b** ha una casa vicino al mare.
**c** è geloso.

## Gioco

Bilden Sie zwei Gruppen. Jede Gruppe schreibt ein komplettes Menü auf, vom Antipasto bis zum Dolce. Dann fragen sich die Teilnehmer jeder Gruppe gegenseitig, ob sie die angebotenen Speisen akzeptieren, z.B.:

**Gruppe 1** fragt einen Teilnehmer von Gruppe 2: «Prendi il tiramisu?»

Die Aufgabe von Gruppe 2 ist es nun, die Speisen mit irgendeiner Begründung abzulehnen, z.B.:

**Gruppe 2**: «No, non lo prendo perché sono ingrassata.»

Es gewinnt die Gruppe, der es gelingt, alle Angebote mit triftigen Begründungen abzulehnen.

## Minidialog

**A:** Ti sei riposata da tua zia?
**B:** No, **mi sono riposata dalla mia amica.**

**1.** riposarsi (tu) da, tua zia – da, la mia amica (io) **2.** vedersi (voi) da, i nonni – da, gli zii (noi) **3.** darsi un appuntamento (lui) con, sua madre – con, la sua ragazza (lui) **4.** trovarsi bene (loro) a, la festa – a casa (loro) **5.** fidarsi (Lei) di, i mezzi pubblici – di, la macchina (io) **6.** conoscersi (voi) da, Harry – da, Franco (noi) **7.** rivedersi (loro) a, bar – a, i grandi magazzini (loro)

**A:** Vi piacciono le melanzane?
**B:** Sì, **ci piacciono, le mangiamo spesso.**

**1.** le melanzane/voi – noi/mangiare spesso **2.** la birra/tu – io/bere sempre **3.** i biscotti/lei – lei/prendere volentieri **4.** i würstel/lui – lui/mangiare ogni tanto **5.** il cappuccino/voi – noi/prendere sempre al bar **6.** la pasta/tu – io/mangiare sempre **7.** il pane integrale/voi – noi/mangiare spesso

# PARLA

## Maxidialog

**A** e **B** sono in un ristorante italiano. Vogliono mangiare un primo, un secondo, un dolce ecc., ma non funziona niente. Hanno una discussione con il cameriere.

LETTURA

# IL TRUCCO

Franco e Donatella si sono conosciuti due anni fa. Adesso abitano insieme e sono molto felici. Franco però ha un problema: gli piace la cucina italiana e mangia volentieri, ma Donatella è come sua madre: non sa cucinare. Hanno già perso alcuni amici che non vogliono più venire

a casa loro perché le ultime cene sono state sempre una catastrofe. Ieri sera Donatella ha dimenticato di preparare il sugo e così non hanno mangiato un primo. E non parliamo del secondo: l'arrosto bruciato, le melanzane stracotte e il pane duro.

Franco e Donatella sono tristi perché non sanno più cosa devono fare. La prossima settimana vogliono festeggiare il compleanno di Donatella, ma come? Dopo un po' di tempo Donatella ha un'idea: «Senti, Franco, perché non compriamo una buona pizza confezionata? La condisco un po' e dico che io ho fatto la pizza.» Franco non sa se funziona, ma Donatella vuole provare. Vanno insieme al negozio di alimentari e comprano dieci pizze, alcuni pomodori, sardelle,

**il trucco** der Trick
**la catastrofe** die Katastrophe
**duro** hart
**la sardella** die Sardelle
**la mozzarella** die Mozzarella
**falso** falsch
**contento** zufrieden

mozzarella e alcune bottiglie di vino. Prendono anche il gelato confezionato come dolce.
Viene il giorno del compleanno. Donatella e Franco preparano la pizza insieme e apparecchiano la tavola. Gli amici vengono alle otto e pensano che devono fare buon viso a cattivo gioco perché conoscono la cucina della loro amica e conoscono anche bene queste serate noiose: nessuno sa cosa deve dire e tutti fanno complimenti falsi.
Questa sera invece non è così e gli amici non lo capiscono: la pizza è favolosa e anche il gelato è eccezionale! E' la prima volta che mangiano così bene a casa di Donatella e le fanno mille complimenti. Festeggiano fino alle due di notte.
Quando gli amici sono andati via, Donatella dice a Franco:« Hai visto? Ha funzionato benissimo!» «Sì», pensa Franco, «questa sera ha funzionato bene, ma io devo mangiare sempre i piatti tuoi!»

| **Sì o no?** | sì | no |
|---|---|---|
| **1.** Franco e Donatella abitano insieme | ■ | ■ |
| **2.** Donatella sa cucinare bene. | ■ | ■ |
| **3.** Alcuni amici non vengono più a casa loro. | ■ | ■ |
| **4.** La prossima settimana c'è il compleanno di Franco. | ■ | ■ |
| **5.** Comprano la pizza confezionata. | ■ | ■ |
| **6.** Gli amici mangiano la pizza e fanno complimenti falsi. | ■ | ■ |
| **7.** Gli amici vanno via a mezzanotte. | ■ | ■ |
| **8.** Franco è contento perché ha funzionato bene. | ■ | ■ |

# TEST 3

## 1. Streichen Sie die zwei falschen Formen

**1.** Una settimana fa siamo **andato/andiamo/andati** al ristorante «Margherita». **2.** La cucina da «Margherita» è favolosa, ma purtroppo questo ristorante è un po' **a destra/lontano/diritto**. **3.** Così abbiamo **preso/prenduto/presi** l'autobus per andarci. **4.** Ci **abbiamo/sono/siamo** incontrati con i nostri amici alla fermata **dell'/del/all'** autobus. **5. Alla/Dalla/Nella** fermata al ristorante sono ancora cinque minuti a piedi. **6.** Io ho preso come **sugo/birra/primo** le penne all'arrabbiata e come secondo il tacchino. **7.** Carlo invece si è **deciduto/decido/deciso** per i rigatoni ai funghi e l'arrosto che **le/lo/gli** piace molto. **8.** A Maria **piace/piacciono/piaciuto** i vini della Toscana e così ha bevuto un po' troppo. **9.** Il vino **le/gli/loro** dà subito alla testa. **10.** Povera Anna! Dopo la cena si è **sentito/sentita/sente** male. **11.** Gianfranco è **fatto/stata/stato** così gentile di accompagnare Anna in macchina, perché lei non poteva (konnte) prendere i mezzi. **12.** Si **ha/sei/è** riposata un po' e il giorno dopo si è **ancora/mai/già** sentita meglio.

## 2. Esercizio di ascolto – Hörverständnis

Hören Sie die Daten von der Kassette und schreiben Sie sie in Ziffern auf.

I compleanni di ...

**1.** Giuseppe Verdi ..........................................

**2.** Enrico Caruso ..........................................

**3.** Claudia Cardinale ..................................

**4.** Federico Fellini ......................................

**5.** P.P. Pasolini ............................................

**6.** Giacomo Casanova ................................

## 3. Setzen Sie das Partizip Perfekt ein!

1. Perché non hai .............................................. un posto? (prenotare)
2. Ho .............................................. il biglietto nella borsa. (mettere)
3. Quando avete ........................................ i vostri genitori? (vedere)
4. Non abbiamo ............................ voglia di prendere il treno. (avere)
5. Ti sono .................................................... gli spaghetti? (piacere)
6. Donatella e Carla non si sono ancora .............................. (decidersi)
7. Anna non si è mai ................................ dei mezzi pubblici. (fidarsi)
8. I Bentivoglio sono ........................................ a Orbetello. (scendere)
9. Perché non vi siete ...................................... in centro? (incontrarsi)
10. Gli hai ........................................................ una proposta? (fare)
11. Hanno .............................................. un chilo di pasta. (comprare)
12. Giacomo ha ........................................ mezzo litro di vino. (bere)

## 4. Welche Präposition fehlt?

1. Domani andiamo ... zii.
   - a degli
   - b dai
   - c dagli
2. Purtroppo non ho l'orario ... autobus.
   - a degli
   - b delle
   - c dei
3. Io lavoro ... comune.
   - a nella
   - b dal
   - c in
4. Non veniamo prima ... 7.00.
   - a alla
   - b delle
   - c del
5. Metto il biglietto ... zaino.
   - a dello
   - b nello
   - c nel

6. C'è un ristorante ... piazza.
a nella
b a
c in

7. L'orario è valido fino ... 13 luglio.
a al
b da
c di

8. L'hotel è aperto ... maggio a settembre.
a dall'
b da
c al

9. Perché non andiamo ... discoteca?
a della
b in
c da

10. La prossima settimana vado ... Roma.
a a
b in
c alla

## 5. Welches Pronomen fehlt?

1. Signora, .................................. do il consiglio di prenotare un posto.
2. Perché non prendi un gelato? Non ......................................... vuoi?
3. I biglietti? Sì, ................................................ ho messi nella borsa.
4. Posso far ................................................ una proposta, Claudia?
5. Preparo i fagiolini per i ragazzi perché ............................ piacciono.
6. E quando viene il controllore? Che cosa ................................. dico?
7. Mi piacciono i saltimbocca, .................................... mangio spesso.
8. Le melanzane? No! Maria non .................................... mangia mai.
9. ............................................ veniamo a prendere, Mattia, va bene?
10. Non dico niente a tua moglie, no, non ........................... dico niente.

## 6. Esercizio di ascolto – Hörverständnis

Hören Sie jeweils die Fragen von der Kassette.
Wie heißt die richtige Antwort?

1. ........................?.
   a Alla prossima fermata.
   b Il diciassette luglio.
   c Sei partito stamattina.

2. ........................?
   a Mezzo litro di vino bianco.
   b Un piatto di pasta.
   c Manca un coltello.

3. ........................?
   a Sono le tre e un quarto.
   b Non abbiamo niente.
   c Il 6 aprile.

4. ........................?
   a Sì, li mangio volentieri.
   b No, non mi piace.
   c Non lo mangio mai.

5. ........................?
   a Mi dispiace, non so che ore sono.
   b Sì, da ottobre a febbraio.
   c Sì, alle 15.22.

6. ........................?.
   a Oggi non parte più perché c'è sciopero.
   b Il prossimo traghetto parte 10 minuti fa.
   c Sì, il traghetto parte.

# *SALUTE E BELLEZZA*

### *Alla spiaggia*

Senti, Harry, prendiamo un ombrellone oggi? Il sole scotta.

*No, perché? Io mi voglio mettere al sole. Voglio tornare a casa con una bella abbronzatura.*

Stai attento! Sei ancora bianco come una mozzarella, e il sole a quest'ora è pericoloso.

*Non esagerare, Angela! Ho portato una buona crema solare, l'ho presa l'anno scorso – è buonissima! Se non prendo un po' di sole non mi abbronzo.*

Fai come vuoi, ma io ti dico che non ti fa bene.

### *Di sera all'albergo*

Guarda ... sei rosso come un peperone: la schiena, le gambe, le braccia ...

*Non mi dire niente! Mi fa tanto male.*

Colpa tua! Ti ho detto di stare attento, ma non hai voluto sentire.

*Certo, certo, hai sempre ragione tu! Sii un po' più gentile con me ... non vedi come soffro?*

Va bene, facciamo così: prendi questo balsamo che ti fa sicuramente bene e poi andiamo a mangiare. Ho una fame!

*Mi dispiace, Angela, ma io non posso mangiare niente. Non ho appetito ... ho freddo ... sto male.*

Oh Dio, chiamo un medico?

*Sì, forse è una buona idea ... chiama un medico!*

***Brutte notizie***

Buona sera.

*Buona sera, dottore.*

Sei stato fortunato, normalmente non sono più di servizio a quest'ora, ma per caso mi sono trovato giù al ristorante ... dunque, che cosa posso fare per te?

*Non lo so, sto male, mi brucia tutto il corpo, ho freddo e sento una certa nausea.*

L'ho già capito, sono i tipici sintomi del colpo di sole ... Per quanto tempo sei stato al sole oggi?

*Non lo so esattamente ... cinque o sei ore circa.*

Senza ombrellone?

*Sì, senza ombrellone.*

Ma sei pazzo? Con questo sole! Allora, cosa facciamo ... ti prescrivo una medicina e un balsamo. Voglio darti anche alcuni consigli:

cerca di dormire presto stasera, non andare alla spiaggia nei prossimi giorni, guardati dal sole, e non essere così vanitoso!

*Come? Nei prossimi giorni? E le mie vacanze?*

Vacanze, vacanze! Le hai rovinate tu stesso. Non ti posso dare altro consiglio che rimanere a casa.

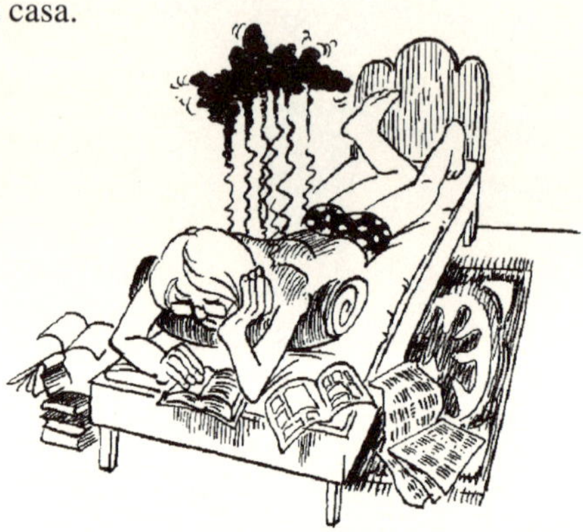

***L'appuntamento***

Ha visto che scottatura, dottore?

*Sì, l'ho vista, ha preso un bel colpo di sole ... ma non mi devi dare del Lei, siamo giovani tutti e due, no?*

Va bene, allora cosa HAI fatto per lui?

*Gli ho scritto una ricetta e ti prego di andare in farmacia domani a prendere le medicine ...*

Va bene.

*Eh, i tedeschi, li ho visti spesso così ... non conoscono il nostro clima, vogliono essere belli, vogliono abbronzarsi e poi finisce con una scottatura, soprattutto nei primi giorni delle vacanze ... Ah, sì, poi gli ho detto di dormire presto stasera ...*

Allora, niente cena per me ...

*Ma perché? Puoi cenare con me, se vuoi.*
Dici sul serio?
*Certo, non posso lasciare una bella ragazza come te sola con un povero malato. Le ragazze belle le ho sempre invitate volentieri.*
Grazie del complimento e dell'invito, accetto. Un momento solo, lo devo dire a Harry.

### *Solo soletto*

Senti, Harry, esco con il dottore, ceniamo insieme.
*Mi lasci qui solo soletto per uscire con questo Adone presuntuoso, tipo Arnold Schwarzenegger? Non sopporto questi tipi, non li ho mai sopportati ...*
Non esagerare, sai che amo solo te.
*Va bene, vai pure, divertiti con il tuo medico ... bello, muscoloso, abbronzato ...*
Ma Harry, non essere cattivo! Andiamo a mangiare e basta.
*Sì, sì, ho capito benissimo. Vai, vai ... ti aspetta il dottor Schwarzenegger.*

# ASCOLTA

## A

### Sí o no

**Pro Dialog eine Frage**

| | sì | no |
|---|---|---|
| **1.** Harry e Angela vanno al bar. | ☐ | ☐ |
| **2.** Harry sta benissimo. | ☐ | ☐ |
| **3.** Harry parla con il dottore. | ☐ | ☐ |
| **4.** Il dottore invita Angela a cena. | ☐ | ☐ |
| **5.** Harry va a cena con il dottore. | ☐ | ☐ |

## B

### 1. Alla spiaggia

**a** Harry vuole tornare a casa.
**b** Harry è bianco come una mozzarella.
**c** Harry ha portato una crema solare.

### 2. Di sera all'albergo

**a** Harry è rosso come un pomodoro.
**b** Angela gli dà un balsamo.
**c** Angela chiama un medico.

### 3. Brutte notizie

**a** Il medico non è più di servizio.
**b** Harry è stato alla spiaggia senza ombrellone.
**c** Harry deve riposarsi nel pomeriggio.

### 4. L'appuntamento

**a** I tedeschi conoscono bene il clima italiano.
**b** Angela mangia una pizza con Harry.
**c** Il medico invita volentieri una bella ragazza.

### 5. Solo soletto

**a** Angela va a cena con il dottore.
**b** Il dottore è il fratello di A. Schwarzenegger.
**c** Harry è molto muscoloso.

# VOCABOLI

## *SALUTE E BELLEZZA*
### *GESUNDHEIT UND SCHÖNHEIT*

***Alla spiaggia***
*Am Strand*

**l'ombrellone**
der Sonnenschirm
**il sole**
die Sonne
**scottare**
brennen
**l'abbronzatura**
die Bräune
**stare attento**
aufpassen
**la mozzarella**
weißer Büffelkäse
**a quest'ora**
zu dieser Zeit
**pericoloso**
gefährlich
**la crema solare**
die Sonnencreme
**l'anno**
das Jahr
**buonissimo/a**
sehr gut
**abbronzarsi**
(sich) bräunen

***Di sera all'albergo***
*Abends im Hotel*

**il peperone**
die Paprika
**la schiena**
der Rücken
**la gamba**
das Bein
**le braccia**
die Arme
**il braccio**
der Arm
**male**
weh, schlecht
**fare male**
wehtun
**la colpa**
die Schuld
**sii!**
sei!
**soffrire**
leiden
**il balsamo**
die Salbe
**fare bene**
gut/wohl tun
**sicuramente**
sicher
**avere freddo**
frieren

***Brutte notizie***
*Schlechte Nachrichten*

**il dottore**
der Doktor
**essere fortunato**
Glück haben
**normalmente**
normalerweise
**essere di servizio**
im Dienst sein
**giù**
unten
**bruciare**
brennen
**tutto il corpo**
der ganze Körper
**la nausea**
die Übelkeit
**tipico**
typisch
**il sintomo**
das Symptom
**il colpo di sole**
der Sonnenstich
**per quanto tempo?**
für wie lange (Zeit)?
**esattamente**
genau
**circa**
ungefähr
**con**
bei (auch: mit)
**prescrivere**
verschreiben
**la medicina**
die Arznei
**dormire**
schlafen
**presto**
früh

**guardarsi da**
sich hüten vor
**vanitoso**
eitel
**rovinare**
ruinieren
**stesso**
selbst
**rimanere**
bleiben

*L'appuntamento*
*Die Verabredung*
**la scottatura**
die Verbrennung, der Sonnenbrand
**giovane**
jung
**scritto**
geschrieben
**scrivere**
schreiben
**ricetta**
Rezept
**pregare**
bitten
**la farmacia**
die Apotheke
**soprattutto**
vor allem
**dire sul serio**
ernst meinen
**solo**
allein (auch: nur)
**povero**
arm
**il malato**
der Kranke
**accettare**
annehmen, akzeptieren

*Solo soletto*
*mutterseelenallein*
**esco**
ich gehe aus
**uscire**
ausgehen
**Adone**
Adonis
**presuntuoso**
aufgeblasen, angeberisch
**il tipo**
der Typ
**tipo ...**
von der Art
**sopportare**
ertragen
**amare**
lieben
**divertiti!**
vergnüge dich!
**divertirsi**
sich vergnügen
**muscoloso**
muskulös

TEORIA

## L'imperativo – Die Befehlsform

(2. Person Singular)

| | |
|---|---|
| **Cerca** di dormire presto! | **Versuche,** früh zu schlafen! |
| **Chiama** un medico! | **Rufe** einen Arzt! |
| **Prendi** questo balsamo! | **Nimm** diese Salbe! |
| **Senti**, Harry! | **Hör** (mal), Harry! |
| **Guardati** dal sole! | **Hüte dich** vor der Sonne! |
| **Divertiti** con il medico! | **Vergnüge dich** mit dem Arzt! |
| **Non esagerare!** | **Übertreibe nicht!** |
| **Non essere** vanitoso! | **Sei nicht** eitel! |
| **Non andare** alla spiaggia! | **Geh nicht** zum Strand! |

| | |
|---|---|
| **-are** | |
| **cerca!** | versuche! |
| **non cercare!** | versuche nicht! |
| **-ere** | |
| **prendi!** | nimm! |
| **non prendere!** | nimm nicht! |
| **-ire** | |
| **senti!** | höre! |
| **non sentire!** | höre nicht! |
| **Prendi** bedeutet: | 1. **du** nimmst.<br>2. nimm! |
| **Senti** bedeutet: | 1. **du** hörst.<br>2. höre! |
| **Aber: cerca** | 1. **er/sie** versucht<br>2. versuche! |

**Befehlsform**

1. Verben auf -ere/-ire: wie **2. Person Präsens** (Endung **-i**)
2. Verben auf -are: wie **3. Person Präsens** (Endung **-a**)

**Verneinter Befehl:**

**non + Infinitiv**

**Stellung der Pronomen: ans Verb angehängt** (diverti**ti**, guarda**ti**)

Dies alles gilt nur für die Befehlsform der **2. Person Singular!**

## 2. Alcuni consigli – Einige Ratschläge

Finden Sie die richtigen Imperative
mit oder ohne Pronomen

**1.** prendere un ombrellone, mi.

........Prendimi un ombrellone!.....

**2.** comprare la crema, gli ... **3.** prescrivere una medicina, ci ... **4.** guardare dal sole, ti .... **5.** dormire presto stasera ... **6.** non andare al sole ... **7.** non lasciare solo, lo ... **8.** essere più gentile con me ... **9.** riposare un po', ti ... **10.** invitare a cena, lo ... **11.** non fare il bagno oggi ... **12.** andare dal medico ... .

## 3. Scegliete la forma giusta – Wählen Sie die richtige Form

fammi – chiama – non dimenticare – domanda – figurati – studia – mettili – passa – non perdere – incontrati – telefonagli

**1.** Sei solo soletto a casa? ............................................ con un amico!

**2.** Voglio pagare il conto. ............................................... il cameriere!

**3.** Trentamila lire? E' troppo! ............................................ uno sconto!

**4.** Non so quanto costa il biglietto. ................................. al controllore!

**5.** Il prossimo traghetto parte alle 14.00. ......................... la coincidenza!

**6.** Vai alla spiaggia? ................................................. la crema solare!

**7.** Non ho la macchina per andare alla festa. ................... da casa mia!

**8.** Ti do un consiglio: .... la lingua italiana se vai in Italia l'anno prossimo!

**9.** Grazie dell'invito! – Ma, ..................................................!

**10.** Dove metto i piatti fondi? – ........................................... sul tavolo!

**11.** Non sai dove abita? Allora, ...................................................!

# TEORIA

**Buono** endet **im Singular vor dem Substantiv** wie der **unbestimmte Artikel**. Wird **buono nachgestellt** erhält es wieder die **regelmäßige** Endung der Adjektive auf **-o**.

Im Plural wird **buono** behandelt wie ein normales Adjektiv auf **-o**.

## Schön + gut

**Singular**

| | |
|---|---|
| u**n** giorno | un buo**n** giorno |
| un**o** studio | un buon**o** studio |
| u**n** aeroporto | un buo**n** aeroporto |
| un**a** sera | una buon**a** sera |
| u**n'**aranciata | una buo**n'**aranciata |
| un giorn**o** buon**o** | una ser**a** buon**a** |
| uno studi**o** buon**o** | un'aranciat**a** buon**a** |
| un aeroport**o** buon**o** | |

**Plural**

| | |
|---|---|
| buon**i** giorn**i** | giorn**i** buon**i** |
| buon**e** arancia**te** | arancia**te** buon**e** |

**Bello** endet **im Singular und Plural vor dem Substantiv** wie der **bestimmte Artikel**. Wird **bello nachgestellt** erhält es wieder die **regelmäßige** Endung der Adjektive auf **-o**.

**Singular**

| | |
|---|---|
| i**l** colpo di sole | il be**l** colpo di sole |
| **lo** zaino | il bel**lo** zaino |
| **l'**abbigliamento | il bel**l'**abbigliamento |
| **la** ragazza | la bel**la** ragazza |
| **l'**agenzia | la bel**l'**agenzia |
| il colp**o** di sole bell**o** | la ragazz**a** bell**a** |
| lo zain**o** bell**o** | l'agenzi**a** bell**a** |
| l'abbigliament**o** bell**o** | |

**Plural**

| | |
|---|---|
| **i** ragazzi | i be**i** ragazzi |
| **gli** zaini | i be**gli** zaini |
| **gli** abbigliamenti | i be**gli** abbigliamenti |
| **le** ragazze | le bel**le** ragazze |
| **le** agenzie | le bel**le** agenzie |
| i colp**i** di sole bell**i** | le ragazz**e** bell**e** |

## 4. Buono e bello

### a. Buono

**1.** un ...buon.......... pranzo **2.** .............. bevande **3.** una ........................ coincidenza **4.** un ..................... corso **5.** ........................ amici **6.** una ........................ dieta **7.** una ................. idea **8.** un ..................... figlio **9.** ............... studenti **10.** .................. stazioni **11.** ............... creme **12.**............... spumanti **13.** ............... notte.

### b. Bello

**1.** .......bei.......... ragazzi **2.** una ..................... macchina **3.** un ..................... colpo di sole **4.** ........................ momenti **5.** ................. vacanze **6.** ..................... uva **7.** ................. aeroporti **8.** un ................. amico **9.** ............... ragazze **10.** un ..................zaino **11.** ............... figli **12.** una .............. spiaggia **13.**................. piatti

## 5. Come va insieme?

## Wie paßt das zusammen?

| | |
|---|---|
| **1.** Non andare al sole perché | **a.** non conoscono il nostro clima. |
| **2.** Sono stato alla spiaggia | **b.** a prendere le medicine. |
| **3.** Ti scrivo una ricetta | **c.** per cinque o sei ore. |
| **4.** Molti tedeschi | **d.** voglio abbronzarmi. |
| **5.** Sono i tipici sintomi | **e.** per una medicina. |
| **6.** Guardati dal medico perché | **f.** del colpo di sole. |
| **7.** Non prendo un ombrellone perché | **g.** sei rosso come un peperone. |
| **8.** Vai in farmacia domani | **h.** è un tipo presuntuoso. |

# TEORIA

**Attenzione!**
«Unregelmäßige Körperteile»:
il bracci**o** – le bracci**a**
il dit**o** – le dit**a**
il ginocchi**o** – le ginocchi**a**
la man**o** – le mani
Prägen Sie sich diese unregelmäßigen Pluralformen ein.

## Akkusativpronomen und Partizip Perfekt

| | |
|---|---|
| Ho pres**o** il balsamo. | L'ho pres**o**. (**Lo** ho pres**o**.) |
| Ho vist**o** la ragazza. | L'ho vist**a**. (**La** ho vist**a**.) |
| Ho vist**o** i ragazzi. | **Li** ho vist**i**. |
| Ho invitat**o** le ragazze. | **Le** ho invitat**e**. |

Das Partizip Perfekt paßt seine Endung (-o,- a,- i, -e) dem Akkusativpronomen an, wenn dies **vor** dem Hilfsverb «avere» steht. **Lo** und **la** werden **vor Vokal** oder **h** apostrophiert, **li** und **le** nicht.

**Il corpo umano – Der menschliche Körper**

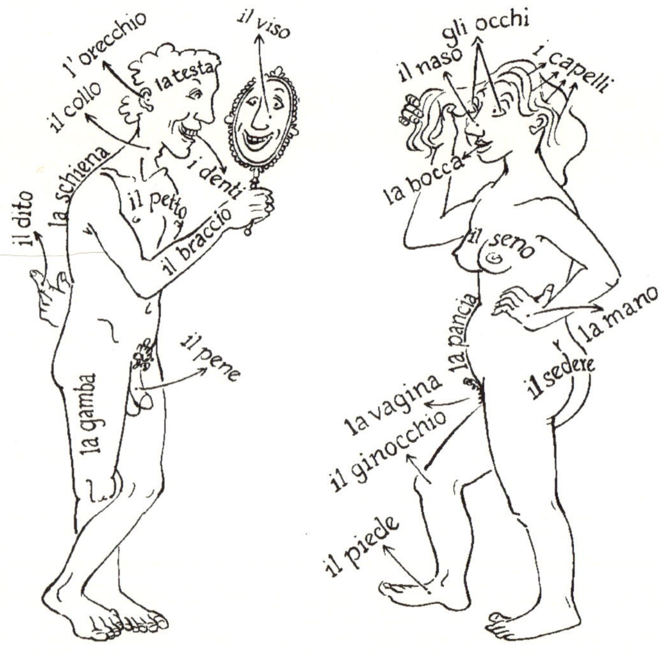

## 6. Akkusativpronomen + Partizip Perfekt

1. La pasta? ...L'avete mangiat.a.. senza sugo?
2. I dolci? ...... hai dimenticat......a casa?
3. I biglietti? ......... avete comprat...... alla biglietteria?
4. I rigatoni? ...... hai fatt...... sempre così?
5. La casa? ......... ha chius...... bene?
6. Le zie? ...... avete chiamat......?
7. La pizzeria? ...... ha trovat......subito?
8. Il vino? ...... avete bevut...... tutto?
9. L'italiano? ...... hai imparat...... finalmente?
10. Le vacanze? ...... ha passat...... in Toscana?
11. La ricetta? ...... ha scritt...... Lei, dottore?
12. Il conto? ...... hai pagat...... tu?

## 7. Contatto con il corpo – Körperkontakt

**1.** Ho visto che hai guardato il seno di Donatella. – No, non .l'..ho ......guardato.... **2.** Avete messo i piedi sul tavolo? – No, non è vero, non ......... abbiamo ................. sul tavolo. **3.** Harry ha perso la testa per Angela? – Sì, purtroppo ......... ha ........................ **4.** Hai visto le belle mani di Arnold Schwarzenegger? – Sì, ...... ho ............................ **5.** Angela ha guardato il corpo muscoloso del medico? – Sì, ......... ha ................. per molto tempo **6.** Hai visto la sua bocca? – Sì, ......... ho ..................... **7.** La signora ha perso molti capelli? – No, non ........... ha ........................ .

## 8. Che cosa ti fa male? – Was tut dir weh?

**1.** la testa/bere troppo/io: ...Mi fa male la testa............ ...perchè ho bevuto troppo...........
**2.** la schiena/avere una scottatura/lui **3.** i denti/mangiare il pane duro/noi **4.** la pancia/cenare dalla madre di Donatella/voi **5.** il ginocchio/cadere/tu **6.** gli orecchi/essere in discoteca/loro **7.** i piedi/fare 20 chilometri a piedi/lei **8.** le gambe/ballare troppo/io

### uscire (aus-, rausgehen)

esco
esci
esce
usciamo
uscite
escono

sono uscito/a

### Betonte Objektpronomen

Sii più gentile **con me**!
Che cosa posso fare **per te**?

| | |
|---|---|
| **me** | mir/mich |
| **te** | dir/dich |
| **lui** | ihm/ihn |
| **lei** | ihr/sie |
| **Lei** | Ihnen/Sie |
| **noi** | uns |
| **voi** | euch |
| **loro** | ihnen/sie |

Die betonten Objektpronomen sind außer **me** und **te** identisch mit den Personalpronomen.

**Gebrauch:**

1. In Verbindung mit Präpositionen: **con te**, **per me**, **da lui** ...
2. Bei besonderer Hervorhebung:
   (unbetont: Perché **mi** guardi?
   betont: Perché guardi sempre **me**?)

CAPRI
BEAUTY
FARM

### 9. Uscire, ma con chi?

### Ausgehen, aber mit wem?

Setzen Sie die Formen von uscire und die betonten Objektpronomen ein!

1. ...Uscite............ con Claudia? – No, non ..usciamo.............
   con ..lei............... (voi/noi/lei).

2. I Bentivoglio .................... con i loro figli? – No, non ........................
   con ............................ (loro/loro/loro).

3. ................................... con ................................? (tu/io)

4. No, non ........................con ........................ (io/tu),
   .................... con ..........................(io/lui).

5. ......................... con il medico, signora? – No, non ..................
   con ......................... (Lei/io/lui).

6. ............................. con ...................................? (voi/noi)

7. No, ............................ solo con ............................. (noi/tu)

8. ........................... con ............................., signora? (Lei/io)

9. No, non ........................... con ............................. (io/Lei).

TEORIA

## Adjektiv + Adverb

fare **male**
stare **bene**
sapere **esattamente**
andare **sicuramente**
fare **normalmente**

**Adverbien bestimmen näher**

1. ein Verb: **So esattamente** che il treno parte alle 9.00.(Ich weiß **genau** ...)
2. ein anderes Adverb: Ti fa **sicuramente bene.** (... **sicherlich** gut)
3. einen ganzen Satz: **Normalmente** non sono più di servizio. (**Normalerweise** ...)

**Bildung:**

| | |
|---|---|
| sicuro/a | sicur-**a-mente** |
| esatto/a | esatt-**a-mente** |

**Adjektive auf`-o:**
An die weibliche Form des Adjektivs (**-a**) wird **-mente** angehängt

| | |
|---|---|
| dolce | dolce-**mente** |
| semplice | semplice-**mente** |

**Adjektive auf -e:**
**-mente** wird angehängt.

| | |
|---|---|
| normale | normal-**mente** |
| difficile | difficil-**mente** |

**Adjektive auf -le:**
Das **e** vor **-mente** entfällt.

**10. Parole crociate – Kreuzworträtsel**

**1.** Se Harry non va al sole non si ... **2.** Harry è rosso come un... **3.** Harry non ha appetito, non può ... **4.** Harry deve ... presto stasera. **5.** Il sole a quest'ora è ... **6.** Il medico prescrive un ...

Lösung: hilft Ihnen im Umgang mit öffentlichen Verkehrsmitteln.

# TEORIA

### Unregelmäßige Adverbien:

| | |
|---|---|
| E'una **buona** cena. | Abbiamo mangiato **bene**. |
| L'arrosto è **cattivo**. | Abbiamo mangiato **male**. |
| Ho **molta** fame. | Mangio **molto.** |
| Ho **poca** sete. | Bevo **poco**. |

| **Adjektiv** | **Adverb** |
|---|---|
| buono/a | bene |
| cattivo/a | male |
| molto/a | molto |
| poco/a | poco |

**L'abbronzatura**

*Die Sommerferien in Italien sind über zwei Monate lang und werden mit Vorliebe am Meer verbracht. Wen wundert's also, wenn man auf milchkaffee- bis schokoladenbraune Menschen trifft, die einem als lebende Beispiele die eigene Blässe vor Augen führen? Um also in dieser Hinsicht konkurrenzfähig zu bleiben, versucht der deutsche Urlauber, das in zwei Wochen nachzuholen, wozu den Einheimischen zwei Monate zur Verfügung stehen. Dabei allerdings begehen die Bleichgesichter einen kapitalen Fehler: Sie setzen sich mit Vorliebe in der Mittagszeit der Sonne aus, was einem Italiener im Traum nicht einfiele. Die Italiener verlassen zur Essenszeit den Strand und kehren erst nach ausgiebiger Siesta am Nachmittag zurück. Dieser mittägliche Aufbruch gleicht dem Umzug eines Zeltlagers: Schirme werden zusammengeklappt, Taschen gepackt, Handtücher gefaltet. Recht so! Sofern es so etwas wie eine «gesunde Bräune» überhaupt gibt, so ist sie auf diesem Wege jedenfalls am ehesten zu erreichen.*

PRATICA

## 11. Che cosa manca?
## Was fehlt?

**1.** Alla spiaggia Harry non vuole prendere un........ombrellone...... perché vuole ... a casa con una bella ... **2.** Ma il sole non ... fa bene e così, la sera, è rosso come un ... **3.** Gli brucia tutto il ... , sta ...e non vuole mangiare perché non ha ... **4.** Angela, la sua ragazza, chiama un ... che viene subito. **5.** ... non è più di ... a quest'ora, ma per caso si è ... giù al ristorante. **6.** Harry ha i ... sintomi del ... e il medico gli ... una ricetta. **7.** Gli dà anche alcuni consigli:« Non ... alla spiaggia! Non ... così vanitoso!» **8.** Harry deve dormire ... e Angela ... sola con il medico. **9.** Il medico ... piace perché è ... , muscoloso e abbronzato. **10.** Povero Harry! Deve stare ... nella camera .... albergo!

## 12. Aggettivo o avverbio? Adjektiv oder Adverb?

**1.** Donatella è una ragazza ......................gentile............ (gentile). **2.** ... il treno è già partito (probabile). **3.** ... non sono più di servizio (normale) **4.** Angela e Carla sono sempre ... (sfortunato). **5.** Harry parla molto ... l'italiano (buono). **6.** Gli spaghetti sono ... (semplice). **7.** Non siamo ... di Firenze (pratico). **8.** Potete ... vedere i vostri amici (sicuro). **9.** ... sei arrivata (finale)! **10.** Il medico ha parlato molto ... (gentile). **11.** Il tedesco è una lingua ... (difficile). **12.** I traghetti vanno ... (regolare).

## 13. Com'è l'avverbio? – Wie ist das Adverb?

**1.** buono: ..................................
**2.** certo: . certamente........
**3.** difficile: ..................................
**4.** semplice: . ..............................
**5.** sfortunato ..............................
**6.** cattivo: ..................................
**7.** ultimo: ..................................
**8.** regolare: ..............................
**9.** pratico: ..................................
**10.** naturale: ..............................
**11.** esatto: ..................................
**12.** pazzo: ..................................
**13.** felice: ..................................
**14.** probabile: ..............................
**15.** tipico: ..................................
**16.** possibile: ..............................
**17.** solo: ..................................
**18.** stretto: ..................................
**19.** dolce: ..................................
**20.** nuovo: ..................................

# TEORIA

## Pronuncia – Aussprache

**Betonung**

Im Italienischen wird in der Regel auf der vorletzten Silbe betont:
bu**o**no, legg**e**ro, itali**a**no, settim**a**na, parl**a**re ...

Da es aber viele Abweichungen gibt, muß man sich die Betonungen einzeln einprägen:
br**i**ndisi, s**i**ntomo, gi**o**vane, tecnologi**a**, farmaci**a**

Ein Tip: In guten Wörterbüchern ist die betonte Silbe mit einem Punkt gekennzeichnet: metodo

## Essere malati in Italia

Ein paar Tips für den Krankheitsfall:

***Farmacie*** *(Apotheken): An jeder Apotheke ist zu lesen, welche andere gerade Notdienst versieht.*

***Pronto soccorso*** *(Erste Hilfe): findet man in Bahnhöfen, Flughäfen und Häfen.*

***Ospedali*** *(Krankenhäuser) und* ***medici delle mutue*** *(Kassenärzte): lassen sich mit einem internationalen Krankenschein in Anspruch nehmen. Umständlich ist dabei, daß man sich zunächst einen Berechtigungsschein ausstellen lassen muß: entweder bei der* ***U.S.L.*** *(Gesundheitsamt) oder bei der* ***S.A.U.B.*** *(Krankenkasse).Bei Arzneimitteln und stationärer Behandlung im Krankenhaus muß der Patient eine Eigenbeteiligung leisten, deshalb läßt man sich am besten immer Quittungen geben, um diese dann bei der deutschen Krankenkasse vorlegen zu können.*

## Pronuncia – Aussprache

Die folgenden Wörter sind wegen ihrer Betonung nicht ganz leicht. Hören Sie die Kassette an und sprechen Sie nach:

chiacchier**a**re, chi**a**cchiere, chil**o**metro, br**i**ndisi, matem**a**tica, tecnolog**i**a, **o**spite, b**a**lsamo, n**au**sea, s**i**ntomo, gi**o**vane, farm**a**cia, st**u**pido, l**e**ggere, legg**e**ro, p**u**bblico, st**o**maco

### 14. Come si dice in italiano?
### Wie heißt's auf Italienisch?

1. Die Sonne um diese Zeit tut dir sicher nicht gut.
2. Jetzt hast du einen schönen Sonnenbrand!
3. Geh nicht mit dem Arzt aus, er ist ein aufgeblasener Typ.
4. Der ganze Körper tut mir weh: der Bauch, der Rücken, die Arme, die Beine.
5. Wo ist die Sonnencreme? Hast du sie schon genommen?
6. Nimm diese Salbe, wenn dir die Füße weh tun!
7. Wahrscheinlich hast du ihn mutterseelenallein im Hotelzimmer gelassen.
8. Wo die Deutschen sind? Ich habe sie nicht gesehen.
9. Paß auf, Harry! Die italienischen Züge fahren nie regelmäßig.
10. Wenn du mit mir nicht zu Abend essen willst, kannst du (ja) mit dem Doktor ausgehen.
11. Gehe in die Apotheke und kaufe die Medizin!
12. Danke für die Einladung! Ich nehme sie gerne an.

# SENTI

Hören Sie die Dialoge von der Kassette. Lesen Sie dann die Fragen und hören Sie dann die Dialoge jeweils noch einmal. Beantworten Sie beim zweiten oder dritten Hören die Fragen.

## Dal medico

**1.** Il signore ha problemi con
**a** il dottore.
**b** il ginocchio.
**c** lo stomaco.

**2.** Al ristorante ha mangiato
**a** un arrosto di vitello.
**b** solo un'insalata.
**c** una nausea.

**3.** Dieci pazienti del medico
**a** hanno mangiato i rigatoni.
**b** sono venuti da lui con gli stessi sintomi.
**c** non hanno mangiato per una settimana.

**4.** Il ristorante «La schifezza»
**a** è un ristorante fantastico.
**b** è il ristorante della moglie del medico.
**c** deve chiudere.

| Tra amici | sì | no |
|---|---|---|
| **1.** Giorgio ha una nuova ragazza. | ■ | ■ |
| **2.** E' una ragazza in gamba. | ■ | ■ |
| **3.** La ragazza ha belle gambe. | ■ | ■ |
| **4.** La madre di Gianni e la ragazza hanno lo stesso viso. | ■ | ■ |
| **5.** La ragazza è molto intelligente. | ■ | ■ |
| **6.** Gianni dice: «Non mi rompere le scatole!» | ■ | ■ |

PARLA

## Gioco

Der Kursleiter nennt zwei Körperteile, z.B., «naso al ginocchio». Daraufhin berührt ein Teilnehmer möglichst schnell das Knie des Nachbarn mit seiner Nase. Dem phantasiebegabten Lehrer fallen da bestimmt die abenteuerlichsten Verbindungen ein!

## Minidialog

**A: Prendi questo balsamo**, ti fa bene!
**B:** Non ho più bisogno **del balsamo,** perché **l'ho** già **preso**.
**1.** prendere questo balsamo/avere preso **2.** mangiare questa pasta/ avere mangiato **3.** comprare questa medicina/ avere comprato **4.** bere questo cappuccino/avere bevuto **5.** sentire questo consiglio/avere sentito **6.** mangiare questo piatto vegetariano/avere mangiato **7.** prendere questa frutta/avere preso

**A: Esci** con **me** stasera? C'è una festa in piazza.
**B:** Purtroppo non è possibile perché **esco** con **il mio ragazzo**.
**1.** uscire (tu)/io – uscire (io)/ il mio ragazzo
**2.** uscire (voi)/noi – uscire (noi)/i nostri amici
**3.** uscire (lei)/lui – uscire (lei)/la sua famiglia
**4.** uscire (loro)/voi – uscire (loro)/i loro figli
**5.** uscire (tu)/lei – uscire (io)/Ilona Staller **6.** uscire (Lei)/io – uscire (io)/Marcello Mastroianni
**7.** uscire (voi)/loro – uscire (noi) le nostre ragazze.

## Maxidialog

**A** deve andare dal medico (**B**) perché qualcosa gli fa male. Parla dei suoi sintomi e il medico dà alcuni consigli, scrive una ricetta ecc.

LETTURA

# *COLPA SUA!*

Angela e il dottore vanno al ristorante dell'albergo. Il medico ha molti soldi e così possono mangiare alcuni piatti. Prendono un primo, un secondo, formaggio, frutta, un dolce e un caffè e bevono un litro di vino.

Angela è felice perché la cena le piace e anche il medico le piace perché è muscoloso e bello. Anche il medico è contento perché ha invitato una bella ragazza a cena, ma è anche un po'geloso perché lei è la ragazza di Harry.

Dopo la cena il medico fa una proposta: «Perché non andiamo alla spiaggia e guardiamo il mare? E' una notte così bella!» Angela dice: «Sì, lo possiamo fare.» Ma lei pensa sempre a Harry. Ha una cattiva coscienza perché lui sta male ed

**la cattiva coscienza** das schlechte Gewissen
**irresistibile** unwiderstehlich
**qualcosa** etwas
**frustrato** frustriert

è solo soletto nella camera dell'albergo. Ma il medico è così bello .... irresistibile ...
Arrivano alla spiaggia e Angela sente già una certa nausea. Ha mangiato troppo e la sua gonna è molto stretta. La pancia le fa male. Pensa: «Perché non posso andare all'albergo? Vorrei riposarmi un po' e invece devo stare qui con lui ... come faccio?»
Il medico ha già capito che qualcosa non va bene con Angela e domanda: «Come stai? Non ti senti bene?» Angela dice che deve andare subito all'albergo perché sta male e perché sente questa nausea. Che delusione! Lui è frustrato perché è già un po'innamorato di Angela e lei è triste perché la serata con il bel medico finisce così. Colpa sua! Ha mangiato troppo e ha lasciato solo il povero Harry!

| Sì o no? | sì | no |
|---|---|---|
| 1. Angela e il medico vanno al ristorante dell'albergo. | ■ | ■ |
| 2. Mangiano solo un primo e un secondo. | ■ | ■ |
| 3. Il medico ha molti soldi. | ■ | ■ |
| 4. Dopo la cena vogliono mangiare ancora un gelato. | ■ | ■ |
| 5. Alla spiaggia tutti e due sono molto felici. | ■ | ■ |
| 6. Angela sente una certa nausea. | ■ | ■ |
| 7. Angela ha una cattiva coscienza. | ■ | ■ |
| 8. Il medico è un po'innamorato di Angela. | ■ | ■ |
| 9. Angela vuole riposarsi un po'. | ■ | ■ |

# TEMA 8

# *TEMPO LIBERO*

***Angela in fretta***

Angela, telefono!

*Cavolo! Non posso, mamma, devo andare, altrimenti non arrivo in tempo ... Chi è?*

E' Harry.

*Domandagli cosa vuole!*

Ha due biglietti per il teatro: «Sei personaggi in cerca d'autore» di Pirandello.

*Tutta la settimana ho tempo e proprio oggi non posso ... ho il mio corso di danza. Digli che mi può telefonare più tardi. Sarò a casa verso le nove e mezza. ... Perché non ci vai tu con lui, mammina, tanto papà non c'é.*

Mmmh, forse è una buona idea ...

*Sì, certo, vacci ... senti, dove sono le mie scarpe?*

Non le metti sempre sotto il tavolino accanto alla porta?

*Ma non sono lì!*

Hai guardato sull'armadio?

*Ah, sì, ecco! ... Ciao, devo scappare!*

***Un appuntamento con Harry***

Senti, Harry, Angela non ha tempo perché va al suo corso di danza. Ma se sei d'accordo posso venire io con te. Mio marito non c'è perché il giovedì frequenta un corso di tedesco e così sono completamente libera.

*E' un'ottima idea, signora. La vengo a prendere a casa Sua?*

Non è necessario. Prenderò i mezzi. Quando comincia?

*Alle nove.*

Allora, facciamo così: ci incontriamo alle nove meno un quarto all'ingresso, va bene?

*Benissimo, a più tardi allora.*

Ciao, Harry, a più tardi.

**La scoperta**

*Oh Dio, mia moglie!*

Come tua moglie?

*Lì in fondo, dietro la colonna, in compagnia del ragazzo di mia figlia.*

Ti ha visto?

*Non so, spero di no. Mamma mia, cosa le dico? Ha sempre funzionato bene con la scusa del corso di tedesco.*

Eh, colpa tua! Perché non le hai mai detto niente del nostro rapporto?

*Perché, perché ... ho altri problemi adesso ...*

**Una « bella» sorpresa**

Ma signora, che c'è? E' tutta pallida ...

*Mio marito con la sua segretaria, che bella sorpresa! Altro che corso di tedesco! Faremo i conti quando arriverà a casa. Mi conoscerai, carissimo!*

Forse è solo un equivoco ...

*Equivoco? Tu non conosci mio marito! Scusami, Harry, ma devo andare subito.*

Ma così perderà tutto lo spettacolo!

*E' un peccato, ma non posso restare. Ciao Harry, mi dispiace!*

**Litigio matrimoniale**

*Giorgettina, che fai con la valigia?*

Tornerò da mia madre!

*Ma perché? Si tratta di un equivoco ... sai ...*

Equivoco! Non mi dire niente! Lasciami in pace con le tue scuse. Ho le tasche piene! Sono mesi e mesi che non facciamo più niente insieme e adesso ho capito perché ... bel corso di tedesco!

*Credimi! Anche la signorina Vanitosetta frequenta questo corso, solo che stasera non ha avuto voglia di andarci e mi ha fatto la proposta di andare a teatro. Non ho potuto dire di no, sai, lavoriamo insieme ... Non essere offesa ... ti giuro che cambierò la mia vita. Ti dedicherò più tempo, faremo molte cose insieme ...*

Quante volte ti ho già creduto e non è mai successo niente. O sei andato con i tuoi amici allo stadio a vedere una partita o ti sei incontrato con tutte le tue donne. Hai passato tutto il tempo libero con altri e da due anni non siamo stati in vacanza insieme!

*Ma tesoro, credimi questa volta almeno! Faccio subito una proposta: possiamo andare al cinema domani sera, c'è un buon film e la prossima settimana danno il «Rigoletto» al teatro ... prenoterò due biglietti. Dai, facciamo pace!*

O Mariuccio ... è sempre lo stesso con te, ma ti amo!

*Giorgettina, sei il mio unico amore e lo sai che ti voglio tanto bene.*

### *In ufficio*

Senti, Vanna, la prossima settimana non avrò tempo per andare a teatro ...

*Come, non avrai tempo? Hai già prenotato i biglietti o no, Mario?*

Sì, li ho prenotati, ma ci devo andare con mia moglie.

*Con tua moglie?*

Sai, quando ci ha visti a teatro è andata a casa e

ha cominciato a fare la valigia per tornare da sua madre. In futuro dovrò dedicare più tempo a lei.

*Sì, certo, falle questo favore, ma per me è finita ... non mi rivedrai mai più. Preparerò il mio licenziamento!*

O queste donne!

***Il giorno dopo***

*Allora, Angela, com'è il tuo corso di danza?*

Eccezionale, ti dico. Il gruppo non è troppo grande e l'insegnante è una meraviglia, ma dimmi piuttosto: com'è stato lo spettacolo?

*Lo spettacolo è stato molto valido e gli attori sono stati molto bravi, veramente tutti gli attori ... ma non parliamo delle altre cose che sono successe.*

Sì, lo so, mia madre mi ha raccontato tutto.

*E divorzieranno finalmente?*

Altro che divorzio! Hanno fatto pace come sempre, loro non cambieranno mai.

*E noi due, faremo la stessa FINE?*

# ASCOLTA

## A

### Sí o no?

**Pro Dialog eine Frage**

| | sì | no |
|---|---|---|
| **1.** Angela ha tempo per andare a teatro. | ■ | ■ |
| **2.** La madre di Angela va a teatro con Harry. | ■ | ■ |
| **3.** Il marito è a teatro con la sua segretaria. | ■ | ■ |
| **4.** La madre di Angela va subito a casa. | ■ | ■ |
| **5.** Marito e moglie fanno pace. | ■ | ■ |
| **6.** Il padre di Angela non va più a teatro con la segretaria. | ■ | ■ |
| **7.** Il corso di danza è stato eccezionale. | ■ | ■ |

| | B |
|---|---|
| 1. Angela in fretta | a Angela va al corso di danza.<br>b Harry può telefonare alle otto e mezza.<br>c La madre di Angela può andare a teatro con Harry. |
| 2. Un appuntamento con Harry | a Il marito della signora frequenta un corso di tedesco.<br>b Harry viene a prendere la signora a casa sua.<br>c Lo spettacolo comincia alle nove. |
| 3. La scoperta | a Il padre di Angela vede sua moglie.<br>b Il padre di Angela è al corso di tedesco.<br>c Il padre di Angela ha problemi. |
| 4. Una bella sorpresa | a La madre di Angela vede suo marito con la sua segretaria.<br>b La madre di Angela non va più a casa.<br>c La madre di Angela va subito al bar. |
| 5. Litigio matrimoniale | a La madre di Angela vuole tornare da sua madre.<br>b Il padre di Angela non ha mai tempo per sua moglie.<br>c La prossima settimana vanno in vacanza insieme. |
| 6. In ufficio | a La segretaria si chiama Vanna.<br>b Il padre di Angela ha già prenotato i biglietti per il teatro.<br>c Il padre di Angela vorrebbe andare a teatro con la sua segretaria. |
| 7. Il giorno dopo | a Il corso di danza è molto grande.<br>b Angela sa già che cosa è successo al teatro.<br>c I genitori di Angela hanno fatto pace. |

# VOCABOLI

## *TEMPO LIBERO*

*FREIZEIT*

### *Angela in fretta*

*Angela in Eile*

**cavolo!** ⟨!⟩
Mist!
**altrimenti**
ansonsten
**in tempo**
rechtzeitig
**il teatro**
das Theater
**«Sei personaggi in cerca d'autore»**
«Sechs Personen suchen einen Autor»
**Luigi Pirandello**
italienischer Dramatiker (1867-1936)
**il corso di danza**
der Tanzkurs
**sarò**
ich werde sein
**mammina**
Mamachen
**vacci!**
geh'hin!
**la scarpa**
der Schuh
**sotto**
unter
**il tavolino**
das Tischchen
**accanto a**
neben
**la porta**
die Tür
**l'armadio**
der Schrank
**scappare**
weggehen, abhauen

### *Un appuntamento con Harry*

*Eine Verabredung mit Harry*

**il giovedì**
donnerstags
**frequentare**
(regelmäßig) besuchen
**completamente**
völlig
**libero**
frei
**necessario**
notwendig
**cominciare**
anfangen
**l'ingresso**
der Eingang

### *La scoperta*

*Die Entdeckung*

**la moglie**
die Ehefrau
**in fondo**
hinten
**dietro**
hinter
**la colonna**
die Säule
**in compagnia**
in Begleitung
**spero di no**
ich hoffe nicht
**sperare**
hoffen
**la scusa**
die Entschuldigung, die Ausrede
**il rapporto**
die Beziehung

### *Una bella sorpresa*

*Eine schöne Überraschung*

**pallido**
blaß, bleich
**il marito**
der Ehemann
**fare i conti**
abrechnen, die Meinung geigen
**carissimo**
mein Lieber
**l'equivoco**
das Mißverständnis

**lo spettacolo**
die Vorstellung
**un peccato**
schade (Sünde)

*Litigio matrimoniale*
*Ehekrach*
**trattarsi di**
sich handeln um
**lasciare in pace**
in Frieden lassen
**avere le tasche piene**
die Nase (die Taschen) voll haben
**offeso**
beleidigt
**offendere**
beleidigen
**giurare**
schwören
**dedicare**
widmen
**successo**
geschehen (Partizip Perfekt)
**succedere**
geschehen
**lo stadio**
das Stadion
**la partita**
das Spiel (meist Fußball)
**la donna**
die Frau
**da**
seit
**almeno**
wenigstens
**il cinema**
das Kino
**il film**
der Film
**danno**
man gibt
**fare pace**
Frieden schließen, sich wieder vertragen
**amare**
lieben
**unico**
einzige/r/s
**volere bene**
liebhaben, gern haben

*In ufficio*
*Im Büro*
**fare la valigia**
den Koffer packen
**in futuro**
in Zukunft
**falle!**
tu'ihr!
**il favore**
der Gefallen
**il licenziamento**
die Kündigung

*Il giorno dopo*
*Der Tag danach*
**il gruppo**
die Gruppe
**la meraviglia**
das Wunder
**essere valido**
etwas taugen, Wert haben
**l'attore**
der Schauspieler
**bravo**
gut
**divorziare**
sich scheiden lassen
**il divorzio**
die Scheidung
**la fine**
das Ende

## TEORIA

### Das Futur

| | |
|---|---|
| **Sarò** a casa verso le nove. | **Ich werde** um neun Uhr zu Hause **sein**. |
| **Arriverà** a casa. | **Er wird** nach Hause **kommen**. |
| Mi **conoscerai**! | **Du wirst** mich **kennenlernen**! |
| Non **avrò** tempo. | **Ich werde** keine Zeit **haben**. |
| Non **cambieranno** mai. | **Sie werden** sich nie **ändern**. |

### Futur der regelmäßigen Verben

| arriv**are** | prend**ere** | part**ire** |
|---|---|---|
| arriv-**erò** | prend**er-ò** | part**ir-ò** |
| arriv-**erai** | prend**er-ai** | part**ir-ai** |
| arriv-**erà** | prend**er-à** | part**ir-à** |
| arriv-**eremo** | prend**er-emo** | part**ir-emo** |
| arriv-**erete** | prend**er-ete** | part**ir-ete** |
| arriv-**eranno** | prend**er-anno** | part**ir-anno** |

**Futuro: Infinitivstamm** (arriv-, prend-, part-) **+ Futurendung**

**Attenzione!**
**1.** Bei -are-Verben wird aus **a** ein **e**.
**2.** Bei Verben auf -ciare + -giare entfällt das **i**, z.B.:
mangiare - mang**e**rò
festiggiare - festegg**e**rò

### Futur von «avere» und «essere»

| | |
|---|---|
| **avrò** | ich werde haben |
| **avrai** | du wirst haben |
| **avrà** | er/sie wird haben |
| **avremo** | wir werden haben |
| **avrete** | ihr werdet haben |
| **avranno** | sie werden haben |
| **sarò** | ich werde sein |
| **sarai** | du wirst sein |
| **sarà** | er/sie wird sein |
| **saremo** | wir werden sein |
| **sarete** | ihr werdet sein |
| **saranno** | sie werden sein |

## PRATICA

### 1. Coniugate in tutte le forme del futuro
### Konjugieren Sie in allen Formen des Futurs

**1.** avere le tasche piene **2.** essere molto offeso **3.** fare la valigia **4.** divorziare fra due anni **5.** preparare gli spaghetti aglio e olio **6.** prendere i mezzi **7.** partire per Roma domani mattina

### 2. Che cosa farete? – Was werden Sie tun?

**1.** Che cosa ...farai... domani? (fare, tu)
...Rivedrò un amico... (rivedere, io)

**2.** Dove ... le vacanze? (passare,voi)
... all'isola del Giglio. (andare, noi)

**3.** Che cosa ..., signora? (mangiare, Lei)
... un buon piatto di pasta. (prendere, io)

**4.** Dove ... andare nel pomeriggio? (dovere, tu)
... al corso di danza. (andare, io)

**5.** Che cosa ... al fine settimana? (fare, Lei)
... più tempo a mia moglie. (dedicare, io)

**6.** Quando ... i tuoi genitori? (arrivare, loro)
... a Roma domani alle due. (essere, loro)

**7.** Quando ... lo spettacolo? (vedere, voi)
Lo ... domani sera. (vedere, noi)

**8.** Che cosa ... quando ... Harry? (fare,rivedere,tu)
... i conti. (fare, noi)

**9.** Che cosa ... domani? (fare, voi)
... fino alle otto. (lavorare, noi)

# TEORIA

**Einige verkürzte Sonderformen:**
**andare**: andrò, andrai, andrà, andremo, andrete, andranno
**dire**: dirò, dirai, dirà, diremo, direte, ...
**dovere:** dovrò, dovrai, dovrà, dovremo, ...
**fare:** farò, farai, farà, ...
**vedere:** vedrò, vedrai, ...
**sapere:** saprò, ...
**potere:** potrò

Besonderheiten in der -are-Konjugation
Ti dedic**h**erò più tempo.
Pag**h**erò il conto.

Bei den Verben auf **-care** und **-gare** muß ein **h** eingefügt werden, damit die Aussprache erhalten bleibt.

## Gefühlsskala

| | |
|---|---|
| **amare** | lieben |
| **avere le tasche piene** | die Nase voll haben |
| **dispiacere** | leid tun |
| essere | |
| **-cattivo/a** | böse, gemein sein |
| **-deluso/a** | enttäuscht sein |
| **-emozionato/a** | aufgeregt sein |
| **-geloso/a** | eifersüchtig sein |
| **-innamorato/a** | verliebt sein |
| **-offeso/a** | beleidigt sein |
| **odiare** | hassen |
| **piacere** | gefallen |
| **soffrire** | leiden |
| **sopportare** | ertragen |
| trovare | |
| **-antipatico/a** | unsympathisch finden |
| **-noioso/a** | langweilig finden |
| **-simpatico/a** | sympathisch finden |
| **volere bene** | gern, lieb haben |

### 3. Come passate il tempo libero?

**Wie verbringen Sie die Freizeit?**

**Bilden Sie Sätze im Futur!**

Vedrai la partita questo pomeriggio.

| | | |
|---|---|---|
| **1.** io | avere il corso di danza | fra due giorni |
| **2.** tu | frequentare un corso di tedesco | domani |
| **3.** lui | andare a teatro | la prossima settimana |
| **4.** lei | guardare la TV | stasera |
| **5.** noi | vedere la partita | domenica |
| **6.** voi | andare al cinema | il prossimo lunedì |
| **7.** loro | incontrare amici | questo pomeriggio |

### 4. Emozioni – Gefühle

**1.** Angela, essere emozionata - innamorata del medico Perché Angela è emozionata? – Perché è innamorata del medico.

**2.** Harry, essere offeso – la sua ragazza, uscire con il medico

**3.** la signora, avere le tasche piene – suo marito, non avere mai tempo per lei

**4.** i genitori, volere bene al loro figlio – essere così dolce

**5.** Donatella, essere gelosa – Franco, ballare con un'altra ragazza

**6.** Carlo, trovare noioso il suo amico – essere sempre stanco

**7.** la tua amica, soffrire – essere molto delusa

**8.** i ragazzi, essere cattivi – avere le tasche piene

**9.** Mattia, amare sua figlia – essere così intelligente

TEORIA

## Die Zeiten

**Das Futur:** drückt alles Zukünftige aus.

La prossima settimana andrò al cinema.

Anstelle des Futurs wird auch oft das Präsens benutzt, wenn deutlich wird, daß es sich um zukünftige Vorgänge handelt:

Domani vado a Firenze.

**Das Perfekt:** beschreibt Ereignisse in der Vergangenheit.

**1.** Mi sono decisa di frequentare un corso di danza.

Der Vorgang ist für die Gegenwart noch von Bedeutung: Ich habe mich für einen Tanzkurs entschieden (und besuche ihn jetzt noch).

**2.** Stamattina sono andata in centro per fare la spesa.

Der Vorgang hat sich kurz vor der Gegenwart ereignet.

**Das Präsens:** beschreibt Vorgänge der Gegenwart und Tatsachen.

Io lavoro e lui gioca a scacchi.
Lui è un buon insegnante.

# Pirandellissimo?

## 5. Ieri – oggi – domani

Setzen Sie **passato prossimo, presente** oder **futuro** ein!

**1.** Ieri Angela ....è andata.......................... a un nuovo corso di danza. (andare) **2.** Le ... molto perché l'insegnante ... bravo. (piacere, essere) **3.** Il gruppo ... gentile e la prossima settimana ... tutti insieme al bar dopo il corso. (essere, andare) **4.** Già alcuni mesi ... Angela... di frequentare un corso di danza. (fare, decidersi) **5.** Lei e Harry ... le vacanze al mare quest'anno e così ... ancora perdere due o tre chili. (passare, dovere). **6.** Oggi Angela ... i suoi muscoli. (sentire) **7.** Ma il prossimo giovedì ... già meglio. (essere) **8.** Ecco il consiglio di Angela per tutte le ragazze: Se ... un corso di danza non ... più! (frequentare, ingrassare)

## 6. Come va insieme? – Was paßt zusammen?

| | |
|---|---|
| **1.** Stasera Angela non ha tempo | **a.** quando arriverà a casa. |
| **2.** Se adesso va a casa | **b.** ha cominciato a fare la valigia. |
| **3.** Faremo i conti | **c.** perché va al suo corso di danza. |
| **4.** Se non vai a teatro con me | **d.** perderà tutto lo spettacolo. |
| **5.** Sei sempre andato allo stadio | **e.** del nostro rapporto? |
| **6.** Perché non le hai parlato | **f.** con i tuoi amici. |
| **7.** Ci ha visto insieme e così | **g.** preparerò il mio licenziamento. |

## 7. Was ist hier falsch?

**1.** Mi lascia in pace, Mattia! **2.** Fra una settimana ho preso il traghetto. **3.** Hai preso un bello colpo di sole. **4.** Vogliamo andare a Claudia domani sera? **5.** Vado in Italia dalle tre alle sette settembre. **6.** In futuro ti dedicerò più tempo. **7.** Non hai detto che Elena è in vacanza? Ma l'ho visto ieri. **8.** Ti hai sempre incontrato con le tue donne. **9.** Non sii offesa, Giorgetta, non lo farò mai più! **10.** Vai alla spiaggia con la tua madre?

## TEORIA

### Tutto

| | |
|---|---|
| E' **tutta** pallida. | **ganz** blaß |
| **Tutta la** settimana ho tempo. | die **ganze** Woche |
| Perderà **tutto lo** spettacolo. | das **ganze** Stück |
| Hai passato **tutto il** tempo libero con altri. | die **ganze** Freizeit |
| Ti sei incontrato con **tutte le** tue donne. | **alle** deine Frauen |
| **Tutti gli** attori sono stati bravi | **alle** Schauspieler |

| | |
|---|---|
| tutto il<br>tutto lo<br>tutto l'<br>tutta l'<br>tutta la | der/die/das ganz/e |
| tutti i<br>tutti gli<br>tutte le | alle ... |

**Schon bekannt:**

| | |
|---|---|
| **tutto** | (alleinstehend) alles |
| **tutti e due** | alle beide |

**genauso:**

| | |
|---|---|
| **tutti e tre** | alle drei |
| **tutti e quattro** | alle vier |
| **tutti e nove** | alle neune |

## 8. Cambiare vita

**tutto, tutta, tutti, tutte – Alles oder ganz?**

**1.** Ho sempre guardato ....tutte....le...... le trasmissioni alla TV. (alle) In futuro ................ solo una in ............................la settimana. (guardare, io/ der ganzen) **2.** Ho sempre festeggiato ............................... compleanni. (alle) Quest'anno non ..........................(festeggiare, io) **3.** Abbiamo sempre invitato.................... ragazze belle. (alle) In futuro . .................... solo le ragazze intelligenti. (invitare, noi) **4.** La famiglia Eislöffel ha passato ...................... vacanze in Italia. (alle) Questa volta ................. le vacanze in Germania. (passare, loro) **5.** I ragazzi hanno sempre mangiato ................. dolci. (alle) In futuro ............................ solo il gelato. (mangiare, loro) **6.** Conosciamo bene la signora e il signore Bentivoglio e siamo sempre usciti con ........................ (allen beiden). La prossima settimana .......................... solo con lei. (uscire, noi) **7.** Il padre di Angela ha sempre passato le vacanze con .......................... sue donne. (all) In futuro ......................... le sue vacanze solo con sua moglie. (passare, lui) **8.** Ho sempre accettato ................. tue proposte. (alle)
In futuro non lo .......... più. (fare, io) **9.** Hai sempre comprato in ........................... negozi. (allen) In futuro ............................ solo ai grandi magazzini. (comprare, tu)

## TEORIA

### Imperative + Pronomen

| | |
|---|---|
| Sì, certo, **vacci**! | **geh hin!** |
| **Falle** questo favore! | **tu ihr** den Gefallen! |

| | |
|---|---|
| **fammi** | mach mir |
| **fatti** | mach dir |
| **fagli** | mach ihm |
| **falle** | mach ihr |
| **facci** | mach uns |
| **favvi** | mach euch |
| **fagli (fa loro)** | mach ihnen |

Bei einsilbigen Imperativen wie **fa'**, **va'**, **di'**, **da'** (gib!) verdoppelt sich der Konsonant (außer bei **gli**).

**Schon bekannt:**

fammi! dimmi!

### La partita

*Nicht erst seit Maradonas unzähligen Erfolgen erfreut sich Fußball in Italien großer Popularität. Sogenannte **tifosi** (oder Fans) gibt es jede Menge. Sie hängen entweder vor dem Fernseher oder gehen ins Stadion, um die **partita** (das Spiel) zu sehen, und sie zählen auch zu den eifrigen Lesern von **La gazzetta dello sport**, dem rosafarbenen Sportblatt, das regelmäßig von den Ereignissen auf dem grünen Rasen berichtet. Da die Anhänger verschiedener, gegnerischer Vereine im Zuge der Spielbegeisterung nicht gerade zartfühlend miteinander umgehen, kann der ausländische Beobachter durchaus Nachhilfe bei einem **tifoso** nehmen, um sein Schimpfwortvokabular zu erweitern.*

## 9. Insalata di parole

### Wortsalat

1. i conti – quando – casa – a – faremo -arriverà
2. tutte – sei – incontrato – le – ti – con – donne – tue
3. c'è – domani – buon – cinema – al – un – film
4. per – fatto – tornare -ha – da – valigia – la – madre – sua
5. attori – stati – gli – bravi – sono – molto – tutti
6. settimana – andrò – la – al – danza – prossima – di – corso
7. perderà – purtroppo – lo – signora – tutto – spettacolo – la
8. perché – lasciami – le – in – tasche – pace – ho – piene
9. verso – che – dille – ufficio – sarò – in – otto e mezza – le

## 10. Essere più diretti – Direkter sein

1. Mi puoi fare una proposta? ....... Fammi una proposta! ......
2. Ci sai dire dov'è la stazione? ..........................................
3. Perché non le fai gli auguri? ..........................................
4. Puoi andare ci con lui. ..........................................
5. Perché non mi dici dov'è mia moglie? ..........................................
6. Le puoi dare il tuo zaino. ..........................................
7. Perché non gli domandi? ..........................................
8. Perché non ti fai un caffè? ..........................................
9. Mi puoi dare un consiglio? ..........................................
10. Ci puoi fare questo favore? ..........................................

## 11. Come si dice in italiano? – Wie heißt's auf Italienisch?

**1.** In meiner Freizeit spiele ich immer Schach . **2.** Harry ist so gemein: Er wird nicht mit mir ins Kino gehen. **3.** Nächste Woche werden wir unsere Freunde wiedersehen. **4.** Leider werde ich keine Zeit haben, weil ich mit meiner Frau ins Theater gehen werde. **5.** Alle meine Freunde besuchen einen Italienischkurs. **6.** Sag mir, warum du nicht die ganze Zeit deiner Frau widmen wirst **7.** Geh hin! Es wird ein wunderbares Schauspiel sein. **8.** Ich bin sehr enttäuscht: Du wirst die ganze Woche keine Zeit haben. **9.** Morgen werden wir ins Restaurant gehen und Papa wird die Rechnung bezahlen. **10.** Am Wochenende werden wir ins Stadion gehen, um das Spiel zu sehen **11.** Schau dir die Sendung im Fernsehen nicht an, du wirst sie sehr langweilig finden. **12.** Die Schuhe sind nicht auf dem Schrank, sie sind unter dem Tisch.

# TEORIA

## Ortspräpositionen

| | |
|---|---|
| **accanto a** | neben |
| **davanti a** | vor (räumlich) |
| **dietro** | hinter |
| **fino a** | bis |
| **fra** | zwischen |
| **in fondo** | hinten |
| **sopra** | über |
| **sotto** | unter |
| **su** | auf/in |

Il tavolino è accanto **alla** porta.
Ci incontriamo davanti **all'**ingresso.
Hai guardato **sull'**armadio.

Die Verknüpfung von Präposition und Artikel :
Schon bekannt:
**a + Artikel** (alla porta, all'ingresso ...)
**di + Artikel** (isola del Giglio, la fermata degli autobus) **da + Artikel** (dagli zii, dalle ragazze ...)
**in + Artikel** (nello zaino, nella borsa ...)

Ebenso: **su + Artikel**

| | | | | | |
|---|---|---|---|---|---|
| su + il | = | **sul** | su + i | = | **sui** |
| su + lo | = | **sullo** | su + gli | = | **sugli** |
| su + l' | = | **sull'** | | | |
| su + la | = | **sulla** | su + le | = | **sulle** |

## 12. Dov'è? Dove sono?

## Wo ist? Wo sind?

**1.** L'armadio è ............................ tavolo. **2.** Le macchine sono ......................... stazione. **3.** Il treno va ................. Firenze. **4.** Le scarpe sono ........... armadio. **5.** Il secondo piano è .............. il primo piano. **6.** La signora è ........................ la colonna. **7.** Il posto è lì .................... **8.** Angela e Harry sono .......... treno. **9.** Il telefono è .............. il tavolo. **10.** Il negozio è .................... il bar e l'albergo. **11.** L'albergo è ......... isola. **12.** Il tovagliolo è ............................ tavolo.

## TEORIA

### «a» mit und ohne Präposition

La signora va **al** teatro con i mezzi pubblici.
La signora va **a** teatro. Danno il «Rigoletto».

**a** ohne Artikel:
Eine Theatervorstellung wird besucht.
**a** mit Artikel:
Das Theater dient nur als Ortsangabe.

**Ebenso:**

| | |
|---|---|
| andare **a** scuola | die Schule besuchen |
| andare **a** lezione | den Unterricht besuchen |
| andare **a** letto | ins Bett gehen |

**Attenzione!**

andare **al** cinema
andare **al** concerto
andare **alla** partita

### Lo struscio

*Eine typisch italienische Freizeitbeschäftigung ist der sogenannte* ***struscio****, das Herumschlendern, das Bummeln. Zwischen sechs und acht Uhr abends ungefähr zeigen Italienerinnen und Italiener, was ihre Kleiderschränke und Schminktöpfe zu bieten haben. Man wirft sich in Schale, um gesehen zu werden, und schlendert so den* ***corso****, die belebteste Straße der Stadt, auf und ab, zehnmal, zwanzigmal oder noch öfter, trifft Bekannte, Freunde, bleibt zum kurzen Plausch stehen, geht weiter, schaut ... Der* ***struscio*** *verfolgt keinen Zweck, und das ist in einer Zeit der durch und durch organisierten «sinnvollen Freizeit» das Schöne an ihm. Das Wort* ***strusciare*** *selbst sagt schon alles: Es heißt sowohl «umherstreifen» als auch «umschmeicheln», und genau das beschreibt diesen uritalienischen Bummel-Schlender-Flirt-Gekicher-Anmach-Protz-Spaziergang.*

### 13. Con o senza? – a mit oder ohne Artikel?

1. Andiamo ...a...... teatro? Ho due biglietti per lo spettacolo.
2. Il ragazzo non va.........scuola domani perché non si sente bene.
3. Le tue scarpe sono vicino ......... letto.
4. Vado subito ......... letto perché sono stanca.
5. Questo autobus va anche......... teatro.
6. Harry non ha tempo stasera perché va ........... cinema.
7. Ti posso accompagnare fino ......... scuola.
8. Andate ......... lezione, ragazzi?
9. Ho visto la tua amica ......... concerto di Paolo Conte.
10. Non ho voglia di andare ......... teatro. Perché non guardiamo la TV?

### 14. La vita di Vanna Vanitosetta

### Das Leben von Vanna Vanitosetta

Füllen Sie die Lücken aus!

**1.** Vanna è molto delusa e non vuole più ......................... come segretaria. **2.** Ha già preparato il suo ..................... perché ha le tasche .................... **3.** ....................... la sua vita in futuro e ha già alcune ............................ **4.** La sua amica ha un ristorante vegetariano e forse .............. lavorare lì . **5.** Questa amica paga molto ..................... e così Vanna .................... ricca (reich) fra alcuni anni. **6.** Che cosa .............. con tutti questi soldi? **7.** Non......................... più a casa ma al ristorante. **8.** ....................... spesso in vacanza e conoscerà tutto .................... mondo. **9.** Poi non dovrà più .......... i mezzi pubblici ma comprerà una .................... **10.** Ma .................... veramente così il suo futuro? **11.** Noi non lo possiamo ...................... e Vanna non lo sa neanche. **12.** Telefona .................... sua amica. **13.** L'amica dice: «Mi ................., ma non abbiamo un lavoro per .................» **14.** Povera Vanna! Che ................................! **15.** In questi giorni è veramente ....................

## TV

*Freizeitrenner Nummer eins: das Fernsehen, das pausenlos in fast sämtlichen Wohnzimmern und Bars läuft. Am Rund-um-die-Uhr-Glotze-Marathon sind verschiedene Sendeanstalten beteiligt. Da gibt es die Dreifaltigkeit der staatlichen* ***RAI*** *(Radiotelevisone Italiana), die von parteipolitischer Prägung ist:* ***RAI uno*** *in christdemokratischer Hand,* ***RAI due*** *in sozialistischer und* ***RAI tre,*** *die sich an den Maßgaben der PDS, der ehemaligen kommunistischen Partei orientiert. Darüber hinaus machen die vielen kommerziellen Privatsender, deren Programme reichhaltig mit Werbung gespickt sind, einander Konkurrenz. Dabei flimmert nicht immer nur Keusches über den Bildschirm, und den nichtitalienischen Zuschauer mag es verwundern, daß in einem so katholischen Land sowohl der österliche Papstsegen als auch drittklassige Machwerke mit Pornosternchen Cicciolina übertragen werden.*

**commedia**
**drammatico**
**storico**
**western**
**poliziesco**
**i raccomandati**

**COME DUE GOCCE D'ACQUA**

Regia di Russell Kern

con Sunshine Parker, Trudi Cooper, Sharon Barr. Usa, 1983

*Il fotografo John Halstead con la moglie e le due figlie Kate e Elisabeth girano la prateria su un carro per documentare la conquista dell'Ovest. Durante il tragitto Kate cade dal carro, nessuno se ne accorge e si perde. Dieci anni dopo...*

**Ore 0.30 TMC**

## 15. Proposte per il tempo libero

### Vorschläge für die Freizeit

Machen Sie Ihrem Partner Vorschläge!

**1.** passare il fine settimana al mare/andare dagli zii
Vogliamo passare il finesettimana al mare? – No, preferisco andare dagli zii

**2.** andare al ristorante stasera/mangiare a casa
**3.** vedere la partita domani/andare al cinema
**4.** frequentare un corso di danza/frequentare un corso di cucina **5.** guardare la TV sabato sera/andare a teatro **6.** vedere il nuovo film di Fellini/vedere un film di Pasolini **7.** andare a trovare gli amici/cenare dai genitori **8.** riposarci un po'/fare un po'di sport **9.** cucinare un piatto di pasta/fare un dolce

### Pronuncia – Aussprache

Zungenbrecher (**scioglilingua**) bestechen zwar nicht gerade durch ihre bedeutungsschweren Inhalte, sind aber ein gutes Training für Ihre Sprechfertigkeit. Hören Sie die folgenden Zungenbrecher von der Kassette und versuchen Sie, sie nachzusprechen:

**Sereno è, sereno sarà, se non sarà sereno si rasserenerà.**
(Es ist heiter, es wird heiter sein, und wenn es nicht heiter sein wird, wird es sich wieder aufheitern.)

**Apelle figlio di Apollo fece una palla di pelle di pollo, tutti i pesci vennero a galla per vedere la palla di pelle di pollo fatta da Apelle figlio di Apollo.**
(Apelle, der Sohn von Apollo, machte einen Ball aus Hühnerhaut; alle Fische kamen an die Oberfläche, um den Ball aus Hühnerhaut zu sehen, den Apelle, der Sohn von Apollo, gemacht hatte.)

**Trentatré trentini entrarono tutti e trentatré trotterellando in Trento.**
(Dreiunddreißig Trentiner kamen alle dreiunddreißig trippelnd nach Trento.)

**Sotto la panca la capra campa, sopra la panca la capra crepa.**
(Unter der Bank überlebt die Ziege, auf der Bank krepiert die Ziege.)

## SENTI

Hören Sie die Dialoge von der Kassette. Lesen Sie dann die Fragen durch und hören Sie dann die Dialoge jeweils noch einmal. Beantworten Sie beim zweiten oder dritten Hören die Fragen.

### Daniela non vuole uscire

**1.** Paolo vuole andare
**a** al cinema.
**b** a teatro.
**c** al ristorante.

**2.** Daniela preferisce
**a** uno spettacolo.
**b** una TV.
**c** restare a casa.

**3.** Paolo e Daniela
**a** escono spesso.
**b** vanno solo a teatro.
**c** non escono spesso.

**4.** Daniela
**a** preferisce telefonare perché è comodo.
**b** non telefona mai.
**c** telefona spesso a Paolo.

| Due amiche | sì | no |
|---|---|---|
| **1.** Giorgio e Cristina si vogliono molto bene. | ■ | ■ |
| **2.** Giorgio e Cristina hanno molti problemi. | ■ | ■ |
| **3.** Giorgio è stato in Germania. | | |
| **4.** Giorgio è tornato il quindici. | ■ | ■ |
| **5.** Giorgio non è geloso. | ■ | ■ |
| **6.** Le prossime settimane saranno difficili per Cristina. | ■ | ■ |

## Gioco

Der Kursleiter verteilt Zettel, auf denen verschiedene Beschäftigungen notiert sind, z.B., «fare un corso di danza». Die Teilnehmer müssen nun diese Aktivitäten pantomimisch darstellen, und der Rest des Kurses rät.

## Minidialog

**A:** Perché non **siete stati alla partita** ieri?

**B:** Perché non **abbiamo** avuto tempo, ma **ci andremo** la prossima settimana.

**1.** essere (voi)/la partita – avere/andarci (noi) **2.** andare (tu)/ corso di tedesco – avere/andarci (io) **3.** vedere (loro)/il film – avere/vederlo (loro) **4.** mangiare (lui)/il ristorante – avere/mangiarci (lui) **5.** fare (tu)/il bagno – avere/farlo (io) **6.** incontrare (voi)/gli amici – avere/incontrarli (noi) **7.** comprare (Lei)/ le scarpe – avere/comprarle (io) **8.** pagare (loro)/il conto – avere/pagarlo (loro)

**A:** Senti, hai **fatto** veramente **tutto il corso**?

**B:** No, ho **fatto** solo **due lezioni**.

**1.** fare/il corso – due lezioni **2.** mangiare/i dolci – un gelato **3.** prendere/la crema solare – un po' **4.** invitare/le ragazze – una **5.** bere/il vino – un bicchiere **6.** telefonare a/gli amici – Franco **7.** prenotare/i biglietti – tré **8.** mangiare/la pasta – un piatto

# PARLA

## Maxidialog

Il signor **A** vuole uscire con la sua amante (Liebhaberin) e deve trovare una scusa per sua moglie **B**.
La signora **C** vuole uscire con il suo amante (Liebhaber) e deve trovare una scusa per suo marito **D**.

# LETTURA

# *UNA PRENOTAZIONE*

I genitori di Angela, Giorgetta e Mario, hanno fatto pace. Mario ha cambiato la sua vita ed è molto dolce e gentile con sua moglie. Due settimane fa si sono decisi di passare le vacanze insieme. Mario conosce un buon albergo sull'isola d'Elba dov'è già stato alcune volte. Adesso Mario deve scrivere una lettera per prenotare una camera nell'albergo.

Mario Dei Benedetti
Via Gramsci 18
Roma

Albergo «La vecchia pergola»
Portoferraio
Isola d'Elba

Roma, 15 maggio
Egregio signor Giannetti!

Quest'anno mia moglie ed io vogliamo passare le nostre vacanze sull'isola d'Elba nel Suo albergo che io conosco già. Lei sa benissimo è che mi è sempre piaciuto da Lei.
Abbiamo bisogno di una camera doppia dal 2 al 20 luglio. Sarà possibile o siete già al completo? Prenderemo solo la mezza pensione perchè saremo spesso alla spiaggia e faremo anche alcune escursioni.
Aspettiamo la Sua risposta il più presto possibile.
Con distinti saluti

Mario Dei Benedetti

**egregio** sehr geehrter
**mezza pensione** Halbpension
**l'escurisone** die Exkursion
**il più presto possibile** so schnell als möglich
**con distinti saluti** mit freundlichen Grüßen
**accettare** akzeptieren, annehmen
**era** er/sie war
**la polizia** die Polizei
**presentare come** vorstellen als
**si chiamava** er/sie hieß
**il/la cliente** der Kunde, die Kundin
**rivolgersi a** sich wenden an

Albergo «La vecchia pergola»
Portoferraio
Isola d'Elba

Mario dei Bendetti
Via Gramsci 18
Roma

Egregio signor Dei Bendetti!

Portoferraio, 25 maggio

Grazie della Sua lettera del 15 maggio. Lei vorrebbe prenotare una camera nel nostro albergo, ma purtroppo non è possibile. Anche se ci sono ancora camere libere non possiamo accettare la Sua prenotazione: due anni fa Lei è stato qui con una signora e ci ha detto che è Sua moglie. Invece non era Sua moglie e noi abbiamo avuto problemi con la polizia. La polizia ha guardato i passaporti e ha visto che questa signora non si chiama Dei Benedetti. L'anno scorso è stato qui con un'altra signora e anche questa volta ci ha presentato la signora come Sua moglie. Questa signora non si chiamava neanche Dei Benedetti ma Vanitosetta. Mi dispiace molto, ma abbiamo avuto molti problemi e così non La possiamo accettare più come cliente. La preghiamo di rivolgersi ad un altro albergo.

Con distinti saluti

Angelo Giannetti

| Sì o no? | sì | no |
|---|---|---|
| 1. Mario va in vacanze con la sua segretaria. | ■ | ■ |
| 2. Mario e Giorgetta hanno fatto pace. | ■ | ■ |
| 3. Vogliono passare le vacanza sull'isola d'Elba. | ■ | ■ |
| 4. Vogliono prenotare una camera dal 2 luglio al 20 agosto. | ■ | ■ |
| 5. L'albergo accetta la prenotazione. | ■ | ■ |
| 6. Mario è già stato in questo albergo con sua moglie. | ■ | ■ |
| 7. L'albergo ha avuto problemi con la polizia. | ■ | ■ |
| 8. La signorina Vanitosetta è già stata sull'isola d'Elba. | ■ | ■ |

# TEST 4

## 1. Streichen Sie die zwei falschen Verbformen

**1.** La prossima settimana **andrò/sono andata/ sono vado** in Italia. **2.** So benissimo che mia madre mi **darò/darai /darà** mille consigli prima della partenza: **3. State/Stai/Stiamo** attenta! Non **ti fidi/fidati/fidarti** di nessuno! Non **dimenticare/ dimentichi/dimentica** le tue medicine! ecc. **4.** Qualche volta lei ha anche ragione. L'anno scorso, quando sono **andrà/andata/vado** in vacanza, non sono stata molto fortunata. **5.** Ho dimenticato la crema solare e ho **presa/preso/prenduta** un bel colpo di sole. **6.** Non ho potuto **uscire/esce/uscita** per due giorni. **7.** Poi ho **perduta/persa/perso** tutti i miei soldi alla spiaggia! **8.** Belle vacanze! Certo, mia madre mi **rompa/rompe/rompi** un po' le scatole con i suoi consigli ed io sono arrabbiata. **9.** Ma come ho **detto/dico/ditto** lei fa anche bene a dirmi queste cose.

## 2. Welches Wort fehlt?

1. Giovedì danno un … spettacolo.
   **a** bell'
   **b** bello
   **c** bel

2. … prescrivo una medicina, signore.
   **a** Le
   **b** Gli
   **c** Lui

3. Stasera sono … libera.
   **a** completa
   **b** completemente
   **c** completamente

4. La medicina? Sì, l'ho …
   **a** prenduta
   **b** presa
   **c** preso

5. Oggi … con il mio amico.
   **a** uscio
   **b** esco
   **c** usco

6. Non … alla spiaggia!
   **a** andare
   **b** vai
   **c** va'

7. Vengo volentieri con …
   **a** tu
   **b** ti
   **c** te

8. I Bentivoglio … in Sicilia.
   **a** andranno
   **b** anderanno
   **c** andanno

9. Tu ceni con il medico? Ma … un po'!
   **a** guardi
   **b** guardo
   **c** guarda

10. Il tavolino sta accanto …porta.
    **a** della
    **b** alla
    **c** dalla

### 3. Wie heißt der Imperativ der 2. Person Singular?

1. ....................................che sarò a casa alle nove. (dire/gli)
2. Perché non vai al ristorante con lui? ............. ......................................! (andare/ci)
3. ..........................dal sole! (guardare/ti)
4. ..........................................in piazza, Francesco! (aspettare/mi)
5. Ti prego, mamma, ............................ questo favore! (fare/le)
6. Il sole scotta, ............................... un ombrellone, Harry! (prendere)
7. Le scarpe? ........................................ sotto il tavolino! (mettere/le)
8. Franco ha ragione, ...............................! (credere/gli)
9. ............................ questo balsamo! Ti farà bene. (comprare/ti)
10. Ma dai, ........................................uno sconto! (fare/mi)

### 4. Setzen Sie ins Futur!

1. Ti ......................................... davanti alla stazione. (aspettare, noi)
2. Quando ................................................ il medico? (chiamare, tu)
3. Domani ............................................... già in Italia. (essere, loro)
4. Il signore ........................................... tutto il conto. (pagare, lui)
5. I miei amici si ....................................... in piazza. (incontrarsi, loro)
6. Che cosa .......................................... al fine settimana? (fare, voi)
7. Purtroppo non ................................................ tempo. (avere,io)
8. ..........................................i conti, quando torna a casa. (fare, noi)
9. ....................................... i biglietti per il «Rigoletto». (prenotare, noi)
10. Il treno ......................................................... in tempo. (arrivare)

## 5. Esercizio di ascolto

Wie heißt die richtige Antwort?
Hören Sie die Fragen von der Kassette.

1. …
   - **a** Sì, vai in farmacia, per favore!
   - **b** Sì, chiamalo perché sto veramente male.
   - **c** Sì, vai dal medico!

2. …
   - **a** No, non li ho ancora prenotati.
   - **b** Sì, li prenoterò.
   - **c** Sì, domani sera.

3. …
   - **a** Sì, prendo i mezzi.
   - **b** No, non è necessario perché vado a piedi.
   - **c** Sì, prendo la macchina.

4. …
   - **a** Tornerò da mia madre.
   - **b** Andrò alla cinema.
   - **c** Faccio lo zaino.

5. …
   - **a** Sì, passerò a casa tua.
   - **b** Sì, l'anno scorso le abbiamo passate insieme.
   - **c** Sì, possiamo andare in Sicilia.

6. ….
   - **a** Danno un film di Pasolini.
   - **b** Ti danno il cinema.
   - **c** Danno un buon corso di danza.

# GLOSSARIO

## *VOCABOLI ITALIANO – TEDESCO*

Dieses Glossar führt alle Wörter auf, die in diesem Buch vorkommen. Es ist, will und kann kein Wörterbuch ersetzen und gibt immer nur diejenige deutsche Bedeutung an, die in dem jeweiligen Zusammenhang gilt, in dem das entsprechende Wort vorkommt. Die Zahl bezieht sich auf das Thema, in dem das Wort zum erstenmal erscheint. ‹› bedeutet: Vorsicht, stark umgangssprachlich. ‹!› bedeutet: Achtung, vulgärsprachlich. Ein **L** mit Zahl dahinter bedeutet, daß die Vokabel einem Lektüretext entstammt. Ein **T** mit Zahl heißt, daß die Vokabel dem Theorie- oder Praxisteil entnommen ist. Substantive, deren Geschlecht sich nicht an der Endung erkennen läßt, sind mit **m** für maskulin und **f** für feminin gekennzeichnet. Substantive im Plural sind mit einem **Pl.** versehen.

### *A*

**a 0** nach/in/zu/an
**a casa 2** zu/nach Hause
**a domani 4** morgen
**a proposito 5** übrigens
**a quest'ora 7** zu dieser Zeit
**abbastanza 3** ziemlich
**abbigliamento 2** Bekleidung
**abbronzarsi 7** (sich) bräunen
**abbronzatura 7** Bräune
**abitare 4** wohnen
**accanto a 8** neben
**accendere 6** anschalten, anzünden
**acceso 6** an/eingeschaltet
**accettare 7, L 8** annehmen, akzeptieren
**accompagnare 3** begleiten
**acqua minerale 2** Mineralwasser
**acquisto 2** Einkauf
**adesso 2** jetzt
**Adone (m) 7** Adonis
**aeroporto 0** Flughafen
**affetto L 5** Zuneigung
**agenzia viaggi (f) 4** Reisebüro
**aglio e olio 6** mit Knoblauch und Olivenöl
**agosto T 5** August
**Aileffel 3** Gerät zur Portionierung von Gefrorenem
**albergo 7** Hotel
**alcuni 2** einige
**alfabeto 0** Alphabet
**all'arrabbiata 6** mit scharfer Soße
**allora 2** also

**almeno 2** mindestens, wenigstens
**altrimenti 8** ansonsten
**altro 1** ein anderes, ein weiteres/sonst noch was
**altro che 4** von wegen
**amante (m+f) T 8** Liebhaber/in
**amare 7** lieben
**amica 0** Freundin
**amico 3, L 2** Freund
**anche 0** auch
**ancora 1** noch
**andarci 4** (da) hingehen/fahren
**andare 1** gehen/fahren
**andare a trovare 4** besuchen
**andare avanti 5** weitergehen
**andare via 5** weggehen
**andata 5** Hinfahrt
**angolo 1** Ecke
**anni (avere -) 4** alt sein (Jahre haben)
**anno 3** Jahr
**antipasto T 6** Vorspeise
**antipatico 3** unsympathisch
**aperitivo L 2** Aperitif
**apparecchiare 6** decken (Tisch)
**appena L 3** kaum, gerade
**appetito L 1** Appetit
**appuntamento 4** Verabredung
**aprile (m) T 5** April
**aprire 3** öffnen
**aranciata 3** Orangenlimonade
**armadio 8** Schrank
**arrivare L 2** kommen, ankommen
**arrivederci 0** auf Wiedersehen
**arrosto 6** Braten
**aspettare L 3** warten, erwarten
**attento 7** vorsichtig, aufmerksam
**attimo T 5**Augenblick
**attore (m) 8** Schauspieler
**augurio 3** Glückwunsch
**autobus (m) 1** Bus
**avere 0** haben
**avere bisogno di 2** brauchen
**avere freddo 7** frieren
**avere le tasche piene 8** die Nase voll haben
**avere tempo 8** Zeit haben
**avere voglia di ... 4** Lust haben auf/zu ...

## *B*

**bagno 4** Bad
**ballare 3** tanzen
**ballo 4** Tanz
**balsamo 7** Salbe
**banana 2** Banane
**banca 1** Bank
**bar (m) 2** Bar
**basta 2** es genügt/und fertig!/sonst nichts
**bastare 2** genügen, ausreichen
**beato te! 3** du Glücklicher!
**bellezza 7** Schönheit
**bello 0** schön
**bene 3** gut
**benissimo 2** sehr gut
**benvenuto 3** willkommen
**bere 6** trinken
**bevanda 3** Getränk
**bianco 2** weiß
**bicchiere (m) 3** Glas
**biglietteria 5** Fahrkartenschalter
**biglietto 0, L1** (Geld-) schein, Eintritt/Fahrkarte
**birra 1** Bier
**biscotto 2** Keks
**bisogna 2** man muß
**bloccare 5** blockieren
**bocca T 7** Mund
**borsa 0** Tasche
**braccio (Pl.: le braccia) 7** Arm
**bravo 8** gut, tüchtig
**brindisi (m) 3** Prost, Trinkspruch
**bruciare 6** an-, verbrennen, brennen

**brutto 7** schlecht, häßlich
**buonissimo 7** sehr gut
**buono 0** gut

## *C*

**c'è 1** da ist, da gibt es, es gibt
**cabina telefonica 1** Telefonzelle
**cadere 5** fallen
**caffè (m) 2** Kaffee
**calma 5** Ruhe
**calza 2** Strumpf
**cambiare 1** wechseln
**cambio 1** Wechselstube
**camera 1** Zimmer
**cameriere (m) 1** Kellner
**capello T 7** Haar
**capire 0** verstehen
**capire un'acca 4** nichts (Bahnhof) verstehen
**capito 4** verstanden, klar
**capo 2** Chef
**cappuccino 2** Cappuccino
**carino 2** hübsch
**carissimo 8** mein Lieber
**caro L 3** lieb
**casa 1** Haus
**caso 5** Fall, Zufall
**cassa 2** Kasse
**cassetta 2** Kassette
**catastrofe (f) L 6** die Katastrophe
**cattivo 6** böse, gemein, schlecht
**cavolo ◊ 8** Mist
**cenare 3** zu abend essen
**centro 1** Zentrum
**cercare 7 L 5** suchen, versuchen
**certo 3** gewiß, sicher
**che 0** was für ein ...
**che 4** der, die, das (Relativpronomen)/ daß
**che? 3** was?
**check-in (m) 0** Check-in
**che cosa? 1** was?
**chi? 3** wer?
**chiacchiere (quattro -) 3** Schwatz
**chiamare 2** rufen, nennen
**chiamarsi 0** heißen (sich nennen)
**chilo 2** Kilo
**chilometro 1** Kilometer
**ci 3, 4** da/dahin/uns
**ciao 0** hallo/tschüs
**ci sono 1** da sind, da gibt es
**cincin! 3** prost!
**cinema (m) 8** Kino
**cioè 5** das heißt
**circa 7** ungefähr
**classe (f) 5** Klasse
**cliente (m+f) L 8** Kunde, Kundin
**clima (m) 4** Klima
**cognome (m) 0** Nachname
**coincidenza 5** Anschluß
**collega (m+f) 4** Kollege, Kollegin
**collo T 7** Hals
**colonna 8** Säule
**colpa 7** Schuld
**colpo di sole 7** Sonnenstich
**coltello 6** Messer
**come 0** wie, als
**come mai? 3** warum?
**cominciare 8** anfangen
**commessa 2** Verkäuferin
**comodo 5** bequem
**compagnia 5** Gesellschaft, Begleitung
**compleanno 3** Geburtstag
**completamente 8** völlig
**completo (essere al -) 1** ausgebucht sein
**complicato 5** kompliziert
**comprare 2** kaufen
**computer (m) 2** Computer
**comune (m) 4** Stadt/ Gemeinde(verwaltung)
**comunista (m+f) T 4** Kommunist/in
**con 1** mit, bei
**condire 6** würzen, anmachen

**confezionato 6** fertig, abgepackt
**congresso L 4** Kongreß
**conoscere 4** kennen
**conoscersi 4** sich kennen(-lernen)
**consigliare 5** raten, empfehlen
**consiglio 5** Rat, Ratschlag
**contento L 6** zufrieden
**conto 1** Rechnung
**contorno 6** Beilage
**controllore (m) 5** Kontolleur
**corpo 7** Körper
**corso 3** Kurs
**corso di danza 8** Tanzkurs
**corso di tedesco 8** Deutschkurs
**cosa 1** Sache
**cosa? 4** was
**coscienza L 7** Gewissen
**così 2** so
**costare 1** kosten
**cotone (m) 2** Baumwolle
**crema solare 7** Sonnencreme
**cucchiaino T 6** Teelöffel
**cucchiaio T 6** Löffel
**cucina 3** Küche
**cucinare 6** kochen
**cugina T 3** Cousine
**cugino T 3** Cousin
**cuoca 6** Köchin

## *D*

**d'accordo 4** einverstanden
**da ... a 1** von ... bis
**da 4** bei, zu (bei Personen)
**da 8** seit
**dai! 1** los, auf!
**danno 8** man gibt
**danza 8** Tanz
**dare 4** geben
**dare alla testa 6** zu Kopf steigen
**darsi del tu L 4** sich duzen
**darsi un appuntamento 4** eine Verabredung treffen
**data T 5** Datum
**data di nascita 0** Geburtsdatum
**davanti a 5** vor (räumlich)
**decidersi 6** sich entscheiden
**deciso 6** entschieden, entschlossen
**dedicare 8** widmen
**delusione (f) 3** Enttäuschung
**deluso T 8** enttäuscht
**dente (m) T 7** Zahn
**destra (a) 1** rechts
**detto 5** gesagt
**deviazione (f) 5** Umleitung
**di 2** von
**di solito 5** für gewöhnlich
**dica! 2** bitte! (sagen Sie!)
**dicembre (m) T 5** Dezember
**dieta 2** Diät
**dietro 8** hinter
**difficile 3** schwierig
**dimenticare 5** vergessen
**dimenticarsi di 6** vergessen
**dimmi! 3** sag mir!
**Dio 2** Gott
**dire 2** sagen
**dire sul serio 7** ernst meinen
**diretto 5** direkt
**diritto 1** geradeaus
**discorso 6** Rede, Thema
**discoteca 4** Diskothek
**discussione (f) 6** Diskussion
**dispiacere 2** leid tun/ mißfallen
**distinti saluti (con) L 8** mit freundlichen Grüßen
**dito (Pl. f. dita) T 7** Finger
**divertirsi 7** sich vergnügen
**divorziare 8** sich scheiden lassen
**divorzio 8** Scheidung
**dolce 2** süß, mild, sanft

**dolce (m) 6** Süß-, Nachspeise
**domandare (a) 1** fragen
**domani 1** morgen
**domani mattina 1** morgen früh
**domenica T 4** Sonntag
**donna 8** Frau
**dopo 3** danach, später, nach
**doppio 1** doppelt/ Doppel-
**dormire 7** schlafen
**dottore (m) 7** Doktor
**dove? 1** wo, wohin
**dovere 3** müssen, sollen
**drindrin 3** klingeling
**due 1** zwei
**dunque 1** also
**duro L 6** hart

## *E*

**è 1** er/sie/es ist/ sie sind
**e 0** und
**ecc. (eccetera) 3** etc.
**eccezionale 3** phantastisch, ausgezeichnet
**ecco 0, L1** hier ist, da ist
**egregio L 8** sehr geehrter
**elegante L 2** elegant
**emozionato T 8** aufgeregt
**ente (m) 1** Amt
**equivoco 8** Mißverständnis
**esagerare 3** übertreiben
**esame (m) 3** Prüfung
**esattamente 7** genau
**escursione (f) L 8** Exkursion, Ausflug
**essere 0** sein
**estero 4** Ausland
**eternità T 5** Ewigkeit
**etto 2** 100 g

## *F*

**fa 5** vor (zeitlich)
**fagiolino 6** grüne Bohne
**falso L 6** falsch
**fame (f) 1** Hunger
**famiglia 3** Familie
**fammi! 2** mach mir
**fantastico 4** phantastisch
**fare 2** machen
**fare bene 7** gut/wohl tun
**fare buon viso a cattiva sorte 6** gute Miene zum bösen Spiel machen
**fare colazione (T 2)** frühstücken
**fare compagnia 5** Gesellschaft leisten
**fare gli auguri a 3** gratulieren
**fare i conti 8** abrechnen
**fare il bagno 4** baden
**fare (la) fila (T 2)** Schlange stehen
**fare la spesa 2** einkaufen
**fare la valigia 8** den Koffer packen
**fare l'esame 3** Prüfung machen
**fare lo stupido (T 2)** den Dummen spielen
**fare male 7** wehtun
**fare pace 8** Frieden schließen, sich vertragen
**fare un biglietto 5** eine Fahrkarte lösen
**fare un brindisi 3** prosten
**farmacia 7** Apotheke
**fatto 5** gemacht
**favoloso 4** fabelhaft
**favore (m) 8** Gefallen
**febbraio T 5** Februar
**felice L 4** glücklich
**fermarsi 5** (an-)halten
**fermata 1** Haltestelle
**festa 3, L 2** Fest
**festa da ballo 4** Tanzfest
**festa in famiglia 3** Familienfest
**festeggiare 3** feiern
**fidarsi di 5** trauen, vertrauen

**figlia 3** Tochter
**figlio 4** Sohn
**figurati! 5** ich bitte dich!
**film (m) 8** Film
**finalmente 4** endlich
**fine (f) 8** Ende
**fine del mondo (f) 6** Ende der Welt, toll
**fine settimana (m) 4** Wochenende
**finire 3** beenden
**fino a 4** bis
**Firenze 1** Florenz
**fisso 2** fest
**fondo (in -) 8** hinten
**fondo 6** tief
**forchetta T 6** Gabel
**formaggio 2** Käse
**forse 3** vielleicht
**fortuna 3** Glück
**fortunato (essere -) 7** Glück haben
**fra 4,** in (zeitlich), zwischen, unter
**fratello T 3** Bruder
**freddo 7** kalt
**frequentare 8** (regelmäßig) besuchen
**fretta (in -) 8** in Eile
**frustrato T 5** frustriert
**frutta 2** Obst
**fumare 6** rauchen
**funghi (ai -) 6** mit Pilzsoße
**funzionare 2** funktionieren
**fuoco 6** Feuer, Herd
**futuro 8** Zukunft

## *G*

**gamba (in -) 3** gut, fit, in Ordnung
**gamba 7** Bein
**gassato 2** mit Kohlensäure
**gelato 6** Eis
**gelosia 3** Eifersucht
**geloso 3** eifersüchtig
**genitori (m, Pl.) 4** Eltern
**gennaio T 5** Januar
**gentile 4** freundlich
**Germania 3** Deutschland
**già 2** schon/klar!
**giallo 2** gelb
**ginocchio (Pl. ginocchia) T 7** Knie
**giocare a 4** (etwas) spielen
**giornalista (m+f) T 4** Journalist/in
**giorno 0** Tag
**giovane 7** jung
**giovanotto 5** junger Mann
**giovedì (m) T 4** Donnerstag
**giù 7** unten
**giugno T 5** Juni
**giurare 8** schwören
**gli 3** die/ihm
**gonna 2** Rock
**grande 2** groß
**grandi magazzini (m, Pl.) 2** Kaufhaus
**grazie 0** danke
**grazie di 5** Danke für
**gridare 4** schreien
**gruppo 8** Gruppe
**guardare 3** schauen
**guardarsi da 7** sich hüten vor

## *H*

**hotel (m) 1** Hotel

## *I*

**idea 4** Idee
**idiota (m+f) 6** Idiot/in
**imparare 4** lernen
**impazientemente L 4** ungeduldig
**impiegato/a 4** Angestellte/r
**in 0** im, in
**in due 6** zu zweit
**in tempo 8** rechtzeitig
**inaspettato 6** unerwartet
**incontrarsi 4** sich treffen
**indocinese T 4** indochinesisch
**informarsi 5** sich informieren
**informazione (f) 1** Information
**ingrassato 2** zugenommen (fett geworden)
**ingresso 8** Eingang

**innamorato di 3** verliebt in
**insalata 6** Salat
**insegnante (m+f) 4** Lehrer/in
**insieme 2** zusammen
**insomma 3** na ja
**intanto 3** inzwischen
**intelligente L 3** intelligent
**invitare 6** einladen
**invito 4** Einladung
**io 0** ich
**irresistibile L 7** unwiderstehlich
**isola 5** Insel
**italiano 0** Italiener/ italienisch

*L*

**la 6** sie (Akk. Sg.)
**lasciare 5** lassen, verlassen
**lasciare in pace 8** in Frieden lassen
**laurearsi 4** Examen machen (sich mit Lorbeer bekränzen)
**lavorare 4** arbeiten
**lavori in corso (Pl.) 5** Bauarbeiten
**le 6** sie (Akk. Pl. weibl.)/ihr (Dat. Sg.)
**leggere T 4** lesen
**leggero 6** leicht
**lei 0** sie
**Lei 0** Sie
**lettera d'amore L 3** Liebesbrief
**letto T 8** Bett
**lezione (f) T 8** Lektion, Unterricht
**lì 3** dort
**li 6** sie (Akk. Pl. männl.)
**libero 8** frei
**licenziamento 8** Kündigung
**linea 1** Linie
**lingua 4** Sprache
**lira 1** Lire
**litigio 8** Streit
**litro 2** Liter
**lo 1** es
**locale (m) 5** Nahverkehrszug
**lontano 1** weit (weg von hier)
**loro T 1** ihr/e/r/s (3. Person Plural)
**luglio 5** Juli
**lui 0** er
**lunedì (m) T 4** Montag
**lungo 5** lang
**luogo di nascita 0** Geburtsort

*M*

**ma 0** aber
**macchina 1** Auto
**madre (f) 2** Mutter
**magari 2** eventuell, vielleicht
**maggio T 5** Mai
**malato 7** krank, Kranker
**male 7** weh
**maledetto 5** verflucht
**maledizione! (f) 2** verflucht noch mal!
**mamma 1** Mama
**mamma mia L1** meine Güte!
**mammina 8** Mamachen
**mancare 2** fehlen
**mangiare 1** essen
**mano (f) T 7** Hand
**mare (m) 4** Meer
**marito 8** Ehemann
**martedì (m) T 4** Dienstag
**marzo 5** März
**matematica 4** Mathematik
**matrimoniale 8** Ehe-
**mattina 1** Vormittag
**mattino T 4** Morgen
**maturo 2** reif
**medicina 4** Medizin
**medico 4** Arzt
**meglio 5** besser
**mela 2** Apfel
**melanzana 2** Aubergine
**meno 4** weniger
**menù (m) 6** Speisekarte, Menü
**meraviglia 8** Wunder
**mercato 2** Markt
**mercoledì (m) T 4** Mittwoch

**mese (m) T 5** Monat
**messo 5** gesetzt/-stellt/-legt
**metropolitana 5** U-Bahn
**mettere 5** setzen, stellen, legen
**mezza pensione L 8** Halbpension
**mezz'ora 5** halbe Stunde
**mezzanotte (f) 3** Mitternacht
**mezzo pubblico 5** öffentliches Verkehrsmittel
**mezzo 2** halb
**minima idea 1** geringste Ahnung
**mio, mia 3** mein, meine
**misto 6** gemischt
**moderno 2** modern
**modulo 0** Formular
**moglie (f) 8** Ehefrau
**molto 1** viel, sehr
**momento 0** Moment
**mondo 4** Welt
**moneta 1** Kleingeld
**mozzarella L 6** Mozzarella
**muscoloso 7** muskulös

## *N*

**naturalmente 2** natürlich
**naso T 7** Nase
**nausea 7** Übelkeit
**nazionalità 0** Nationalität
**necessario 8** notwendig
**negozio 2** Geschäft
**negozio di alimentari 2** Lebensmittelgeschäft
**nel, nella, nello 5** in
**nervoso 5** nervös
**niente 3** nichts
**nipote (m+f) 3** Nichte, Neffe (auch: Enkel/in!)
**no 0** nein
**noi T 1** wir
**noioso 6** langweilig
**nome (m) 0** Name
**non 0** nicht, kein
**non ... mai 4** niemals
**non ... nemmeno 4** nicht einmal
**non ... niente 4** nichts
**non ... più 4** nicht mehr
**non c'è male 3** nicht schlecht
**nonna T 3** Großmutter
**nonno T 3** Großvater
**normalmente 4** normalerweise
**notizia 7** Nachricht
**notte (f) 0** Nacht
**novembre T 5** November
**novità 3** Neuigkeit
**nuovo L 2** neu

## *O*

**o 1** oder
**o ... o 8** entweder ... oder
**occhio T 7** Auge
**odiare T 8** hassen
**offeso 8** beleidigt
**oggi 2** heute
**ogni 5** jede/r/s
**ogni tanto 4** manchmal
**oh Dio! 2** o Gott!
**ombrellone (m) 7** Sonnenschirm
**ora 3** Stunde
**orario 5** Fahrplan/Zeitplan
**ordinare 6** bestellen
**orecchio T 7** Ohr
**orologio L 2** Uhr
**ospite (m+f) 6** Gast
**ottimo 4** ausgezeichnet
**ottobre (m) 5** Oktober

## *P*

**pacchetto 6** Päckchen
**pace (f) 8** Friede
**padre (m) 3** Vater
**pagare 2** bezahlen
**paio 2** paar
**pallido 8** blaß, bleich
**pancia T 7** Bauch
**pane (m) 2** Brot
**pane integrale 4** Vollkornbrot
**papà (m) 3** Papa
**parlare 0** sprechen

**parrucchiere (m) 6** Friseur
**parte (f) 3** Seite, Teil
**partenza 5** Abreise
**particolare 2** besonders
**partire 3** abfahren, abreisen
**partita 8** Spiel (meist Fußball)
**passaporto 0** Paß
**passare 3** vorbeikommen, -gehen, verbringen
**pasta 2** Nudeln/ Kaffeestückchen
**paura 3** Angst
**pazzo 2** verrückt
**peccato 4** schade (eine Sünde)
**pecorino 2** Pecorino (Schafskäse)
**pene (m) T 7** Penis
**penna 6** abgeschrägte, zylinderförmige Nudelart
**pensare 3** denken
**pensione (f) 4** Pension, Rente
**peperone (m) 7** Paprika
**per 0, L 5** für/durch/ um zu/nach
**per carità! 2** um Himmelswillen!
**per caso 5** zufällig
**per favore 0** bitte
**per niente 3** überhaupt nicht
**per quanto tempo? 7** für wie lange (Zeit)?
**perché 1** warum/weil
**perdere 4 L 5** verlieren, verpassen
**pericoloso 7** gefährlich
**però 3** aber
**perso 5** verloren
**pettegolezzi (Pl.) 6** Klatsch
**petto T 7** Brust
**piacere 3** gefallen, schmecken
**piacere! 4** angenehm / erfreut
**piano 2** Stockwerk
**pianterreno 2** Erdgeschoß
**piatto 6** Gericht, Teller
**piazza 1** Platz
**piccante 2** herzhaft, scharf
**piccolo 4** klein
**piede (m) T 7** Fuß
**piedi (a -) 1** zu Fuß
**pieno 8** voll
**più 4, L1** mehr
**più o meno 4** mehr oder weniger
**più tardi T 4** später
**piuttosto 4** vielmehr, eher
**pizza 1** Pizza
**pizzeria 1** Mafiatortenbäckerei mit Holzofen
**po' 0** bißchen
**poco 5** wenig
**poi 2** dann
**polizia L 8** Polizei
**pomeriggio T 4** Nachmittag
**pomodoro 2** Tomate
**porca miseria! ◊ L 2** verdammter Mist!
**porta 8** Tür
**portare 6** bringen
**porto 5** Hafen
**possibile 5** möglich
**posto 5** Platz
**potere 3** können
**povero 7** arm
**pranzo T 7** Mittagessen
**pratico (essere -) 1** sich auskennen
**pratico 1** praktisch
**preferire 6** lieber mögen, bevorzugen
**pregare 2** bitten, beten
**prego 0** bitte!
**prendere 1** nehmen
**prenotare 5** vorbestellen
**preoccuparsi 5** sich Sorgen machen
**preparare 4** vorbereiten/zubereiten
**prescritto 7** verschrieben
**prescrivere 7** verschreiben
**presentare L 8** vorstellen
**presto 7** früh

**presto (il più ... possibile) L 8** so schnell als möglich
**presuntuoso 7** aufgeblasen, angeberisch
**prezzo 2** Preis
**prima T 4** zuerst, vorher
**primo piatto 6** erster Gang
**primo 1** erste/r/s
**probabilmente 3** wahrscheinlich
**problema (m) 3** Problem
**professione (f) 4** Beruf
**pronto 3** hallo (am Telefon)
**proposta 4** Vorschlag
**proprio 3** gerade/wirklich/eigen
**prossimo 1** der/die/das nächste
**provare 2** probieren
**pubblico 1** öffentlich
**pure 3** nur/doch
**purtroppo 1** leider

## *Q*

**qua T 1** hier
**quaderno 2** Heft
**qualche parte (da -) 4** irgendwo
**qualcosa 3** etwas
**quale? 1** welche/r/s
**quando 1** wann, wenn
**quanto ? 0** wieviel?
**quarto d'ora 5** Viertelstunde
**quasi 3** fast
**questo 2** diese/r/s
**qui 1** hier

## *R*

**raccontare L 5** erzählen
**ragazza 5** Mädchen/feste Freundin
**ragazzi (Pl.) 3** Leute, Jungs und Mädels
**ragazzo 3** Junge/fester Freund
**rapporto 8** Beziehung
**regolarmente 5** regelmäßig
**residenza 0** Wohnsitz
**restare L 5** bleiben
**resto 2** Rest
**ricetta 7** Rezept
**ricco T 8** reich
**rigatoni (Pl.) 6** na, Rigatoni eben
**rimanere 7** bleiben
**riposarsi 4** sich ausruhen
**risposta L 3** Antwort
**ristorante (m) 1** ein Restaurant
**ritirare 2** holen, abholen
**ritorno 5** Rückfahrt, Rückkehr
**rivedersi 4** sich wiedersehen
**rivolgersi a L 8** sich wenden an
**rompere le scatole ◊ 2** auf die Nerven gehen
**rosso sfuso 2** offener Rotwein
**rosso 2** rot
**rovinare 7** ruinieren

## *S*

**sabato 3** Samstag
**salare 6** salzen
**salotto 6** Wohnzimmer
**saltimbocca (m, Pl.) 6** Kalbfleischscheiben
**salutare 3** begrüßen, verabschieden
**salute (f) 3** Gesundheit
**salute! 3** prost!
**salve 3** hallo, grüß euch
**San Pietro 4** Petersdom
**sapere 1** wissen, können
**sardella L 6** Sardelle
**scacchi (m, Pl.) 4** Schach
**scappare 8** weggehen, abhauen
**scarpa 8** Schuh
**scatola 2** Schachtel
**scendere 5** aussteigen
**schiena 7** Rücken
**scialle (m) 2** Schal
**scioperare 5** streiken
**sciopero 5** Streik

**scompartimento 5** Abteil
**sconto 2** Preisnachlaß
**scontrino 2** Kassenzettel, Bon
**scoperta 8** Entdeckung
**scorso 5** vergangen
**scottare 7** (ver)brennen
**scottatura 7** Verbrennung, Sonnenbrand
**scritto 7** geschrieben
**scrivere 7** schreiben
**scuola media 4** Realschule
**scusa! 0** entschuldige!
**scusa 8** Entschuldigung, Ausrede
**scusami! 5** entschuldige mich!
**scusare 5** entschuldigen
**scusi 0** Entschuldigung
**se 3** wenn/falls/ob
**se no 5** wenn nicht, andernfalls, sonst
**seconda volta 2** zweitesmal
**secondo (piatto) 6** zweiter Gang
**secondo 5** zweite/r/s
**sedere (m) T 7** Hintern
**segretaria 4** Sekretärin
**semplice 6** einfach
**sempre 0** immer
**seno T 7** Busen
**senti! 2** hör mal! paß mal auf!
**sentire 2** hören, riechen, fühlen
**sentirsi L 7** sich fühlen
**senza 6** ohne
**sera 0** Abend
**sera (di -) 7** abends
**serata 6** Abend
**servizio 7** Dienst, Service
**sete (f) 1** Durst
**settembre (m) T 5** September
**settimana 3** Woche
**sfortunato (essere -) 5** Pechvogel (Pech haben)
**sì 0** ja
**sicuramente 7** sicher
**sigaretta 6** Zigarette
**signora 0** Dame
**signore (m) 0** Herr
**signorina 0** Fräulein
**simpatico T 8** sympathisch
**sinistra (a) 1** links
**sintomo 7** Symptom
**smettere 3** aufhören
**smettila! 3** hör doch auf (damit)!
**soffrire 7** leiden
**soldi (Pl.) 1** Geld
**sole (m) 7** Sonne
**solito (di) 5** für gewöhnlich
**solo 2** nur, allein
**solo soletto 7** mutterseelenallein
**sono 1** es sind
**sopportare 7** ertragen
**sopra T 8** über
**soprattutto 7** vor allem
**sorella T 3** Schwester
**sorpresa 3** Überraschung
**sotto 8** unter
**spaghetti (Pl.) 6** Spaghetti
**spagnolo 0** Spanier, spanisch
**spaventoso 5** schrecklich
**sperare 8** hoffen
**spesa 2** Einkauf
**spesso 4** oft
**spettacolo 8** Vorstellung
**spiaggia 7** Strand
**sportello 5** Schalter
**sposarsi L 4** heiraten
**spumante (m) 3** Sekt
**stadio 8** Stadion
**stagione (alta) 5** Hochsaison
**stamattina T 4** heute morgen
**stanco 1** müde
**stanotte T 4** heute nacht
**stare 3** sich befinden, sein
**stare attento 7** aufpassen
**stasera 3** heute abend
**stato 5** gewesen
**stazione (f) 1** Bahnhof

**stesso 6** gleich/e/r/s, selbst
**stomaco 6** Magen
**storia 3** Geschichte
**stracotto 6** verkocht
**stracuocere 6** verkochen
**strada 1** Straße
**stretto 2** eng
**studente (m) 3** Student
**studentessa 4** Studentin
**studiare 4** lernen, studieren
**studio 3,** Studium, Praxis, Kanzlei
**su 5** auf, im
**subito 1** gleich, sofort
**succedere 8** geschehen
**successo 8** geschehen
**succo di mele 3** Apfelsaft
**sugo 6** Soße
**Suo 0** Ihr
**suo/a 3** sein/ihr
**superare 5** überholen
**supplemento 5** Zuschlag
**svizzero** Schweizer

*T*

**tacchino 6** Truthahn
**taglia 2** (Kleider-)größe
**tanti auguri! 3** alles Gute!
**tanto 2** sowieso, soviel, so sehr
**tardi 3** spät
**tasca 8** Tasche
**tavola 6** Tisch (im Sinne von «Tafel»)
**tavolino 8** Tischchen
**tavolo 6** Tisch
**taxi (m) 1** Taxi
**te 3** dich
**teatro 8** Theater
**tecnologia 2** Technologie
**tedesco 0** deutsch/ Deutscher
**telefonare 3** anrufen, telefonieren
**telefono 1** Telefon
**tempo 3** Zeit (auch: Wetter)
**tempo (in) 8** rechtzeitig
**tempo libero 8** Freizeit
**tesoro 3** Schatz
**testa T 7** Kopf
**ti 3** dir, dich
**tipico 7** typisch
**tipo 7** Typ, von der Art
**tornare 3** zurückkehren
**tovaglia T 6** Tischtuch
**tovagliolo T 6** Serviette
**tra 3** unter, zwischen, in
**traduzione (f) T 3** Übersetzung
**traffico 5** Verkehr
**traghetto 5** Fähre
**tram (m) 4** Straßenbahn
**trasmissione (f) 6** Übertragung
**trattarsi di 8** sich handeln um
**treno 0** Zug
**treno diretto 5** Eilzug
**triste L 3** traurig
**troppo 2** zu (sehr)
**trovare 2** finden
**trovarsi 4** sich befinden
**trucco L 6** Trick
**tu 0** du
**tua 0** dein/e/r/s
**tuo 3** dein/e/r/s
**tuoi (i) 6** deine (Eltern)
**turismo 1** Tourismus
**turista (m+f) T 4** Tourist/in
**tutti e due L 4** alle beide
**tutto 3** alles/ganz
**TV (televisione) (f) 6** Fernsehen

*U*

**ufficio 1** Büro
**ultimo L 2** letzte/r/s
**un, una 1** ein/e/r/s
**unico 8** einzige/r/s
**uscire 7** ausgehen
**uva 2** Trauben

*V*

**va bene 2** in Ordnung
**vacanze (Pl.) 5** Ferien
**vagina T 7** Vagina
**valido 8** gültig, wertvoll
**valigia 0** Koffer
**vanitoso 7** eitel

**vedere 2** sehen
**vedersi 3** sich sehen
**vegetariano 4** vegetarisch/Vegetarier
**veloce 5** schnell
**venerdì (m) L 3** Freitag
**venire 3** kommen
**venire a prendere 4** abholen
**veramente 4** wirklich
**verdura 6** Gemüse
**vero 3** wahr, wirklich/nicht wahr?
**verso 3** gegen
**vi 4** euch
**via 1** Straße
**vicino (a) 1** in der Nähe
**vino 2** Wein
**vino da tavola 6** Tafelwein
**viso T 7** Gesicht
**visto 5** gesehen
**vitello 6** Kalb
**voi T 1** ihr, Sie (Pl.)
**volentieri 2** gern
**volere 3** wollen
**volere bene 8** liebhaben, gern haben
**volta 6** mal
**vorrebbe 2** Sie/er/sie es möchte(n)
**vorrei 2** ich möchte

## W

**würstel con crauti (Pl.) 4** Würstchen mit Sauerkraut

## Z

**zaino 5** Rucksack
**zia 3** Tante
**zii (Pl.) 3** Onkels/ Onkel und Tante
**zio 3** Onkel

# *GRAMMATIK-GLOSSAR*

**Adjektiv, aggettivo:** nuovo, bello, bianco
Eigenschaftswort (bestimmt ein Substantiv näher)
**Adverb, avverbio:** certamente, probabilmente, bene
Umstandswort (bestimmt ein Verb näher)
**Akkusativ, accusativo:** Prendo un caffè.
4. Fall (wen oder was?)
**Akkusativpronomen, pronome dell'accusativo**:
lo prendo
Fürwort im 4. Fall
**Artikel, articolo:** il, la, lo
Geschlechtswort
**Dativ, dativo**: Do un consiglio a Mario.
3. Fall (wem?)
**Dativpronomen, pronome del dativo**:
Gli do un consiglio.
Fürwort im 3.Fall
**feminin, femminile**: la, una, signora, questa
weiblich
**Futur, futuro:** sarò, andremo, comprerà
Zukunft
**Hilfsverb, verbo ausiliare**: essere, avere
**Imperativ, imperativo:** guarda!, prendi!
Befehlsform
**Infinitiv, infinito:** andare, fare, partire
Grundform
**Konjugation, coniugazione**: vedo, vedi, vede ...
Beugung des Verbs
**konjugieren, coniugare**
Verb beugen
**Konsonant, consonante**: b, c, d, ...
Mitlaut
**maskulin, maschile:** il, un, signore, questo
männlich

**Modalverb, verbo modale:** volere, potere, dovere
Verb der Art und Weise
**Objektpronomen, pronome dell'oggetto:**
Vieni con me.
Personalpronomen als Satzgegenstand
**Partzip Perfekt, participio passato:** andato, fatto, detto.
Mittelwort der Vergangenheit
**Perfekt, passato prossimo**: sono andato, abbiamo fatto
Vollendete Gegenwart
**Personalpronomen, pronome personale:** io, tu, lui
Persönliches Fürwort
**Plural, plurale**: ragazzi, melanzane, persone
Mehrzahl
**Possessivpronomen, pronome possessivo:** il mio, la tua ...
Besitzanzeigendes Fürwort
**Präposition, preposizione:** con, per, a, di ...
Verhältniswort
**Präsens, presente:** sono, vediamo, fai
Gegenwart
**Pronomen, pronome:** io, gli, la ...
Fürwort
**reflexiv, riflessivo:** mi chiamo, ci incontriamo ...
Rückbezüglich
**Reflexivpronomen, pronome riflessivo**: mi, ti, si, ...
Rückbezügliches Fürwort
**Singular, singolare:** una persona, un signore ...
Einzahl
**Stammerweiterung**: finisco, capisci
**Substantiv, sostantivo:** macchina, ristorante, casa ...
Hauptwort
**Verb, verbo**: comprare, partire, vedere ...
Tätigkeitswort
**Verneinung, negazione:** non vado, non faccio
**Vokal, vocale:** a, e, i, o, u
Selbstlaut

**1. Gruß und Abschied 1.** Buon giorno, signor Mayer. – Buon giorno, signora Krause. **2.** Ciao, Stefano. – Ciao, Antonia. **3.** Buona sera (Buon giorno/Buona notte/Arrivederci), signor Rossi. – Buona sera, signora Müller. **4.** Ciao, Angela. – Ciao, Giuseppe. **5.** Buona notte, signor Ramazzotti. – Buona notte, signora Averna. **6.** Arrivederci, signor Winckelmann. – Arrivederci, signor Goethe. **7.** Buon giorno, signorina Schulze. – Buon giorno, signora Beimer. **8.** Buona sera, signorina Pirelli. – Buona sera, signor Agnelli. **9.** Ciao, Matthias. – Ciao, Elena. **10.** Buona notte, signor Fabrizi. – Buona notte, signor Verdi.

**2. Fragen Sie die folgenden Personen nach ihrer Nationalität: 1.** Sei tedesco, Klaus? – Sì, sono tedesco. **2.** E'italiana, signora Fallaci? – Sì, sono italiana. **3.** Sei tedesca, Lieselotte? – Sì, sono tedesca. **4.** Sei italiano, Angelo? – Sì, sono italiano. **5.** Sei spagnola, Anna? – Sì, sono spagnola. **6.** Sei spagnolo, Rafael? – Sì, sono spagnolo. **7.** E' italiano, signor De Mita? – Sì, sono italiano. **8.** E' spagnola, signora Hervàs? – Sì, sono spagnola. **9.** E' tedesco, signor Schwarz? – Sì, sono tedesco. **10.** E' italiana, signora Galli? – Sì, sono italiana.

**3. Führen Sie Dialoge nach folgendem Muster: 1.** Come ti chiami? – Mi chiamo Stefano. Parli italiano? – Sì, parlo italiano. **2.** Come si chiama? – Mi chiamo Rossi. Parla italiano? – No, non parlo italiano. **3.** Come ti chiami? – Mi chiamo Claudia. Parli italiano? – No, non parlo italiano. **4.** Come ti chiami? – Mi chiamo Jürgen. Parli italiano? – Sì, parlo un po'. **5.** Come si chiama? – Mi chiamo Krüger. Parla italiano? – Sì, parlo italiano. **6.** Come ti chiami? – Mi chiamo Christopher. Parli italiano? – No, non parlo italiano. **7.** Come si chiama? – Mi chiamo Scheibe. Parla italiano? – Sì, parlo un po'. **8.** Come ti chiami? – Mi chiamo Astrid. Parli italiano? – Sì, parlo italiano. **9.** Come ti chiami? – Mi chiamo Sven. Parli italiano? – Sì, parlo un po'. **10.** Come si chiama? – Mi chiamo Kohl. Parla italiano? – No, non parlo italiano.

**4. Eins oder viele? 1.** Angela, hai una borsa? – No, ho tre borse. **2.** Signore, ha un passaporto? – No, ho due passaporti. **3.** Claudio, hai una borsa? – No, ho quattro borse. **4.** Signora, ha un passaporto? – Sì, ho un passaporto. **5.** Franco, hai un biglietto? – No, ho tre biglietti. **6.** Signore, ha una valigia? – Sì, ho una valigia. **7.** Signorina, ha una pizza? – No, ho due pizze. **8.** Domenico, hai un treno? – Sì, ho un treno.

# TEMA 1

## Ascolta

**A 1.** b **2.** a **3.** a **4.** a **5.** b
**B 1.** b, d **2.** b, c, d **3.** b, c **4.** b, d **5.** a, d

## Pratica

**1. Che cosa? Dove? Come? Quando? Quale? Quanto? 1.** Quanto **2.** Che cosa **3.** Quando **4.** Dov'è **5.** Come **6.** Quale

**2. Welche Fragen lassen sich zu folgenden Antworten stellen? 1.** Dov'è il prossimo telefono (pubblico)?/Dov'è un telefono?/Dov'è un cabina telefonica? **2.** Quanto costa una camera (doppia)? **3.** Quale autobus va all'aeroporto? **4.** Quando vai a Firenze/Roma ... **5.** Dov'è l'ente per il turismo?/Sa dov'è l'ente per il turismo?/Dov'è l'ufficio informazioni?/Sa dov'è l'ufficio informazioni? **6.** Prendiamo un taxi/l'autobus/la macchina? **7.** Come vai in centro/a Firenze ... **8.** Che cosa prendi? **9.** Hai fame anche tu?

**3. Non capisco! 1.** Dov'è la cabina telefonica? **2.** Quale autobus va alla stazione? **3.** Dov'è l'ente per il turismo? **4.** Che cosa prendi? **5.** Perché prendi il treno?

**4. Dove ...? Dov'è? 1.** a destra **2.** diritto **3.** in piazza **4.** lontano da qui **5.** in centro **6.** al prossimo angolo **7.** la prima strada a sinistra **8.** qui vicino

**5. In centro 1.** La piazza è vicino alla via Brera. **2.** Il ristorante è a sinistra. **3.** L'hotel è al prossimo angolo. **4.** L'ente per il turismo è vicino alla stazione. **5.** La prima strada a destra è la via Brera. **6.** L'aeroporto è lontano.

**6. No oder non? 1.** Non **2.** No **3.** non **4.** no **5.** No,no **6.** Non **7.** No **8.** No **9.** non **10.** non.

**7. Il o la? 1.** il **2.** la **3.** la **4.** il **5.** il **6.** il **7.** la **8.** il **9.** la **10.** il **11.** la **12.** il.

**8. Un o una? 1.** un **2.** una **3.** una **4.** una **5.** un **6.** un **7.** una **8.** un **9.** un **10.** una **11.** un **12.** una.

**9. Il? – La? – L'? 1.** la **2.** l' **3.** l' **4.** la **5.** l' **6.** la **7.** il **8.** la **9.** l' **10.** il.

**10. Un? – Una? – Un'? 1.** un **2.** una **3.** un **4.** un **5.** un' **6.** un **7.** un **8.** una **9.** un' **10.** un.

**11. Mettete al plurale! 1.** signori **2.** pizzerie **3.** birre **4.** macchine **5.** telefoni **6.** treni **7.** cambi **8.** cabine **9.** pizze **10.** banche.

**12. Eins oder viele? 1.** Il **2.** ristoranti – birre – pizze **3.** soldi – il **4.** banca **5.** Le **6.** la – angolo – cambio **7.** i – le **8.** la **9.** L' – lire – piedi – la **10.** treno.

**13. Konjugieren Sie in allen Personen! 1.** sono a casa, sei a casa, è a casa, è a casa, è a casa, siamo a casa, siete a casa, sono a casa. **2.** ho sete, hai sete, ha sete, ha sete, ha sete, abbiamo sete, avete sete, hanno sete. **3.** sono in piazza «Cola di Rienzo», sei in piazza «Cola di Rienzo» ... **4.** non ho la minima idea, non hai la minima idea ... **5.** sono a Roma con Gina Lollobrigida, sei a Roma con Gina Lollobrigida ...**6.** non ho il fax a casa, non hai il fax a casa ...

**14. Wer hat, der hat!** Abbiamo fame. Ho una macchina. Hai una macchina. Ha un telefono. Ha una casa a Roma. Avete una casa a Roma. Hanno una casa a Roma. Ho un ufficio in centro. Abbiamo un ufficio in centro. Ha una pizzeria. Hanno una pizzeria. Ha moneta. Avete moneta. Hai una camera. Ha una camera.

**15. Was fehlt? C'è/ci sono oder è/sono? 1.** sono **2.** è **3.** C'è **4.** sono **5.** è **6.** C'è **7.** è **8.** ci sono **9.** è **10.** C'è.

**16. Essere o avere? 1.** è – E' **2.** sei – sono **3.** Avete – abbiamo **4.** Hai – ho **5.** Siete – siamo **6.** sono – sono **7.** Ha – ho **8.** hanno – hanno **9.** siete – siamo **10.** è -è **11.** hanno – hanno **12.** ha – ha.

**17. Dove andiamo? 1.** Mamma va al ristorante. **2.** I signori vanno all'aeroporto. **3.** L'autobus va a Firenze. **4.** Noi due andiamo all'hotel. **5.** (Tu) vai a casa. **6.** Il cameriere va al telefono. **7.** (Io) vado a Roma. **8.** Maria e Angela vanno alla pizzeria. **9.** (Voi) andate all'ente per il turismo. **10.** Il treno va a Milano. **11.** (Io) vado ... **12.** (Io) vado ... **13.** (Noi) andiamo ...

**18. Hier quatscht einer zu schnell. 1.** La cabina telefonica è al prossimo angolo. **2.** Il cinque va alla stazione. **3.** L'ente per il turismo è in via Garibaldi. **4.** Io prendo una pizza e una birra. **5.** Prendo il treno perché non costa molto.

**19. Wie heißt's auf italienisch? 1.** Quando vai a Firenze? – Domani mattina. **2.** C'è un ristorante qui vicino? – Sì, c'è un ristorante in piazza. **3.** Quanto costa una camera doppia? – Quarantamila lire. **4.** Quando andiamo a casa? – Andiamo subito. **5.** Dov'è una banca? – Al prossimo angolo. **6.** Che cosa prendi? – Prendo una birra. **7.** Ha moneta? – No, non ho moneta. **8.** Andiamo in un ristorante? – Sì, ho fame anch'io. **9.** Quale autobus va all'aeroporto? – Il cinque. **10.** Dov'è l'hotel «Europa»? – Non è lontano da qui, sempre diritto.

## Senti e parla

**Per strada**

Buon giorno, signore.

*Buon giorno, signorina.*

Scusi, sa dov'è un hotel?

*Non lo so, ma c'è un ufficio informazioni in via Rigatoni.*

Dov'è?

*Lei va sempre diritto, al prossimo angolo c'è la pizzeria «Quattro stagioni», e subito a destra c'é l'ente per il turismo.*

Ohh, io ho due valigie. Vado a piedi?

*No, è lontano con due valigie, sono dieci minuti da qui.*

Allora prendo il taxi.

*Perché non prende l'autobus?*

Quale linea è?

*E' la sette.*

Grazie, signore.

*Prego, signorina.*

## Lettura

**Sí o no?** sì **2.** no **3.** sì **4.** sì **5.** sì **6.** sì **7.** no **8.** no.

# TEMA 2

## Ascolta

**A 1.** a **2.** a **3.** a
**B 1.** a, c, d, e **2.** b, c, d, e **3.** a, d, e **4.** c, d **5.** a, c **6.** b, c, d **7.** b, c, e, f.

## Pratica

**1. I numeri pari 1.** due **2.** quattro **3.** sei **4.** otto **5.** dieci **6.** dodici **7.** quattordici **8.** sedici **9.** diciotto **10.** venti

**2. I numeri dispari 1.** ventuno **2.** ventitré **3.** venticinque **4.** ventisette **5.** ventinove **6.** trentuno **7.** trentatré **8.** trentacinque **9.** trentasette **10.** trentanove

**3. Quali numeri sentite? 1.** 47 **2.** 13 **3.** 28 **4.** 96 **5.** 88 **6.** 38 **7.** 67 **8.** 75 **9.** 19 **10.** 33 **11.** 17 **12.** 52

**4. Ditelo ad alta voce!** Millenovecentonovantadue, trecentosessantasette, cinquantuno, ottocentoottantotto, tremilaquattrocentoventicinque, centoottantanove, diciassette, dieci, seicentoottantatré, centonovanta, novecentoventisei, trecentodiciannovemilacinquecentocinque, seimilacinquecentocinquantasette, cinquecentoquattordici, centosettantanove, duecentotrentuno, settantasei, novantanove, quattordici, trecentotredici, ottomilatrecentosessantacinque, uno, sessantadue, novecentonovantanove, quaranta, mille, seicentosei, millesettecentoottantanove, diciannove, millenovecentoottantaquattro, duemilasette, milletrecentoquattordici, millesessantasei, ottantasette, undici.

**5. Wie einfach können Zahlen in Ziffern sein! 1.** 334 **2.** 2721 **3.** 1770 **4.** 15000 **5.** 868 **6.** 995 **7.** 5200 **8.** 652 **9.** 43 **10.** 7820 **11.** 2016 **12.** 1066

**6. Quanto costa ... 1.** Il cappuccino al **Bar del Sub** costa duemilacinquecento lire. **2.** Il vino al **Gran Café** costa quattromila lire. **3.** Il biglietto da **La Spezia Centrale a Corniglia** costa milletrecento lire. **4.** Il biglietto da **Roma Ostiense a Fiumicino Aeroporto** costa cinquemila lire. **5.** Il biglietto da **Porto S. Stefano a Giglio** costa quattromilasettecento lire. **6.** Il biglietto da **Orbetello a Roma Termini** costa novemilatrecento lire.

**7a. Quanto costa? 1.** Quanto costa la cassetta? – La cassetta costa quindicimila lire. **2.** Quanto costa l'etto? – L'etto costa mille lire. **3.** Quanto costa un litro di vino? – Un litro di vino costa cinquemila lire. **4.** Quanto costa una scatola di biscotti? – Una scatola di biscotti costa duemilacinquecento lire. **5.** Quanto costa la gonna gialla? – La gonna gialla costa cinquantamila lire. **6.** Quanto costa il cappuccino? – Il cappuccino costa millecinquecento lire. **6.** Quanto costa uno scialle di cotone? – Uno scialle di cotone costa ventimila lire.

**7b. Quanto costano? 1.** Quanto costano due cassette? – Due cassette costano trentamila lire. **2.** Quanto costano tre etti? – Tre etti costano tremila lire. **3.** Quanto costano quattro litri di vino? – Quattro litri di vino costano ventimila lire. **4.** Quanto costano due scatole di biscotti? – Due scatole di biscotti costano cinquemila lire. **5.** Quanto costano due gonne gialle? – Due gonne gialle costano centomila lire. **6.** Quanto costano tre cappuccini? – Tre cappuccini costano quattromilacinquecento lire. **7.** Quanto costano due scialli di cotone? – Due scialli di cotone costano quarantmila lire.

**8. Konjugieren Sie in allen Personen 1.** compro una casa, compri, compra, compriamo, comprate, comprano **2.** provo il vino, provi, prova, proviamo, provate, provano **3.** trovo soldi per strada, trovi, trova, troviamo, trovate, trovano **4.** domando dov'è l'hotel «Europa», domandi, domanda, domandiamo, domandate, domandano **5.** ritiro la gonna ai grandi magazzini, ritiri, ritira, ritiriamo, ritirate, ritirano **6.** mangio una pizza «Quattro stagioni», mangi, mangia, mangiamo, mangiate, mangiano **7.** pago il conto all'hotel, paghi, paga, paghiamo, pagate, pagano

**9. Formate delle frasi 1.** Eros chiama la commessa/il capo. **2.** Io pago il conto **3.** Noi compriamo il vino/una gonna. **4.** Tu provi una gonna/il vino. **5.** Il computer funziona oggi. **6.** Loro chiamano il capo/la commessa. **7.** Voi mangiate una pizza. **8.** Il formaggio costa molto.

**10. Qual è la forma del verbo? 1.** domandiamo **2.** ritira **3.** costano **4.** paghiamo **5.** chiamano **6.** funziona **7.** mangi **8.** Trovate **9.** compro

**11. Avere bisogno di ... 1.** Di che cosa hai bisogno? – Ho bisogno di due chili di pomodori. **2.** Di che cosa avete bisogno? – Abbiamo bisogno di tre melanzane. **3.** Di che cosa hanno bisogno? – Hanno bisogno di quattro litri di vino. **4.** Di che cosa ha bisogno? – Ha bisogno di un po' di frutta. **5.** Di che cosa avete bisogno?

– Abbiamo bisogno di un chilo di pane. **6.** Di che cosa ha bisogno? – Ho bisogno di alcune banane. **7.** Di che cosa ha bisogno? – Ha bisogno di un quaderno. **8.** Di che cosa hanno bisogno? – Hanno bisogno di due etti di formaggio. **9.** Di che cosa hai bisogno? – Ho bisogno di un paio di calze.

**12. Wie lauten die Artikel und Endungen? 1a.** il/i chili **1b.** un/due chili **2a.** la/le scatole **2b.** una/due scatole **3a.** la/le stazioni **3b.** una/due stazioni **4a.** il/i quaderni **4b.** un/due quaderni **5a.** lo/gli scialli **5b.** uno/due scialli **6a.** la/le mele **6b.** una/due mele **7a.** il/i biglietti **7b.** un/due biglietti **8a.** il/i formaggi **8b.** un/due formaggi **9a.** il/i camerieri **9b.** un/due camerieri **10a.** lo/gli zii **10b.** uno/due zii **11a.** la/le commesse **11b.** una/due commesse **12a.** lo/gli scontrini **12b.** uno/due scontrini **13a.** la/le calze **13b.** una/due calze **14a.** il/i cappuccini **14b.** un/due cappuccini **15a.** lo/gli sconti **15b.** uno/due sconti

**13. Combinate! 1.** la frutta dolce **2.** i formaggi piccanti **3.** il vino sfuso **4.** la gonna bianca **5.** le mele mature **6.** i prezzi fissi **7.** la cabina grande **8.** il signore pazzo **9.** gli scialli rossi **10.** la commessa carina **11.** le banane dolci **12.** l'acqua gassata

**14. Coordinate! 1.** h **2.** f **3.** g **4.** b **5.** c **6.** d **7.** a **8.** e

**15. Formate delle frasi! 1.** Quanto costano i formaggi piccanti? **2.** Dov'è il prossimo telefono pubblico? **3.** Prendo alcune mele mature. **4.** Quanto costa il vino bianco? **5.** Di che cosa hai bisogno? **6.** Faccio la spesa per mia madre. **7.** Quanto costa la gonna gialla? **8.** Sono ingrassata di tre chili.

**16. Combinate! 1.** d **2.** c **3.** f **4.** e **5.** b **6.** a

**17. Con o senza? 1.** alla **2.** agli **3.** a **4.** al **5.** all' **6.** all' **7.** alla **8.** a **9.** al

**18. A con o senza articolo? 1.** al **2.** a **3.** a **4.** ai **5.** alla **6.** al **7.** all' **8.** al **9.** all' **10.** a.

**19. Quale parola non va bene? 1.** calze **2.** uva **3.** chiamo **4.** scatola **5.** gonna **6.** faccio **7.** vicino **8.** ancora

**20. Fare** Faccio lo stupido, fai lo stupido ...
Faccio la fila, fai la fila... Faccio colazione con Sofia Loren, fai colazione ... Faccio il bagno a casa, fai il bagno a casa ...

**21. Fare la spesa ... dove? ... come? 1.** Fai la spesa al mercato. **2.** Fa la spesa ai grandi magazzini. **3.** Fanno la spesa al negozio. **4.** Fate la spesa a Milano. **5.** Faccio la spesa a piedi. **6.** Facciamo la spesa al negozio. **7.** Fa la spesa al mercato. **8.** Fai la spesa all'aeroporto.

**22. Completate! 1.** chilo; litro **2.** sono **3.** costano **4.** hai bisogno **5.** fa; in **6.** lo; alla **7.** funziona **8.** piano **9.** provi **10.** ingrassata **11.** negozio **12.** cappuccini **13.** Manca

**23. Traduzione 1.** Fai la spesa per me? **2.** Ho bisogno di un chilo di mele, due etti di formaggio dolce e un litro di vino bianco sfuso. **3.** Prendo le banane perché sono mature. **4.** Quanto costano i pomodori? **5.** Bisogna ritirare lo scontrino alla cassa. **6.** Donatella è ingrassata almeno di tre chili e così non va al ristorante. **7.** Donatella e Franco vanno al mercato. **8.** Donatella prova una gonna carina. **9.** Abbiamo bisogno di una macchina, ma Franco è pazzo: vorrebbe una Ferrari. **10.** Quant'è? – Due pizze e due birre ... sono sedicimila lire.

## Senti e parla

**Ai grandi magazzini**

Signore, quanto costa questo computer?

*Quale?*

Questo qui, a destra.

*Un momento, ... hmmm, costa un milione ottocentocinquantamila lire.*

Quanto? In America costa solo settecento dollari!

*Sì, ma siamo in Italia.*

Io lo prendo e pago un milione e trecento.

*Come? E' pazza!! I prezzi sono fissi.*

Allora non compro questo computer.

*... eh, arrivederci, grazie!!!!!*

## Lettura

**Sí o no? 1.** no **2.** no **3.** sì **4.** sì **5.** no **6.** sì **7.** no **8.** no **9.** sì **10.** sì

# TEMA 3

## Ascolta

**A 1.** sì **2.** no **3.** sì **4.** no **5.** no **6.** no **7.** sì **8.** no **9.** no **10.** no
**B 1.** a, b, c **2.** a, c, d **3.** a **4.** b, c **5.** a **6.** c **7.** a, c **8.** a **9.** b **10.** a

## Pratica

**1. Coniugate 1.** sto malissimo, stai malissimo, sta ... , stiamo, state, stanno **2.** sto abbastanza bene, stai abbastanza bene, sta ... , stiamo, state,stanno. **3.** sto molto bene con Eros Ramazzotti, stai molto bene con Eros Ramazzotti, sta ... , stiamo, state, stanno.

**2. Come stanno? 1.** stanno **2.** sta **3.** sta **4.** State **5.** sta **6.** stai **7.** Sto **8.** stai

**3. Coniugate 1.** vedo una bella signora, vedi una bella signora, vede ... , vediamo, vedete, vedono **2.** rompo le scatole, rompi le scatole, rompe ... , rompiamo, rompete, rompono **3.** sento la musica di Gianna Nannini, senti la musica di Gianna Nannini, sente ... , sentiamo, sentite, sentono **4.** parto per la Germania domani, parti per la Germania domani, parte ... , partiamo, partite, partono

**4. Perché? ... Perché? 1.** vedo **2.** balliamo **3.** parto **4.** festeggiano **5.** cena **6.** accompagna

**5. Mettete il verbo nella forma giusta 1.** arrivo **2.** Festeggiamo **3.** Passo **4.** partono **5.** Trovate **6.** saluta **7.** balla **8.** trovi **9.** parla **10.** esagerano **11.** Accompagnate **12.** vede **13.** provi **14.** Prendete **15.** Cambiano **16.** Chiamo **17.** apre

**6. Desinenze 1.** ono **2.** e **3.** i **4.** ete **5.** a **6.** iamo **7.** ate **8.** o **9.** ite **10.** ano

**7. Unterstreichen Sie alle Modalverben im Dialog 1.** Devo andare allora. **2.** ... devi andare? **3.** ... vogliono ancora vedere ... **4.** ... vuoi andare ... **5.** ... devo proprio andare **6.**... , non posso... **7.**...potete andare in cucina ... **8.** Vuoi bere qualcosa,... **9.** ... devo fare l'esame ... **10.** Ma ti posso accompagnare ... **11.** ... voglio andare ...

**8. volere – potere – dovere ? 1.** posso **2.** vuoi **3.** vuole/deve **4.** Devi **5.** vogliono **6.** devo/voglio **7.** dobbiamo – possiamo **8.** volete **9.** devono **10.** può

**9. Che ore sono? 1.** Sono le otto e cinque. **2.** Sono le due e trentotto. **3.** Sono le due meno un quarto. **4.** E'mezzogiorno e mezzo. **5.** Sono le undici e un quarto. **6.** Sono le cinque. **7.** E'mezzanotte. **8.** Sono le sette e mezzo. **9.** E'l'una. **10.** Sono le dieci e dieci. **11.** Sono le tre meno sette. **12.** Sono le undici e mezzo. **13.** Sono le quattro meno venti. **14.** Sono le sette meno un quarto. **15.** Sono le nove e un quarto.

**1.** Sono le sei e venticinque. **2.** Sono le tredici e quarantacinque. **3.** Sono le diciassette e nove. **4.** Sono le sedici e trentatré. **5.** Sono le ventitré e quindici. **6.** Sono le dodici. **7.** Sono le ventidue e cinquanta. **8.** Sono le nove e quarantotto. **9.** Sono le quindici e undici. **10.** Sono le ventuno e trenta. **11.** Sono le tre e quaranta **12.** Sono le diciannove e diciannove **13.** Sono le sette e trentasette **14.** Sono le venti e quindici **15.** Sono le undici e diciassette.

**10. Madre e figlia hanno una disussione 1.** compleanno **2.** festa **3.** tutta **4.** voglio **5.** chi **6.** amico – studente **7.** puoi – andare – piedi **8.** passa/viene – macchina **9.** vogliono- nipote **10.** prossima – posso

**11. Coniugate 1.** voglio andare in Italia, vuoi andare in Italia, vuole ... **2.** devo fare la spesa, devi fare la spesa, deve ... **3.** posso venire domani, puoi venire domani, può ... **4.** vengo alla festa con una gonna elegante, vieni alla festa con una gonna elegante, viene ... , veniamo venite, vengono **5.** dico i numeri da cento a uno, dici i numeri da cento a uno, dice ... , diciamo, dite, dicono **6.** so tutto, sai tutto, sa ... , sappiamo, sapete, sanno.

**12. venire – dire – sapere 1.** dicono – veniamo **2.** dice – so **3.** sappiamo – dice **4.** sai – viene **5.** sai – vieni **6.** sanno – viene **7.** dice – venite

**13. Evviva la puntualità 1.** dice – Vengo alle otto – viene – alle nove **2.** dicono – Veniamo alle undici e mezzo – vengono – all'una e mezzo **3.** dico – viene a mezzanotte – viene – all'una **4.** dice – viene alle sette e un quarto – viene – alle sette e mezzo **5.** diciamo – vengono alle nove meno un quarto – vengono – alle nove e un quarto.

**14a. Domande 1.** Perché devi andare al mercato? **2.** Quando venite alla festa? **3.** Come vuole andare a Roma? **4.** Dove posso prendere un caffè? **5.** Quando cenate? **6.** Perché vuoi accompagnare D. a casa? **7.** Quando vede Franco?

**8.** Perché prendi una pizza? **9.** Perché non facciamo la spesa insieme? **10.** Come sta? **11.** Perché non andate in banca?

**14b. Ordnen Sie den Fragen die richtigen Antworten zu 1.** c **2.** f **3.** d **4.** e **5.** h **6.** g **7.** i **8.** a **9.** k **10.** b **11.** j

**15. Che cosa dite se ... 1.** Come stanno Franco e Donatella? (In direkter Anrede auch: Come state, Franco e Donatella?) **2.** Che ora è?/ Che ore sono? **3.** Viene quasi tutta la famiglia: mio zio, mia zia, i miei cugini. **4.** Tanti auguri a te! **5.** Guarda un po'! **6.** Faccio/Facciamo un brindisi alla salute di Mattia. **7.** Franco è un ragazzo in gamba. **8.** Sono innamorato/a di te. **9.** Voglio andare subito **10.** Sto benissimo/molto bene.

**16. Come si dice in tedesco? 1.** unser Telefon **2.** mein Geburtstag **3.** seine/ihre Übersetzung **4.** ihr Auto **5.** seine/ihre Gläser **6.** deine Gesundheit **7.** ihre Getränke **8.** seine/ihre Pizzerien **9.** eure Auberginen **10.** ihre Kekse **11.** seine/ihre Nudeln **12.** deine Hefte **13.** meine Strümpfe

**17. Che cosa è di chi? 1.** il tuo – il mio **2.** la vostra – la nostra **3.** il tuo – il suo **4.** i Suoi – i loro **5.** le vostre – le sue **6.** la tua – la sua **7.** le loro – le nostre **8.** il vostro – il mio **9.** la tua – la sua **10.** i vostri – i miei

**18. Formate delle frasi 1.** Franco è un ragazzo in gamba. **2.** Io devo fare l'esame di tedesco. **3.** Facciamo un brindisi alla salute di Cristoforo. **4.** Vuoi bere un bicchiere di spumante? **5.** Carla balla con Mattia. **6.** Domani festeggiamo il mio compleanno.

**19. Insalata di parole 1.** Sabato viene tutta la famiglia per festeggiare il compleanno di papà. **2.** La prossima settimana finisco il mio corso. **3.** Facciamo un brindisi alla salute di Mattia. **4.** Devo fare l'esame di tedesco. **5.** Franco è un ragazzo antipatico perché Harry è innamorato di Donatella. **6.** Donatella vuole bere un bicchiere di spumante. **7.** Potete andare in cucina e lì trovate tutto. **8.** Harry sa come sono queste feste in famiglia.

**20. Traducete 1.** i miei genitori **2.** tuo fratello **3.** i miei cugini **4.** mia nipote **5.** Sua figlia **6.** nostro nonno **7.** i suoi zii **8.** vostra nipote **9.** i suoi nonni **10.** la loro madre **11.** le tue sorelle **12.** suo nipote

**21. Indovinello di famiglia 1.** mio zio **2.** i miei cugini **3.** il loro nipote **4.** mio padre **5.** mio nonno **6.** la loro cugina **7.** mia zia **8.** mio cugino

**22. Articolo sì o no 1.** tua zia **2.** le vostre melanzane **3.** il suo telefono **4.** i loro cugini **5.** il mio compleanno **6.** la nostra macchina **7.** sua madre **8.** i tuoi nonni **9.** la loro nonna **10.** le vostre gonne **11.** la sua pizza **12.** nostro fratello **13.** i miei genitori

## Senti e parla

**Al telefono**

Pronto? Sei tu, Harry?

*No, Donatella, sono io, Franco.*

Ah ... cosa c'è?

*Non vuoi venire a una festa a casa di Marco alle undici?*

Stanotte? Domani ho un esame ... no, non posso venire, mi dispiace.

*Capisco ... devi andare in discoteca con il tedesco.*

**Con la mamma**

*Donatella, dove vai?*

Vado a una festa con Franco.

*A quest'ora? Sono le undici meno un quarto.*

Sì, la festa è alle undici.

*Ma siete pazzi! Non hai un esame domani?*

Sì, ma non è difficile.

*Tu vuoi andare a ballare con questo tedesco!*

## Lettura

**Sí o no? 1.** no **2.** no **3.** sì **4.** no **5.** sì **6.** no **7.** sì **8.** no **9.** sì **10.** no

# TEMA 4

## Ascolta

**A 1.** no **2.** no **3.** no **4.** sì **5.** no **6.** sì
**B 1.** b, c **2.** b **3.** a **4.** a, b **5.** a, c **6.** a

## Pratica

**1. Dove abiti? Dove abita? 1.** Abito a Perugia in via Angeloni. **2.** Abito in Puglia a Bari. **3.** Abito a Roma in piazza del popolo. **4.** Abito a Milano in via Manzoni. **5.** Abito in Toscana a Siena. **6.** Abito in Sicilia a Siracusa. **7.** Abito a Padova in piazza delle erbe. **8.** Abito in Calabria a Catanzaro. **9.** Abito a Bologna in via Maggiore. **10.** Abito a Roma in via Cavour. **11.** Abito in Campania a Napoli. **12.** Abito in Liguria a La Spezia.

**2. Un'intervista 1.** Come ti chiami? – Mi chiamo Angelica Tucci. (Qual è il tuo nome? – Il mio nome è Angelica Tucci) Qual è la tua professione? – Sono segretaria. (Che fai? – Sono segretaria.) Dove abiti? – Abito a Roma in via Cavour 10. Di dove sei? – Sono di Firenze in Toscana. Quanti anni hai? – Ho 25 anni. **2.** Come si chiama? – Mi chiamo Carlo Bentivoglio. Qual è la Sua professione? – Sono insegnante di matematica. Dove abita? – Abito a Roma in via Garibaldi 12. Di dov'è? – Sono di Roma in Lazio. Quanti anni ha? – Ho 28 anni. **3.** Come ti chiami? – Mi chiamo Harry Eislöffel. Qual è la tua professione? – Sono studente di lingue. Dove abiti? – Abito a Roma in via Monte del Gallo 9. Di dove sei? – Sono di Francoforte in Germania. Quanti anni hai? – Ho 23 anni. **4.** Come si chiama? – Mi chiamo Donatella Bentivoglio. Qual è la Sua professione? – Sono studentessa di lingue. Dove abita? – Abito a Roma in via Macchiavelli 34. Di dov'è? – Sono di Roma in Lazio. Quanti anni ha? – Ho 21 anni.

**3. Coniugate 1.** mi trovo bene in Italia, ti trovi bene in Italia, si trova ... , ci troviamo, vi trovate, si trovano **2.** mi do un appuntamento con Giulio Andreotti, ti dai un appuntamento con Giulio Andreotti, si dà ... , ci diamo, vi date, si danno **3.** mi incontro con Ilona Staller a Milano, ti incontri con Ilona Staller a Milano, si incontra ... , ci incontriamo, vi incontrate, si incontrano **4.** mi preparo per l'esame di indocinese, ti prepari per l'esame di indocinese, si prepara ... , ci prepariamo, vi preparate, si preparano

**4. Verbo riflessivo richiesto 1.** si trova **2.** si incontrano **3.** si riposa **4.** ci diamo **5.** si chiama **6.** mi laureo **7.** vi rivedete **8.** si vedono **9.** si incontra

**5. Ci uns oder da, dahin? 1.** Sì, ci sono. **2.** Ci laureiamo l'anno prossimo. **3.** No, non ci vado oggi **4.** Ci troviamo bene. **5.** Sì, ci vediamo alle dieci. **6.** Sì, ci devo andare (devo andarci) adesso. **7.** No, non ci siamo tutti. **8.** Sì, ci voglio andare subito (voglio andarci).

**6. Ditelo all inverso 1.** Posso riposarmi domani. **2.** Ci dobbiamo conoscere. **3.** Vogliono rivedersi domani. **4.** Paolo si vuole laureare. **5.** Ci venite a prendere alle 8? **6.** Devi incontrarti con lui. **7.** Potete vedervi a casa.

**7. Mettete al plurale 1.** l'appuntamento – gli appuntamenti **2.** l'impiegata – le impiegate **3.** il ragazzo – i ragazzi **4.** lo svizzero – gli svizzeri **5.** l'informazione – le informazioni **6.** la scuola – le scuole **7.** lo sconto – gli sconti **8.** l'anno – gli anni **9.** la segretaria – le segretarie **10.** lo studente – gli studenti

**8. Non ... niente, nessuno, mai 1.** Non vado mai in centro. **2.** Non ho più voglia di fare un bagno. **3.** Non sappiamo nemmeno dov'è il bar. **4.** Non conosciamo nessuno. **5.** Non vogliono fare niente. **6.** Non ci vediamo neanche domani.

**9. Siete così? 1.** Non prendo mai un caffè a mezzanotte. **2.** Non compro niente. /Non compro nemmeno (neanche/neppure) una macchina. **3.** Dopo tre pizze non ho più fame. **4.** Non conosco nessuno a Honolulu. /Non conosco nemmeno (neanche/neppure) un ragazzo a Honolulu. **5.** Non sono mai a Hintertupfingen. **6.** Dopo dieci litri di vino non ho più voglia di bere (vino).

**10. Insalata di parole 1.** E'la casa che vedi al prossimo angolo. **2.** Non so che Angela lavora fino alle sette. **3.** Andiamo a trovare amici che hanno una casa al mare. **4.** Mi incontro con la mia amica che studia in Germania. **5.** Sai che la prossima settimana vado in Italia? **6.** Posso prendere lo studio che ha in via Cavour.

**11. Parole crociate 1.** PANE **2.** PRENDERE **3.** BAGNO **4.** FRUTTA **5.** SEGRETARIA **6.** INSEGNANTE **7.** WUERSTEL **8.** MEDICINA **9.** TROVA **10.** MEZZANOTTE **11.** IDEE – **Lösungswort:** PROFESSIONE

**12. Mettete al plurale 1.** Gli amici si laureano l'anno prossimo. **2.** I papà si riposano un po'. **3.** I formaggi sono piccanti. **4.** Le amiche si incontrano con le colleghe. **5.** I taxi sono gialli. **6.** I computer non funzionano. **7.** Gli insegnanti si trovano in via Monte del Gallo. **8.** Gli autobus vanno in centro. **9.** I medici studiano il tedesco.

**13. Quale parola non va bene? 1.** agenzia viaggi **2.** gli amici **3.** vicino a **4.** negozio **5.** piazza

**14. Trovate le risposte giuste alle domande 1.** c **2.** d **3.** e **4.** a **5.** b

**15. Com'è la Sua settimana? 1.** Lunedì dopo il lavoro prendo un caffè al bar. **2.** Martedì ho un appuntamento con Harry. **3.** Mercoledì faccio la spesa con mia madre. **4.** Giovedì vado al corso d'italiano. **5.** Venerdì festeggio il mio compleanno. **6.** Sabato vado a trovare amici al mare. **7.** Domenica mi riposo un po'.

**16. Quando si possono vedere Franco e Donatella?**

F: Hai tempo mercledì sera? Possiamo andare al nuovo ristorante vicino a piazza Navona.

D: Mi dispiace, ma mercoledì sera **non ho tempo/non posso/studion con H.**

F: E giovedì?

D: Ho un **appuntamento** alle **otto e mezza**, ma lunedì e **martedì** ho tempo.

F: Proprio **lunedì** e **martedì** non posso perché sono ancora **a Firenze**.

D: Mmh, è difficile allora perché venerdì c'è il **compleanno** di **Mattia** e sabato **vado al mare** alle **nove**.

F: E'difficile anche per me. **Venerdì** alle **otto** ho un **appuntamento** con Paolo e sabato festeggiamo il **compleanno di mio fratello**.

D: E domenica sera?

F: Sì, domenica sera ho **tempo**. Allora ci vediamo domenica.

**17. Verbi misti 1.** salutate **2.** ci conosciamo **3.** Vengono **4.** so **5.** Paghiamo **6.** Mancano **7.** dice **8.** finisci **9.** festeggio **10.** Partiamo **11.** capisco **12.** ha

**18. Completate il dialogo** - Ciao, sono Stefano, e tu, come **ti chiami**?
- Io? **il mio** nome è Anna.
- E loro, chi sono?
- Lui è **mio** fratello Paolo, e loro sono Angela e Claudia, le mie **colleghe**.
- Ah, **lavorate** insieme!
- Sì, siamo **segretarie**. Lavoriamo **in comune**.
- **Siete** di Roma?
- Io sì, ma Angela è **di** Firenze, e Claudia **abita** a Orvieto.
- Andate **spesso** in discoteca?
- No, **ogni tanto** al **fine settimana**.
- Volete **bere** qualcosa?
- No, grazie, andiamo **subito** a casa. **Dobbiamo** prendere **l'ultimo** tram. Ciao!

**19. Ditelo in italiano 1.** Compriamo la casa che vedi a sinistra. **2.** Sa che giochi a scacchi? **3.** I taxi si trovano vicino alla stazione **4.** Gli insegnanti non si riposano mai. **5.** La frutta che puoi comprare qui è molto dolce. **6.** Di dov'è? Abita in Germania? **7.** Al fine settimana andiamo al mare con i nostri amici.

## Senti e parla

**Ai grandi magazzini «Superprezzo»**

Scusi, signorina, come si chiama?
*Il mio nome è Lucia Lamborghini.*
Qual è la Sua professione?
*Sono studentessa di lingue.*
Dove studia?
*Studio qui a Venezia.*
Ma Lei non è di qui?
*No, sono di Napoli.*
Abita qui in centro?
*No, abito a Mestre.*
E perché fa la spesa ai grandi magazzini «Superprezzo»?
*Perché ho un appuntamento con il mio ragazzo e lui abita vicino.*
E dove va normalmente a fare la spesa?
*A Mestre ci sono i grandi magazzini «Piccolalira» che hanno prezzi eccezionali.*
Grazie delle informazioni, signorina.

**In discoteca**
Ciao bella! Andiamo a ballare?
*Cosa vuoi?*
Voglio ballare con te.
*Non ho voglia di ballare.*
Ma forse vuoi bere qualcosa ... un bicchiere di spumante?
*No, grazie.*
Possiamo ballare anche dopo.
*Mi dispiace, ma devo andare a casa adesso.*
Ti posso accompagnare in macchina.
*No, vado a piedi.*
Io mi chiamo Sergio e tu?
*E tu! E tu! Tu mi rompi le scatole!*

## Lettura

**Sí o no? 1.** no **2.** sì **3.** sì **4.** sì **5.** no **6.** sì **7.** no **8.** no **9.** no

# TEMA 5

## Ascolta

**A 1.** no **2.** no **3.** sì **4.** sì **5.** no **6.** sì **7.** no **8.** sì **9.** no **10.** sì
**B 1.** b, c **2.** c **3.** c **4.** b **5.** b, c **6.** c **7.** b, c **8.** a, c **9.** a, c **10.** a, c.

## Pratica

**1. Coniugate 1.** sono andato/a alla festa, sei andato/a alla festa, è andato/a alla festa, siamo andati/e alla festa, siete andati alla festa, sono andati alla festa **2.** ho fatto il bagno, hai fatto il bagno, ha fatto ... **3.** sono stato/a in Italia con Paolo Conte, sei stato/a in Italia ... , è stato/a ... , siamo stati/e... , siete stati/e ... , sono stati/e ... **4.** ho visto una bella ragazza, hai visto una bella ragazza, ha visto ...

**2. Il participio passato di ... 1.** abitato **2.** messo **3.** esagerato **4.** capito **5.** conosciuto **6.** preso **7.** sentito **8.** avuto **9.** venuto **10.** fatto **11.** detto **12.** imparato **13.** saputo **14.** visto **15.** finito **16.** caduto **17.** passato **18.** sceso **19.** perso **20.** aperto

**3. Completate** **1.** è andata/ha fatto **2.** è stata/ha visto **3.** sono andati **4.** ha detto **5.** ha domandato **6.** ha pagato/ha preso **7.** è arrivato/è partito

**4. Adesso e prima** **1.** Ho parlato **2.** Siamo andati/e **3.** Ho (già) cenato **4.** Ha (già) detto **5.** Ho messo **6.** Ho (già) comprato **7.** Sono state **8.** E'arrivata

**5. di – del – dell'- dello – della – dei – degli – delle** **1.** della **2.** dei **3.** della **4.** dei **5.** del **6.** delle **7.** degli **8.** dello **9.** dell' **10.** di **11.** dell' **12.** di

**6. di o a?** **1.** ai **2.** al **3.** dell'**4.** dei **5.** a/a **6.** all'**7.** alla **8.** di **9.** del **10.** a **11.** del **12.** degli

**7. Dove sono i biglietti?** **1.** nello **2.** nel **3.** nella **4.** negli **5.** nell'**6.** nelle **7.** in **8.** nell' **9.** nella **10.** in macchina

**8. Il diavolo delle preposizioni** **1.** in Italia **2.** Prima della partenza **3.** in centro/ non ho voglia di andare **4.** Davanti al/all'agenzia **5.** in gamba **6.** in Toscana/ a Firenze **7.** La ragazza dell'agenzia/ho voglia di **8.** l'hotel a Firenze/al completo **9.** in ufficio

**9. Quanti ne abbiamo oggi?** **1.** il ventitré gennaio millenovecentonovantadue **2.** l'otto marzo millenovecentosessantacinque **3.** il tredici settembre millenovecentocinquantanove **4.** il dieci luglio millenovecentocinquantaquattro **5.** il diciannove gennaio millenovecentoventicinque **6.** il tredici aprile millenovecentoventisei **7.** il quattro maggio millenovecentocinquanta **8.** il quattordici ottobre millenovecentosettantacinque **9.** il primo febbraio millenovecentocinquantasei **10.** il dodici agosto millenovecentosessantadue.

**10. Tempi passati** **1.** Il sette novembre millenovecentonovantuno ho dimenticato il compleanno di un amico. **2.** Il diciannove giugno millenovecentoottantasei siamo stati/e alla festa di Carlo. **3.** Il ventiquattro dicembre millenovecentoottantanove ha visto i suoi genitori. **4.** Il tredici settembre millenovecentosettantotto sei andato/a a Milano. **5.** Il sedici febbraio millenovecentoottantatré ho perso la mia borsa. **6.** Il trenta aprile millenovecentoquarantanove mio padre ha conosciuto mia madre. **7.** Il diciassette luglio millenovecentosessantatre hanno scioperato i controllori. **8.** Il ventotto ottobre millenovecentosettantadue avete preso un caffè al caffè Greco.

**11. Data o ora? 1.** vom 5. bis zum 10. **2.** um ein Uhr **3.** sieben (Uhr) **4.** bis zum 9. **5.** es ist drei Uhr **6.** um 11 **7.** es ist der 10. **8.** bis um 4 (Uhr) **9.** es ist der 8. **10.** der 15. **11.** von sechs bis acht (Uhr) **12.** von eins bis zwei (Uhr)

**12. Che cosa manca qui? 1.** da **2.** agenzia viaggi/di **3.** gli **4.** il/posto/stagione **5.** autobus/traghetto **6.** dei/niente **7.** al/del **8.** fa/dei **9.** in (con il)/prendere

**13. Quale parola non va bene? 1.** coincidenza **2.** lasciato **3.** stazione **4.** orario **5.** capire

**14. Formate delle frasi 1.** Gli diamo un buon consiglio. **2.** Il treno è partito dieci minuti fa. **3.** Mi ha fatto una proposta intelligente. **4.** Il controllore non mi ha detto niente. **5.** Ho voglia di andare al mare. **6.** Ti ho accompagnato alla stazione in macchina.

**15. A chi? 1.** Le **2.** ti **3.** Gli **4.** Mi **5.** ci **6.** vi **7.** Le **8.** Gli **9.** Le

**16. Mettete al passato 1.** Un anno fa sono andato/a in Italia. **2.** Siamo stati/e a casa tua cinque minuti fa. **3.** Donatella e Carla sono arrivate un'ora fa. **4.** Avete preso un aperitivo un quarto d'ora fa. **5.** Ho aperto il ristorante una settimana fa. **6.** La metropolitana è partita due minuti fa. **7.** Franco ha fatto l'esame tre giorni fa. **8.** I miei amici sono venuti a Francoforte due settimane fa. **9.** Carla ha finito lo studio quattro giorni fa.

**17. Ditelo in italiano 1.** I traghetti hanno scioperato fino al 10 luglio. **2.** Lo sportello alla stazione è sempre aperto dalle 6 alle 21. **3.** Purtroppo l'orario dei treni non è più valido. **4.** Dieci minuti fa gli ho detto dov'è la deviazione. **5.** Ho messo i miei biglietti nello zaino. **6.** Il mio amico/ragazzo non si fida mai dei mezzi pubblici. **7.** Gli autobus vanno regolarmente, ogni venti minuti. **8.** Dal primo settembre al 15 aprile l'hotel è aperto. **9.** Il treno è arrivato a Roma un'ora fa. **10.** Le ho detto che ho la mia macchina davanti alla stazione.

## Senti e parla

**Angela incontra un'amica**

Ciao, Lea!

*Ciao, Angela ... dove sei stata? Sono quasi tre settimane che non ti vedo.*

Sì, perché sono stata in vacanza.

*E dove?*

Sono andata in Germania.

*In Germania? Come mai?*

Sai, alcune settimane fa ho conosciuto un ragazzo tedesco di Francoforte ... molto in gamba e molto dolce, e così ...

*Capisco! Sei innamorata di lui.*

Sì, forse ...

*Ci sei andata in macchina?*

No, ho preso il treno. Sono partita il 27 maggio per arrivare il 28. Il 28 è il suo compleanno.

*E quando sei tornata?*

Il 15 giugno. Oggi è solo il 20 e lui mi manca già.

*Ma Angela, tu sei veramente innamorata!*

**Alla stazione**

Scusi, vorrei andare a Firenze. C'è un treno diretto nel pomeriggio?

*Sì, ci sono alcuni treni ... un momento, c'è un treno alle 15.20, uno alle 16.35 e uno alle 17.25.*

Allora, prendo un biglietto di seconda classe per il treno delle 15.20.

*Le consiglio di prenotare un posto perché siamo in alta stagione. Quando vorrebbe partire?*

Domani.

*Ma domani c'è ancora sciopero ...*

C'è sciopero? Oh Dio ... fino a quando?

*Fino all'otto.*

In questo caso devo prendere la macchina.

## Lettura

**Sí o no? 1.** no **2.** no **3.** sì **4.** sì **5.** no **6.** sì **7.** no **8.** sì **9.** no

# TEMA 6

## Ascolta

**A 1.** no **2.** no **3.** sì **4.** no **5.** sì **6.** no **7.** sì
**B 1.** a **2.** b, c **3.** a, c **4.** b **5.** a, b **6.** c **7.** a

## Pratica

**1. Che cosa mangiate e bevete? 1.** la **2.** le **3.** la **4.** lo **5.** li **6.** lo **7.** lo **8.** le **9.** Li

**2. A chi? o Chi? 1.** mi, gli **2.** le, lo **3.** vi **4.** Le **5.** le **6.** la **7.** ti **8.** li **9.** ci

**3. Spostate il pronome 1.** Voglio condirla come mia madre. **2.** Non posso mangiarli così. **3.** Vado a prenderlo. **4.** Non sappiamo cucinarle. **5.** Non vuoi conoscerla. **6.** Non gli possiamo dare un consiglio. **7.** Vi vengo a prendere alla stazione. **8.** Non mi vuoi fare compagnia? **9.** Le volete fare gli auguri.

**4. Ci piace bere 1.** bevuto/piaci (piace) **2.** beviamo/piace **3.** beve **4.** bevete/piacciono **5.** bevono/piace **6.** bevi/piace **7.** bevete/piacciono **8.** bevo **9.** bevono.

**5. Apparecchiate la tavola 1.** Li **2.** la **3.** lo **4.** La **5.** lo **6.** Li **7.** li **8.** Li

**6. Da chi? 1.** dalla **2.** da **3.** dai **4.** dal **5.** dallo **6.** dagli **7.** dalle **8.** dall' **9.** dagli **10.** dall'

**7. Dove sono i nostri amici? 1.** all' **2.** in **3.** in **4.** dai **5.** ai **6.** dalle **7.** in **8.** al **9.** in **10.** dagli **11.** alla **12.** a

**8. Mettete al passato prossimo 1.** si sono conosciuti **2.** mi sono piaciute **3.** Ti sei dimenticato/a **4.** Ci siamo incontrati/e **5.** Si sono decisi/e **6.** Vi siete rivisti/e **7.** mi è piaciuto **8.** ti sei trovata **9.** si sono visti

**9. Formate delle frasi 1.** Il cameriere porta subito il menù. **2.** C'è stata una trasmissione alla TV. **3.** Le serate dai tuoi sono noiose. **4.** Ci piacciono i rigatoni al ristorante. **5.** Il vino ti dà alla testa. **6.** La pizza da Gino è la fine del mondo. **7.** Il sugo bruciato non mi piace. **8.** Domenica mangiamo dalla zia.

**10. Al ristorante 1.** primo **2.** mangio **3.** decisa **4.** penne **5.** prendete **6.** spaghetti (aglio e olio) **7.** saltimbocca/arrosto di vitello/tacchino **8.** tacchino **9.** arrosto **10.** insalata **11.** Bel Paese/pecorino **12.** melanzane **13.** piacciono/fagiolini **14.** dolce/mele **15.** uva **16.** piace/mele **17.** gelato/tiramisu

**11. Come si dice in italiano? 1.** Le cene dai tuoi (genitori) non sono la fine del mondo. **2.** Ci siamo rivisti/e «Da Gino». **3.** Le ho detto che non gli piacciono i rigatoni. **4.** Si sono conosciuti/e dalla mia amica. **5.** Gli spaghetti sono buoni, ma li preferisco come li fa tua madre (come tua madre li fa). **6.** Mi dispiace, ma la cena non è buona: la pasta stracotta, il sugo bruciato, la verdura (troppo) salata. **7.** Stasera abbiamo melanzane e insalata mista come contorni. **8.** Ci può portare il menù, ma ci decidiamo dopo. **9.** Puoi apparecchiare la tavola? Mancano ancora piatti fondi, bicchieri e tovaglioli. **10.** Con tua madre è sempre lo stesso: si è dimenticata (ha dimenticato) di comprare il vino perché è stata dalla sua amica.

**12. Quale parola non va bene? 1.** succo **2.** vitello **3.** bar **4.** eccezionale **5.** cattivo

**13. Completate la storia 1.** fa/si è laureata **2.** si è riposata **3.** dalla (da sua)/al **4.** si sono dati/Dallo **5.** si sono incontrati/bevuto **6.** al/all' **7.** dalla/le/le/ piacciono **8.** piace **9.** si sono fermati **10.** alla/ci siamo conosciuti **11.** Ci siamo trovati

## Senti e parla

**Una discussione**

Perché non andiamo dai tuoi amici, Carlo?

*Perché sono noiosi, Cristina ... non fanno mai niente.*

Ma tu esageri! Non è vero. Quando ci siamo visti l'ultima volta è stato molto bello: abbiamo cucinato insieme, abbiamo giocato e abbiamo parlato di molte cose ...

*Sì, veramente, abbiamo parlato di molte cose: TU hai sempre parlato con Paolo, Angelica ha acceso la TV, Franco e Donatella hanno giocato a scacchi, ma per me è stato no-io-so.*

Sai che ti dico? Tu sei noioso perché non hai mai idee, non racconti niente, non parli con nessuno.

*Certo! Io non racconto niente perché non ho una macchina nuova come Paolo, non ho una casa vicino al mare come Paolo, non sono così elegante come Paolo ...*

Tu non vuoi andarci perché sei geloso e basta!

## Lettura

**Sí o No? 1.** sí **2.** no **3.** sí 4. no **5.** sí 6. no **7.** no **8.** no

## TEMA 7

### Ascolta

**A 1.** no **2.** no **3.** sì **4.** sì **5.** no
**B 1.** b, c **2.** b, c **3.** b **4.** c **5.** a

### Pratica

**1a. Perché così gentile? 1.** Accompagna Carla a casa! **2.** Cambia i soldi! **3.** Chiama un medico! **4.** Parti domani! **5.** Prendi il balsamo! **6.** Prepara la cena! **7.** Fai/Fa' la spesa! **8.** Stai/Sta' attento! **9.** Compra il vino! **10.** Paga il conto!

**1b. 1.** Non accompagnare Caral a casa! **2.** Non cambiare le lire! **3.** Non chiamare il dottore! **4.** Non partire già! **5.** Non prendere il balsamo! **6.** Non preparare il pranzo! **7.** Non fare la spesa! **8.** Non stare attento! **9.** Non comprare lo spumante! **10.** Non pagare il conto!

**2. Alcuni consigli 1.** Prendimi un ombrellone! **2.** Compragli la crema! **3.** Prescrivici una medicina! **4.** Guardati dal sole! **5.** Dormi presto stasera! **6.** Non andare al sole! **7.** Non lasciarlo solo! **8.** Sii più gentile con me! **9.** Riposati un po'! **10.** Invitalo a cena! **11.** Non fare il bagno oggi! **12.** Vai (Va') dal medico!

**3. Scegliete la forma giusta 1.** Incontrati **2.** Chiama **3.** fammi **4.** Domanda **5.** Non perdere **6.** Non dimenticare **7.** Passa **8.** Studia **9.** figurati **10.** Mettili **11.** telefonagli

**4. Buono e bello a) 1.** buon **2.** buone **3.** buona **4.** buon **5.** buoni **6.** buona **7.** buon' **8.** buon **9.** buoni **10.** buone **11.** buone **12.** buoni **13.** buona **b) 1.** bei **2.** bella **3.** bel **4.** bei **5.** belle **6.** bell' **7.** begli **8.** bell' **9.** belle **10.** bello **11.** bei **12.** bella **13.** bei

**5. Come va insieme? 1.** g **2.** c **3.** e **4.** a **5.** f **6.** h **7.** d **8.** b

**6. Akkusativpronomen + Partizip Perfekt 1.** L'/mangiata **2.** Li/dimenticati **3.** Li/comprati **4.** Li/fatti **5.** L'/chiusa **6.** Le/chiamate **7.** L'/trovata **8.** L'/bevuto **9.** L'/imparato **10.** Le/passate **11.** L'/scritta **12.** L'/pagato

**7. Contatto con il corpo 1.** l'/guardato **2.** li/messi **3.** l'/persa **4.** le/viste **5.** l'/guardato **6.** l'/vista **7.** li/persi

**8. Che cosa ti fa male? 1.** Mi fa male la testa perché ho bevuto troppo. **2.** Gli fa male la schiena perché ha (avuto) una scottatura. **3.** Ci fanno male i denti perché abbiamo mangiato il pane duro. **4.** Vi fa male la pancia perché avete cenato dalla madre di Donatella. **5.** Ti fa male il ginocchio perché sei caduto/a. **6.** Gli fanno male gli orecchi perché sono stati/e in discoteca. **7.** Le fanno male i piedi perché ha fatto 20 chilometri a piedi. **8.** Mi fanno male le gambe perché ho ballato troppo.

**9. Uscire, ma con chi? 1.** Uscite/usciamo/lei **2.** escono/escono/loro **3.** Esci/me **4.** esco/te/esco/lui **5.** Esce/esco/lui **6.** Uscite/noi **7.** usciamo/te **8.** Esce/me **9.** esco/Lei

**10. Parole crociate 1.** ABBRONZA **2.** PEPERONE **3.** MANGIARE **4.** DORMIRE **5.** PERICOLOSO **6.** BALSAMO – **Lösung:** ORARIO

**11. Che cosa manca? 1.** ombrellone/tornare/abbronzatura **2.** gli/peperone **3.** corpo/male/appetito **4.** medico **5.** Normalmente/servizio/trovato **6.** tipici/colpo di sole/scrive **7.** andare/essere **8.** presto/esce **9.** le/bello **10.** solo soletto/dell'

**12. Aggettivo o avverbio? 1.** gentile **2.** Probabilmente **3.** Normalmente **4.** sfortunate **5.** bene **6.** semplici **7.** pratici/pratiche **8.** sicuramente **9.** Finalmente **10.** gentilmente **11.** difficile **12.** regolarmente

**13. Com'è l'avverbio? 1.** bene **2.** certamente **3.** difficilmente **4.** semplicemente **5.** sfortunatamente **6.** male **7.** ultimamente **8.** regolarmente **9.** praticamente **10.** naturalmente **11.** esattamente **12.** pazzamente **13.** felicemente **14.** probabilmente **15.** tipicamente **16.** possibilmente **17.** solamente **18.** strettamente **19.** dolcemente **20.** nuovamente

**14. Come si dice in italiano? 1.** Il sole a quest'ora non ti fa sicuramente bene. **2.** Adesso hai una bella scottatura! **3.** Non uscire con il medico, è un tipo presuntuoso. **4.** Tutto il corpo mi fa male: la pancia, la schiena, le braccia, le gambe. **5.** Dov'è la crema solare? L'hai già presa? **6.** Prendi questo balsamo se i piedi ti fanno male! **7.** Probabilmente l'hai lasciato solo soletto nella camera dell'albergo. **8.** Dove sono i tedeschi? Non li ho visti. **9.** Stai attento, Harry! I treni italiani non vanno mai regolarmente. **10.** Se non vuoi cenare con me puoi uscire con il medico. **11.** Vai in farmacia e compra la medicina! **12.** Grazie dell'invito! L'accetto volentieri.

## Senti e parla

**Dal medico**

Che cosa posso fare per Lei?

*Non so, dottore, non mi sento bene ...*

E quali sono i suoi sintomi?

*Mi fa male lo stomaco e sento una certa nausea.*

Che cosa ha mangiato ieri sera?

*Siamo andati al ristorante con alcuni amici ed io ho preso un piatto di rigatoni ai quattro formaggi e l'arrosto di vitello. Forse è stato troppo ... ma normalmente non ho problemi anche se mangio molto.*

Non è stata per caso al ristorante «La schifezza»?

*Ma sì, sono stata proprio in questo ristorante ... perché?*

In una settimana 10 dei miei pazienti hanno gli stessi sintomi ... e tutti hanno mangiato a «La schifezza». Stamattina mia moglie ha sentito che devono chiudere. Ma non si deve preoccupare, Le prescrivo una buona medicina.

*Grazie, dottore.*

**Tra amici**

Hai visto la nuova ragazza di Giorgio, Gianni?

*Sì, l'ho vista ... è carina.*

Come? Carina? E' una bellezza!

*Ma, non esagerare, Franco ... ha belle gambe e un bel seno.*

E' tipico per te: non guardi nemmeno il viso! Non hai visto i suoi occhi, la sua bocca ...

*Ti ho detto che la trovo carina. Anche se è bella, la bellezza non è tutto. Mia madre la conosce e mi ha detto che non è molto intelligente.*

Io so perché tu parli così: questa ragazza ti piace e così non la vuoi vedere con un altro.

*Smettila! Non mi rompere le scatole!*

## Lettura

**Sí o no? 1.** sì **2.** no **3.** sì **4.** no **5.** no **6.** sì **7.** sì **8.** sì **9.** sì

## TEMA 8

### Ascolta

Ascolta **A 1.** no **2.** sì **3.** sì **4.** sì **5.** sì **6.** sì **7.** sì
**B 1.** a, c **2.** a, c **3.** a, c **4.** a **5.** a, b **6.** a, b **7.** b, c.

### Pratica

**1. Coniugate in tutte le forme del futuro 1.** avrò le tasche piene, avrai le tasche piene, avrà ... , avremo, avrete, avranno **2.** sarò molto offeso/a, sarai molto offeso/a, sarà, saremo molto offesi/e, sarete, saranno **3.** farò la valigia, farai la valigia, farà ... , faremo, farete, faranno **4.** divorzierò fra due anni, divorzierai fra due anni, divorzierà ... , divorzieremo, divorzierete, divorzieranno **5.** preparerò gli spaghetti aglio e olio, preparerai gli spaghetti aglio e olio, preparerà ... , prepareremo, preparerete, prepareranno **6.** prenderò i mezzi, prenderai i mezzi, prenderà ... , prenderemo, prenderete, prenderanno **7.** partirò per Roma domani mattina, partirai per Roma domani mattina, partirà ... , partiremo, partirete, partiranno.

**2. Che cosa farete? 1.** farai/Rivedrò **2.** passerete/Andremo **3.** mangerà/Prenderò **4.** dovrai/Andrò **5.** farà/Dedicherò **6.** arriveranno/Saranno **7.** vedrete/vedremo **8.** farai – rivedrai/Faremo **9.** farete/Lavoreremo

**3. Come passate il tempo libero? 1.** Avrò il corso di danza fra due giorni. **2.** Frequenterai un corso di tedesco domani **3.** Andrà a teatro la prossima settimana. **4.** Guarderà la TV stasera. **5.** Vedremo la partita domenica. **6.** Andrete al cinema il prossimo lunedì. **7.** Incontreranno amici questo pomeriggio. (Auswahl der möglichen Lösungen)

**4. Emozioni 1.** Perché Angela è emozionata? – Perché è innamorata del medico. **2.** Perché Harry è offeso? – Perché la sua ragazza esce con il medico. **3.** Perché la signora ha le tasche piene? – Perché suo marito non ha mai tempo per lei. **4.** Perché i genitori vogliono bene al loro figlio? – Perché è così dolce. **5.** Perché Donatella è gelosa? – Perché Franco balla con un'altra ragazza. **6.** Perché Carlo trova noioso il suo amico? – Perché è sempre stanco. **7.** Perché la tua amica soffre? – Perché è molto delusa. **8.** Perché i ragazzi sono cattivi? – Perché hanno le tasche piene. **9.** Perché Mattia ama sua figlia? – Perché è così intelligente.

**5. Ieri – oggi – domani 1.** è andata **2.** è piaciuto/è (stato) **3.** è (stato)/andranno **4.** fa/si è decisa **5.** passeranno/deve **6.** sente **7.** sarà **8.** frequentate/ingrasserete

**6. Come va insieme? 1.** c. **2.** d. **3.** a. **4.** g. **5.** f **6.** e **7.** b

**7. Was ist hier falsch? 1.** Lasciami **2.** Una settimana fa (oder: prenderò) **3.** bel **4.** da **5.** dal tre al sette **6.** dedicherò **7.** l'ho vista **8.** Ti sei incontrato **9.** Non essere offesa **10.** con tua madre.

**8. Cambiare vita 1.** tutte le/guarderò, tutta **2.** tutti i/festeggerò **3.** tutte le/inviteremo **4.** tutte le/passeranno **5.** tutti i/mangeranno **6.** tutti e due/usciremo **7.** tutte le/passerà **8.** tutte le/farò **9.** tutti i/comprerai

**9. Insalata di parole 1.** Faremo i conti quando arriverà a casa. **2.** Ti sei incontrato con tutte le tue donne. **3.** Domani c'è un buon film al cinema. **4.** Ha fatto la valigia per tornare da sua madre. **5.** Tutti gli attori sono stati molto bravi. **6.** La prossima settimana andrò al corso di danza. **7.** Purtroppo la signora perderà tutto lo spettacolo. **8.** Lasciami in pace perché ho le tasche piene. **9.** Dille che sarò in ufficio verso le otto e mezza.

**10. Essere più diretti 1.** Fammi una proposta! **2.** Dicci dov'è la stazione! **3.** Falle gli auguri! **4.** Vacci con lui! **5.** Dimmi dov'è mia moglie! **6.** Dalle il tuo zaino! **7.** Domandagli! **8.** Fatti un caffè! **9.** Dammi un consiglio! **10.** Facci questo favore!

**11. Come si dice in italiano? 1.** Nel mio tempo libero gioco sempre a scacchi. **2.** Harry è così cattivo: non andrà al cinema con me. **3.** La prossima settimana rivedremo i nostri amici. **4.** Purtroppo non avrò tempo perché andrò a teatro con mia moglie. **5.** Tutti i miei amici frequentano un corso di italiano (d'italiano). **6.** Dimmi perché non dedicherai tutto il tempo a tua moglie. **7.** Vacci! Sarà uno spettacolo meraviglioso. **8.** Sono molto deluso/a: non avrai tempo tutta la settimana. **9.** Domani andremo al ristorante e papà pagherà il conto. **10.** Al fine settimana andremo allo stadio per vedere la partita. **11.** Non guardare la trasmissione alla TV, la troverai molto noiosa. **12.** Le scarpe non sono sull'armadio, sono sotto il tavolo.

**12. Dov'è? Dove sono? 1.** accanto al **2.** davanti alla **3.** fino a **4.** sull' **5.** sopra **6.** dietro **7.** in fondo **8.** sul (in) **9.** sotto **10.** fra **11.** sull' **12.** sul

**13. Con o senza? 1.** a **2.** a **3.** al **4.** a **5.** al **6.** al **7.** alla **8.** a **9.** al **10.** a

**14. La vita di Vanna Vanitosetta 1.** lavorare **2.** licenziamento/piene **3.** Cambierà/idee **4.** può (potrà) **5.** bene/sarà **6.** farà **7.** mangerà **8.** Andrà/il **9.** prendere/macchina **10.** sarà **11.** sapere **12.** alla **13.** dispiace/te **14.** delusione (sfortuna) **15.** sfortunata

**15. Proposte per il tempo libero 1.** Vogliamo passare il fine settimana al mare? – No, preferisco andare dagli zii. **2.** Vogliamo andare al ristorante stasera? – No, preferisco mangiare a casa. **3.** Vogliamo vedere la partita domani? – No, preferisco andare al cinema. **4.** Vogliamo frequentare un corso di danza? – No, preferisco frequentare un corso di cucina. **5.** Vogliamo guardare la TV sabato sera? – No, preferisco andare a teatro. **6.** Vogliamo vedere il nuovo film di Fellini? – No, preferisco vedere un film di Pasolini. **7.** Vogliamo andare a trovare gli amici? – No, preferisco cenare dai genitori. **8.** Vogliamo riposarci un po'? – No, preferisco fare un po' di sport. **9.** Vogliamo cucinare un piatto di pasta? – No, preferisco fare un dolce.

## Senti e parla

**Daniela non vuole uscire**

Vogliamo andare al cinema, Daniela? Stasera danno un buon film.

*No, Paolo, preferisco restare a casa perché c'è una trasmissione interessante alla TV.*

E' sempre lo stesso: non usciamo mai insieme!

*Non è vero ... la settimana scorsa siamo andati a teatro.*

Sì, hai ragione, siamo andati a teatro ... UNA volta. Non hai più voglia di fare qualcosa con me, vero?

*No, non è così ... solo che mi sento stanca.*

Ti senti stanca? Ma al telefono con le tue amiche non sei mai stanca. Con loro puoi parlare per ore e ore.

*Sì, perché telefonare è comodo.*

**Due amiche**

*Ciao, Cristina ... senti, tu e Giorgio sapete già dove andate in vacanza quest'anno?Non mi parlare di vacanze, Francesca. Giorgio ed io abbiamo molti problemi, un litigio dopo l'altro. Probabilmente non andremo in vacanza insieme.*

Perché? Cosa è successo?

*Due settimane fa Giorgio è stato in Germania. «Tornerò il sedici.» mi ha detto e invece è tornato un giorno prima.*

E poi?

*Mi ha visto con Claudio e tu sai com'è geloso Giorgio.*

E che cos'è questa storia con Claudio?

*Non lo so ... veramente non lo so, comunque le prossime settimane saranno ancora difficili.*

## Lettura

**Sí o no?1.** no **2.** sì **3.** sì **4.** no **5.** no **6.** no **7.** sì **8.** sì.

## Test 1

**1. Was paßt? 1.** b **2.** a **3.** c **4.** b **5.** a **6.** c

**2. Esercizio di ascolto 1.** 35 **2.** 2400 **3.** 46 **4.** 88000 **5.** 1200 **6.** 57500 **7.** 2000000 **8.** 90 **9.** 28

**3. Kreuzen Sie die einzige sinnvolle Antwort an 1.** b **2.** c **3.** a **4.** b **5.** c **6.** b **7.** c **8.** c **9.** a.

**4. Welches Wort fehlt? 1.** b **2.** c **3.** b **4.** a **5.** c **6.** b **7.** a **8.** c **9.** b **10.** c **11.** c

**5. Esercizio di ascolto 1.** a **2.** c **3.** b **4.** a **5.** c **6.** a **7.** c **8.** b **9.** a

**Die Antworten lauten: 1.** Sì, è al prossimo angolo, subito a destra. **2.** Il cinque. **3.** Sì, la cassetta costa 15.000. **4.** Perché no? Tanto vado in centro. **5.** Sì, prendo ancora mezzo chilo di mele. **6.** Prendo l'autobus. **7.** No, costa troppo, andiamo a piedi. **8.** Prendo anche una scatola di biscotti. **9.** Sono circa cinque chilometri da qui.

## Test 2

**1. Esercizio di ascolto 1.** Voglio **2.** scacchi **3.** agenzia viaggi **4.** conoscono **5.** auguri **6.** benissimo **7.** diamo

**2. Setzen Sie das Possessivpronomen ein 1.** i tuoi **2.** Le mie **3.** Suo **4.** la nostra **5.** La loro **6.** mio **7.** i vostri **8.** la Sua **9.** sua **10.** il tuo **11.** le vostre **12.** la Sua **13.** il loro **14.** mio **15.** Sua.

**3. Kreuzen Sie die jeweils passende Antwort an 1.** c **2.** b **3.** a **4.** c **5.** b **6.**a **7.** c **8.** a **9.** b **10.** c.

**4. Welches Wort fehlt? 1.** b **2.** a **3.** c **4.** b **5.** a **6.** c **7.** b **8.** c **9.** a **10.** b

**5. Wählen Sie die richtige Form 1.** b **2.** c **3.** b **4.** a **5.** b **6.** c **7.** a

**6. Esercizio si ascolto 1.** E' l'una meno un quarto (12.45) **2.** Sono le tre e dieci (15.10) **3.** Sono le undici e mezzo (11.30) **4.** E' mezzanotte (24.00) **5.** Sono le sette meno venti (18.40) **6.** Sono le nove e venticinque. (9.25) **7.** Sono le quattro e un quarto. (16.15) **8.** Sono le otto. (8.00) **9.** E' mezzogiorno. (12.00) **10.** Sono le cinque meno un quarto. (16.45)

## Test 3

**1. Streichen Sie die zwei falschen Verbformen 1.** Una settimana fa siamo **andati** al ristorante «Margherita». **2.** La cucina da «Margherita» è favolosa, ma purtroppo questo ristorante è un po' **lontano**. **3.** Così abbiamo **preso** l'autobus per andarci. **4.** Ci **siamo** incontrati con i nostri amici alla fermata **dell'**autobus. **5. Dalla** fermata al ristorante sono ancora cinque minuti a piedi. **6.** Io ho preso come **primo** le penne all'arrabbiata e come secondo il tacchino. **7.** Carlo invece si è **deciso** per i rigatoni ai funghi e l'arrosto che **gli** piace molto. **8.** A Maria **piacciono** i vini della Toscana e così ha bevuto un po' troppo. **9.** Il vino **le** dà subito alla testa. **10.** Povera Anna! Dopo la cena si è **sentita** male. **11.** Gianfranco è **stato** così gentile di accompagnare Anna a casa in macchina, perché lei non poteva prendere i mezzi. **12.** Si **è** riposata un po' e il giorno dopo si è **già** sentita meglio.

**2. Esercizio di ascolto 1.** 10.10.1813 **2.** 7.2.1873 **3.** 5.4.1939 **4.** 20.1.1920 **5.** 5.3.1922 **6.** 2.4.1725

**3. Setzen Sie das Partizip Perfekt ein 1.** prenotato **2.** messo **3.** visto **4.** avuto **5.** piaciuti **6.** decise **7.** fidata **8.** scesi **9.** incontrati/e **10.** fatto **11.** comprato **12.** bevuto.

**4. Welche Präposition fehlt? 1.** c **2.** a **3.** c **4.** b **5.** b **6.** c **7.** a **8.** b **9.** b **10.** a.

**5. Welches Pronomen fehlt? 1.** Le **2.** lo **3.** li **4.** ti **5.** gli **6.** gli **7.** li **8.** le **9.** Ti **10.** le.

**6. Esercizio di ascolto 1.** b **2.** a **3.** c **4.** a **5.** b **6.** a **Die Fragen lauten: 1.** Quando vorrebbe partire? **2.** Da bere? **3.** Quanti ne abbiamo oggi? **4.** Ti piacciono i biscotti? **5.** L'orario è ancora valido? **6.** Quando parte il prossimo traghetto?

## Test 4

**1. Streichen Sie die zwei falschen Verbformen**
**1.** La prossima settimana **andrò** in Italia. **2.** So benissimo che mia madre mi **darà** mille consigli prima della partenza: **3. Stai** attenta! Non **fidarti** di nessuno! Non **dimenticare** le tue medicine! ecc. **4.** Qualche volta lei ha anche ragione. L'anno scorso, quando sono **andata** in vacanza, non sono stata molto fortunata. **5.** Ho dimenticato la crema solare e ho **preso** un bel colpo di sole. **6.** Non ho potuto **uscire** per due giorni. **7.** Poi ho **perso** tutti i miei soldi alla spiaggia! **8.** Belle vacanze! Certo, mia madre mi **rompe** un po' le scatole con i suoi consigli ed io sono arrabbiata. **9.** Ma come ho **detto** lei fa anche bene a dirmi queste cose.

**2. Welches Wort fehlt? 1.** b **2.** a **3.** c **4.** b **5.** b **6.** a **7.** c **8.** a **9.** c **10.** b.

**3. Wie heißt der Imperativ der 2. Person Singular? 1.** Digli **2.** Vacci **3.** Guardati **4.** Aspettami **5.** falle **6.** prendi **7.** Mettile **8.** credigli **9.** Comprati **10.** fammi.

**4. Setzen Sie ins Futur 1.**aspetteremo **2.** chiamerai **3.** saranno **4.** pagherà **5.** incontreranno **6.** farete **7.** avrò **8.** Faremo **9.** Prenoteremo **10.** arriverà.

**5. Esercizio di ascolto 1.** b **2.** a **3.** b **4.** a **5.** c **6.** a
**Die Fragen lauten: 1.** Devo chiamare un medico? **2.** Hai prenotato i biglietti? **3.** Ti vengo a prendere? **4.** Che fai con la valigia? **5.** Passeremo le vacanze insieme? **6.** Che cosa danno al cinema?

# INDEX

## Was kommt wo vor?

**Die wichtigsten grammatischen Strukturen in den Temi 1–8.**

**Fotonachweis**

Angelika Scheibe: 4/5, 14/15, 56, 58/59, 90, 96/97, 127, 128/129, 168/169, 203, 204/205, 230, 236/237, 264, 266/267

Ditta U. Krebs: 168/169

Matthias Krüger: 26/27

Spanisch und Italienisch

Ein Sprachkurs von Anfang an. Der Zugang zu Spanien und Lateinamerika.

Christof Kehr / Ana Rodríguez Lebrón
**Español Uno** *Spanisch reden und verstehen. Ein Grundkurs*
(rororo sachbuch 8793)

**Español Uno** *Toncassette*
(rororo sachbuch 8794)

**Español Dos** *Spanisch reden und verstehen. Ein Aufbaukurs*
(rororo sachbuch 8845)

**Español Dos** *Toncassette*
(rororo sachbuch 8794)

Die Sprachbücher von Senzaparole stützen sich auf die lebendigen Erfahrungen aus dem Sprachunterricht. Anhand von Dialogen, Gesprächen und Erzählungen lernen Sie den italienischen Alltag kennen:

Senzaparole
**Partire per l'Italia**
*Italienischkurs für Anfänger*
(rororo sachbuch 8795)

**Partire per l'Italia** *Toncassette*
(rororo sachbuch 8796)

**Finalmente in Italia**
*Italienischkurs für wenig und weiter Fortgeschrittene*
(rororo sachbuch 8471)

**Finalmente in Italia** *Toncassette*
(rororo sachbuch 8472)

*rororo sprachen*

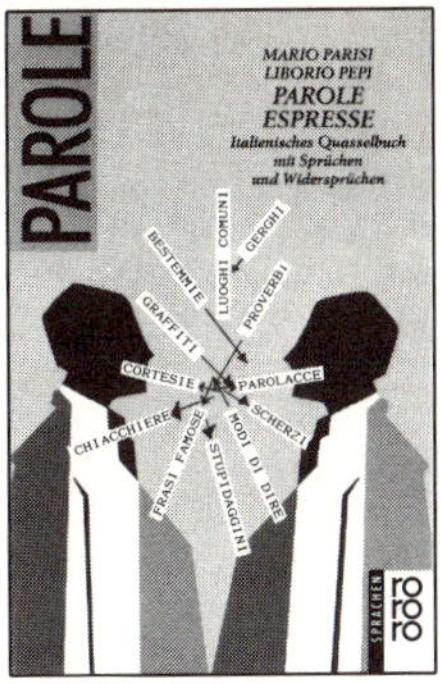


Mario Parisi / Liborio Pepi
**Parole Espresse** *Italienisches Quasselbuch mit Sprüchen und Widersprüchen*
(rororo sachbuch 8434)

*rororo sprachen* wird herausgegeben von Ludwig Moos. Das Gesamtverzeichnis der Reihe finden Sie in der *Rowohlt Revue*. Jedes Vierteljahr neu. Kostenlos. In Ihrer Buchhandlung.

Englisch

Englisch von Anfang an. Ein Sprachkurs zur wichtigsten Weltsprache, nach dem Alltag, orientiert am britischen und amerikanischen Sprachgebrauch.

U. Kreisel / P. A. Tabbert
**English One** *Englisch reden und verstehen. Ein Grundkurs*
(rororo sachbuch 9180)
**English One** *Toncassette*
(rororo sachbuch 9181)

Gunther Bischoff
**Speak you English?**
*Programmierte Übung zum Verlernen typisch deutscher Englischfehler*
(rororo sachbuch 6857)
**Better Times** *Ein leichtes Programm zum richtigen Gebrauch der englischen Zeiten*
(rororo sachbuch 7987)
**Managing Manager English**
*Gekonnt verhandeln lernen durch Üben an Fallstudien.*
(rororo sachbuch 7129)

René Bosewitz / Robert Kleinschroth
**Joke by joke to Conversation**
*Sprechsituationen mit Witz gemeistert*
(rororo sachbuch 8797)
**Joke your Way through English Grammar** *Wichtige Regeln zum Anlachen*
(rororo sachbuch 8527)

Hartmut Breitkreuz /René Bosewitz
**Do up your Phrasals** *500 Wendungen wichtiger Verben*
(rororo sachbuch 8344)
**Getting on Top of Idiomatic Verbs**
*Tausend Wendungen im Kontext*
(rororo sachbuch 8523)

Hartmut Breitkreuz
**More False Friends** *Tückische Fallen des deutsch-englischen Wortschatzes*
(rororo sachbuch 9172)
**False Friends** *Stolpersteine des deutsch-englischen Wortschatzes*
(rororo sachbuch 8492)

Ernest Pasakarnis
**Grammar Questions from A - Z**
*Everything you always wanted to know about Grammar but were afraid to ask*
(rororo sachbuch 8491)
**Master your Idioms** *Der Schlüssel zu englischen Redewendungen*
(rororo sachbuch 8491)
**The Word Lover^s Guide to How Words Work** *Ein moderner Vokabeltrainer*
(rororo sachbuch 8426)
**Those Pesky Prepositions!** *Der heikle Umgang mit Präpositionen*
(rororo sachbuch 8785)

Emer O'Sullivan / Dietmar Rösler
**Modern Talking** *Englisches Quasselbuch mit Sprüchen und Widersprüchen*
(rororo sachbuch 8427)

rororo sprachen